学校管理智慧丛书

U0950636

# 当校长那些事儿

张廷生　著

中国农业大学出版社
·北京·

## 内容简介

全书共分五大部分——追求卓越、励精图治、继往开来、燃烧激情、杏坛争鸣。每个章节之间并非呈逻辑上的并列关系，更多的是一种交叉相融的关系。各个部分均按时间先后顺序编排，有点一切从简的意味，目的是能让读者大致了解我日益成熟的教育思想和二中的发展历程。

**图书在版编目(CIP)数据**

当校长那些事儿/张廷生著.—北京：中国农业大学出版社，2014.8

ISBN 978-7-5655-1012-0

Ⅰ.①当…　Ⅱ.①张…　Ⅲ.①中学-校长-学校管理　Ⅳ.①G637.1

中国版本图书馆 CIP 数据核字(2014)第 147916 号

**书　　名**　当校长那些事儿

**作　　者**　张廷生　著

| | | | |
|---|---|---|---|
| **策划编辑** | 张　蕊　汪春林 | **责任编辑** | 张　蕊 |
| **封面设计** | 郑　川 | **责任校对** | 王晓凤　陈　莹 |
| **出版发行** | 中国农业大学出版社 | | |
| **社　　址** | 北京市海淀区圆明园西路 2 号 | **邮政编码** | 100193 |
| **电　　话** | 发行部 010-62818525，8625 | | 读者服务部 010-62732336 |
| | 编辑部 010-62732617，2618 | | 出　版　部 010-62733440 |
| **网　　址** | http://www.cau.edu.cn/caup | **e-mail** | cbsszs @ cau.edu.cn |
| **经　　销** | 新华书店 | | |
| **印　　刷** | 涿州市星河印刷有限公司 | | |
| **版　　次** | 2014 年 8 月第 1 版　　2014 年 8 月第 1 次印刷 | | |
| **规　　格** | 787×980　　16 开本　　21.5 印张　　246 千字 | | |
| **定　　价** | 39.00 元 | | |

**图书如有质量问题本社发行部负责调换**

# 序

河北省张北县第二中学是当地初中学生向往的好学校，不仅好在教学成绩领先，更好在校风纯正、校园文化浓厚。这样的办学业绩，源于他们有一位好校长——张廷生，他好学、善谋、勇闯、敢言，这些特质让他带出了一支优秀的教师团队，让张北二中在当地的初中学校中脱颖而出。

他从小目睹了家乡的贫穷，在学生时代就萌生了用知识改变命运的念头，一路学习，一路成长。当了校长以后，他更以改变学生的命运为己任，不仅自己继续保持好学的习惯，也勉励老师们勤学。他请名师来讲学，也让老师们走出去学，鼓励老师们互相学。学习，成为大家的共识，积淀成了学校的文化，凝聚了人气，点燃了斗志，也为学校发展注入了活力。他好学，同时也善学，学教育理论，学教改经验，学先进理念，学他人之长，甚而反其道而行之，借他人之短为己所用。唯学他才提高了学识，工作起来才游刃有余，才成为教育管理中的通才。幸哉，他是一个真正的学习既得利益者！

好校长必定善谋略。他抓住二中求生存、谋发展、创优争先、摆脱困境的有利契机，特立独行，苦心经营。善于思考是他的长项，多问为什么是他的习惯。他有时也认“死”理，不怕势单力薄，敢于据理力争，争出一个公认的事理。他矛盾抓得准，问题看得深，政策理解得透。大会小会娓娓道来，平常交流侃侃而谈，通俗易懂，深入浅出，小事能挖掘出大道理，老生常谈能翻出新意思，闲言碎语中能道出好见解。他谋师生的生存状态，谋教改之路，谋学校文化建设，谋眼下的校情，谋未来的发展。凡学校的事，他都谋在先，三思而行，行而笃定。善谋，成就了他的事业，也厚重了他的人生。

或是缘于他对事业的笃定，或是贫寒的家境造就了他不服输的性情。他敢说敢为，敢闯敢拼，在任何情况下都坚守自我，保持本色。在这功利主义喧嚣、人心浮躁的现实中，这种精神弥足珍贵。他大刀阔斧，整章建制，革故鼎新，闯创新之路，闯教改之路，闯班级文化、早操文化建设之路，闯探究实验班之路，闯特色办校之路，硬是闯出一条跻身于张家口市名校行列的成功之路。当然，他敢争敢闯不是蛮干瞎闯，闯需要勇气，更需要智慧。闯，改变了他的人生，增长了他的胆识。如今，他又带领全校师生向创建省级一流初级中学的目标奋进。

他有自己独立的办学思想，有自己坚持的行为准则。在当今假、大、空泛滥的不良风气中，能凭良知真言不讳，敢于说真话，裸真情。针砭时弊，直抒己见，敢于将自己的大实话公诸社会，流于笔端，这是难得的一种精神，一种品质。他语言朴实，但有理有份量，不是至理名言，却令人折服。因为他的立足点一切为公，为师生，为家长，为学校。是公理才能以理服人，以理教人，以理育人。

我与张廷生校长交往已有十几年的时间，多次聆听了他很多办学见解，也看到了他取得的成绩，一直鼓励他把自己的办学思想和办学实践整理出版，对基层一线的校长和教育管理者会有很好的借鉴意义。很高兴，终于有一天他拿来这沉甸甸的书稿让我先睹为快。这本书的理论性也许不是太强，也许不太系统，但确实是一本用心写出的书，见证了一位基层校长的成长。翻阅这本书，字字见真，句句是情，篇篇有理。

我是该书的第一个读者，读毕心有所动，情有所发，故愿将自己的一点感受奉献给读者。

所广一

2014 年 5 月

（作者系中国教育科学研究院副院长、教育科学出版社社长）

# 自序

## ——办学校，让我生命有根

当我的人生走进知天命之年的时候，回顾从事教育工作这三十多年的岁月，细数过往的点点滴滴，我常常情不自禁地陷入这样的思考：从事教育工作，给我的生命带来的究竟是什么？我人生的意义是什么？价值在哪里？如果这三十多年不是从事教育工作，我会选择什么职业？那又会是一番怎样的情景？人生没有如果，我无法想象自己人生的其他可能性，但是我非常明白一点的是，这辈子从事教育我不后悔，因为教育，是我这一生一个挥之不去的情结。

1962年，我出生在一个贫困农民家庭，小学、初中和高中时代都是在本村本乡度过的。那个年代的生活、学习条件都非常艰苦，上课用泥台子当课桌，写字用包装纸订作业本，白天在学校里上课，放学后到田间干活，这种情形，只有亲身经历过的那一代人才会有刻骨铭心的记忆。条件苦一点倒也不可怕，最令人着急的是老师们多数是民办，文化程度不高，教起来比较吃力，上高中时遇到稍难一点的数理化题，都是老师和学生一起讨论来解决。我最初萌生当个老师的理想，就是在师生们一起做习题时产生的。农民子弟太需要用知识来改变命运，农村学校太需要专业化的老师来教学。1977年恢复高考，1980年，我如愿考入张北师范。

1982年，我毕业分配到单晶河中学，开始了自己的教学生涯。到学校报到的第一天，我就被一个画面深深震撼了。那天，学校正砌围墙，全校200多名师生，在老校长的带领下，自己动手，共建校园。大家搬的搬，垒的垒，干得热火朝天。岳占美校长已经五十多岁，背着百十来斤的大石头，一趟又一趟地来回奔波……那一刻我感到心底有一股热浪在涌动，放下行李二话没说就加入到搬运的行列。那是我第一次感受到校长带头的巨大力量，也从此萌生了当一个校长的梦想。

初涉教坛，学校安排我担任初二两个班的数学课。那时候，我对教学工作充满了新鲜感，倾注了满腔热情，再加上单身住校，不受牵扯，工作起来心无旁骛，勤奋有加。精备课，勤辅导，刻蜡版，推油墨，每一天都忙碌而充实。学生们很喜欢上我的课，1984 年中考，所教的 60 名学生都考出了好成绩，为学校争得了单科全县第一名的荣誉。这一年，我幸运地考入了张家口地区教育学院，成为第一批带薪学员。1986 年，以优异的成绩领取了专科毕业证书，被分配到县职业中学任教高中物理。

1990 年，是我教育生涯的一个节点，从这一年开始，我走上了校长岗位。时逢全县校长大调整，当时的教育局局长张万玉，曾经在单晶河中学任教务主任，与我同事，对我有充分的了解，于是挺力举荐，破例把我由一个普通教师提拔为海流图乡中学校长。在他的关心培养下，我一路成长，在两年之间把一所濒临倒闭的乡镇中学治理得井井有条。之后，我又在河北教育学院进修了教育管理本科专业，相继在两面井中学、永义街小学、张北二中等学校担任校长。

在张北二中担任校长的十年来，恰值我人生最巅峰的一段岁月，精力充沛，思想日渐成熟，也积累了比较丰富的实践经验，而张北二中这所全县唯一的重点初中恰好为我提供了一个广袖长舒的舞台。十年一剑，我带领师生们使这所日渐式微的老牌学校重新焕发了勃勃生机，跻身全张家口市名校行列。

我到二中任职之初，正是这所学校办学最低谷的时候。辉煌已成过往，颓势日渐加剧，管理问题积重难返，中考成绩一落千丈。加上生源组成历来复杂，既有老百姓的孩子，又有领导包括各大科局局长的孩子，还有慕原先之盛名前来就读的外县区孩子，因此这所学校备受社会各界关注，一时成为社会广泛议论的焦点。那个时候我常常告诫自己的一句话就是：临危受命，一定要把二中办好，绝不能有负众望。天道酬勤，经过努力，从 2005 年起，每年中考全县前十名二中都占一半以上，前百名二中占了近一半。张北二中不仅以绝对优势雄居全县第一，而且敢与张家口市区的名校一争高下。

回顾这三十多年的教育生涯和二十多年的办学经历，我感触颇多。作为教育工作者，我深信教育既要教人聪慧，也要教人高尚。作为中学校长，我又实实在在地感受到身上压着一座大山，就是考试升学的压力。在现行的教育体制下，没有哪一个中学校长不为学生升学而绞尽脑汁。特别是作为服务农民子弟的中学校长，更兼担负着改变学生人生前途和家庭命运的责任，不可谓不沉重。我庆幸，在自己精力最旺盛的时光里，在家乡这片沃土上，为父老乡亲做了一点贡献。办学校，并且把学校办好，看着一批批的孩子从我的学校里开启人生，我感到快乐和幸福。这是我生命的根，真诚地活过，踏实地走过。就像美国作家马尔腾在《生命的石像》里说的："你的工作，就是你生命的石像。它是美是丑，可爱可憎，全操在你自己的手里。"我庆幸没有辜负自己的生命。

三十多年的岁月，弹指一挥间。如今，学校各项工作井然有序，让我能够静下心来，把自己三十载耕耘的心理历程和工作实践、理论研究和办学思考用文字定格下来。本书收录了我在二中各种场合下的讲话、对学校发展的思考和报刊上发表过的文章，我把它们原汁原味地呈现给读者，与同行们交流探讨。倘若能够起到启发和借鉴作用，或者有幸成为其他校长的"他山之石"，将是我最大的心愿。

张廷生

2014 年 2 月于张北二中

# 目录

# 第一章

# 追求卓越

毛主席有句名言:人是要有一点精神的。精神是什么?以我的理解,精神是对生活的一种态度,是对生命意义的一种追求。论做人,优秀,当是人生题中之意;论办学,卓越,应是师生第一追求。

## 一、任重道远开新局　凝心聚力谋发展

在全体教工大会上的就职讲话

各位老师、职工同志们:

大家好!

今天是我来二中任职召开的第一次全校教职工大会。新学期我来二中就任,是不是称职,现在还不好说。这副担子已经摆在我面前,能不能挑得起我都得试一试,挑起来能走多远,有待于时间的检验。但有一点我可以告诉大家,不管这副担子有多重,我都会不遗余力地挑起来,义无反顾,勇往直前!

当然，办好一所学校，仅靠校长一个人是不行的，我单枪匹马来这儿依靠的就是大家。过去，大家在原校长的带领下，不辞辛苦，兢兢业业，任劳任怨，取得了非常突出的成绩。希望大家今后仍要给予我相同或更大的支持。我以前在二中任副校长的时候，绝大多数老师的课我都听过，整体讲这些教师都不错，有的甚至非常优秀。可以说，二中的师资水平还是较高的，这也是我敢来二中任职的主要原因。

但是，近几年学校的发展不容乐观，过去二中一直是全县初中里的老大，现在在全县处于一个什么位置，大家都很清楚。因此，我来这儿当校长压力很大，办不好学校，上对领导下对百姓都交代不了。经过再三考虑，既然决心已下，也只有义无反顾了。我毅然决然来这里就职，如果大家欢迎我，那就谢天谢地了。

二中目前最大问题是什么呢？从外部环境讲，社会声誉不是很好，去年招生生源减少。从内部环境讲，管理不够到位，教师的工作热情和积极性不是很高。行风评议的名次也很靠后。如果今年中考考不好，成绩再低于其他学校，招生工作会更加艰难。生源数量减少，优秀生源会更少，如果就此陷入恶性循环，声誉一旦跌落，再收拾恐怕无回天之力。

针对这种现状，本学期我们的主要工作思路是：

### (一)加强校风建设

内抓管理，外塑形象，以“三风”促校风。首先，领导作风是学校发展的基石，教师的教风是办好学校的保证。作为教师，我们还得讲奉献精神。教师的职业非常特殊，要把教师职业当成事业来做，不要当成一种谋生手段。如果只看到眼前一点利益，是不会有大的作为的。我们要爱这个职业，要当名教师，不当教书匠。以教风带学风，以学风促成绩。

### (二)强化常规管理

每个教师要踏踏实实做好常规工作，有意识地提高自己，做到年年有长进，课课有提高，不能原地踏步走。要认真研究教材，研究《考纲》，研究学生，研究自己，研究教法，研究学法。努力的方向要明确。一位知名校长说："做学生工作，激发学生学习兴趣，指导学生学习方法，所取得的成效远大于认真备课、上课、批改作业所取得的成效；认真备课、上课、批改作业所取得的成效远大于题海战术、加班加点、盲目补课所取得的成效。"

### (三)建立和完善科学合理的规章制度

我们要尽快完善学校的各项规章制度，要做到有章可循、好坏有别、奖罚分明。好的制度不见得非常多，但它确实能充分调动大多数人的积极性，制约不自觉的行为。如教师考核办法，通过德、能、勤、绩考核，合理、公正地评价教师。大家都在一个起跑线上，谁好谁劣看工作、看业绩，让制度成为评优选模的依据，成为晋职评聘的依据。对考勤制度、教学成绩奖励制度，要加大改革力度。对于班主任工作考核办法，不再搞平均主义，吃大锅饭。

我上任仅五天，时间很短，一些情况掌握得不准，面临的问题和困难也很多，还需要时间慢慢解决。今天和大家第一次见面，仅提几点具体要求。

第一，班子成员要以身作则，廉洁自律。

要以我们的模范行为带动师生，要做出表率，做出样子。公平公正地对待每一位师生、每一件事。工作要分工负责，有职有权，有创新、有力度。我作为校长，要带头遵守。大家可以监督我，我来二中不是为了升官发财。办好二中，当一个好校长，是我工作的根本出发点。到一校造福一方，这是我一生的追求。

第二，每位教师要做好自己的本职工作。

教师的工作不作调整，每位教师要认真上好每节课，既教书又育人，教书就得育人。吃不透教材讲不透课，是误人子弟；教书不育人，看到学生的不良习惯或恶劣行为不去制止，不去引导，同样也是误人子弟。班主任要切实教育好学生，二中有过这样的典范。认真遵守校规校纪，在新制度没有出台以前，原来的旧制度仍然有效。

第三，关于教师补课问题。

对于这个问题，我的态度：一是反对，尤其反对那些以盈利为目的强迫或变相强迫的补课。作为教师，不把精力放在课堂上，而放在补课上，那就大方向错了。二是有些家长要求个别辅导，并给予一些报酬，是人之常情，那另当别论。第三，如有学生、家长反映举报，被上级查下来，学校一定不会姑息，该怎么处理就怎么处理。

第四，学校的任何收费都应统一布置。

任何人不准向学生收一分钱，任何人不准私自征订资料。学校的一切收费、经费开支均由校长同意。一切经费归后勤管理，各处室不能设立财务，再大的单位也应只有一个财务。

老师们，明天就要按部就班地上课了，我希望在新的学期，各方面都要有新起色。从开学的第一天起，要做好每一件事，给学生一个全新的感觉，呈现出朝气蓬勃的新气象。希望大家心往一处想，劲往一处使，通过我们上下一致努力，争取实现四个一流：一流的师资、一流的条件、一流的管理、一流的质量。让我校在张家口市挂上号、排上位，真正把二中打造成全县初中的龙头学校。

2004.2.23

## 二、树新风顺势而上　立章程未雨绸缪

随笔一

优良的校风于一所学校的作用不可低估。因此，开学这一段时间，着重抓了校风建设，切入点是规范制度。定制度不是为了治人，更不是为了扣钱，不给教师造成紧张的心理，制造紧张的空气，而是为了形成统一的思想、达成一致的步调，让老师们在宽松有序的状态下愉悦工作。当老师们都能严格遵守制度、认真履行职责，并逐渐养成习惯，成为一种常态，好的风气就形成了。

我们的“考勤制度”、“班主任考核办法”、“带班值周人员职责”的出台，都是为了加强校风建设。这几个制度试行以来，绝大多数老师能够积极配合。开学以来，最大的变化就是老师们有了紧迫感，学生的纪律、卫生面貌有了大的改观。

一人一种风格，原校长管理二中近十年，老师们养成了一些习惯。我来以后一下子改变大家的习惯，还需要有一个认识的过程，互相适应的过程。有的人可能认为，抓得这么紧，要求这么严，对我们是不是太苛刻了？我认为不是这样的，因为我们的出发点不是为了治人、整人，这样做是由外部环境和内部环境决定的。

从外部环境讲，三中、镇中的兴起，有值得二中学习的地方。三中初三的老师早上 6:00 之前到校，6:00 准时上课了，他们从家里到学校得走多长时间？听私立初中的学生家长说，私立学校的老师作业几乎全批全改。他们的这种敬业精神，非常值得学习。

从二中的内部讲,1971 年建校以来,到 1990 年前基本上是"一统天下",县城就这么一所初中,没有比较,没有竞争,招生不存在什么压力。1990 年三中建校,开始招收县城学生,1994 年三中招生生源很不错,也正是二中新旧班子交替的那一届。1994 年以后,郝校长、韩书记、卢校长同时调入二中,狠抓了教学,带出了一支好队伍。1995 年我当教育股长以后,二中的招生就有所改观。1996 年就有了绝对优势,成绩一年比一年高,学生一届比一届好,以后的几年形成了良性循环。去年招生,形势就变了,三中对外宣传,中考 500 分以上人数比二中和镇中的总和还多,从现在初一在籍人数看就能说明这一点。

所以,二中四平八稳工作的年代过去了,二中永远是老大这个地位已经动摇了。内外形势逼得我们必须抓、必须改、必须上。因此,我把最初的工作重点放在制度建设上,从目前的成效上看,思路是正确的。

教学第一线,我还没有深入,常规工作不知到底做得如何。那么,下一步的工作重点应该放在这里。要求老师们上课前,一定要备好课,备不好课就上不好课,不备课就不能上课。不研究教材,不研究学生,不考虑教法,仅靠加班加点、盲目补课是不会有效的。

现在中考,靠猜题押宝提高成绩几乎没有可能,所以对基本概念一定要讲清讲透。教学重点放在学生理解上,放在学生运用上,放在学生的能力提高上。不要在中考时,学生见过类似的题就会做,没见过的,即使难度不大也不会做。我们不论练习还是作业,一定要有目的性,有针对性,那么多的题是不可能做完的。作业要有梯度,要有拔高题。

班主任带班也是这个道理,一定要讲究目的性。搞这次活动到底对学生进行哪方面的教育？抓纪律、抓卫生究竟培养学生的什么？一定要心中有数。如抓卫生不仅仅是为了让学生打扫卫生，清洁校园，更重要的是培养学生的劳动观念和劳动习惯。让整洁优美的环境说话，让环境感染和熏陶学生。这就要求班主任要学习新的教育理念，培养学生的创新精神和实践能力。不能仅仅针对学生的一时一事进行批评教育，还要对学生进行受益终生的素质教育。

接任一个多月来，我的感觉还是良好的，一些想法和意图基本上能够落实下去，好多事不会一下子全部解决和理顺。制度建设先告一个段落。大家的工作热情都很高，也非常配合我的工作，要求班主任 6:30 到校，6:20 就全到齐了，部分班主任 6:00 就到校了。要求任课教师 7:00 上班，很少有迟到的。我有时没有赶在这些同志之前，心里有些不安，每当我看到老师们兢兢业业，在第一线默默工作，对我也是一种感染，更增添了我的信心。我想只要全校上下齐心协力，二中很有希望成为县、市名校。打造名校靠的是名师，名师越多，学校的名气就越大。所以，下一步将努力打造名师团队，引领全校教师向县、市骨干和县、市名师的方向发展。

2004.4.10

# 三、当称职学校领导　谋分内分外工作

在行政会上

今天我们专门召开中层领导会议。学校中层以上领导，对学校的发展起着至关重要的作用。要么你是学校发展的促进者，要么你是学校发展的阻碍者，所以领导班子的建设问题，是我校当前最重要的问题。

## （一）怎样才能形成一个好的领导集体

一要有正气。需要以身作则，要求别人做到，自己首先做到。领导学校主要靠威信，靠德、识、才、学感染教师、熏陶学生。只有这样，你的领导作用才能发挥出来，你的示范作用才能体现出来。

二要有公心。对人对事公平公道，出发点就是以工作为重，讲问题要对事不对人。没根据的话不讲，没原则的事不做。有了公心，群众对你才有敬佩感。

三要分工协作。分工是为了明确各自的职责范围，是为了把本职工作做好；分工不是分家，分工是为了更好的合作。各位同志必须有全校一盘棋的思想，要有集体观念和大局意识，既要做好本职工作，又要互相配合，团结协作。

四要深入一线。不管是哪一个部门的领导，都要深入一线，走进课堂，走近教师，接触学生，了解情况。学校的工作永远以教学为中心，不管分管哪一块工作，不关心教学的领导都是不称职的学校领导。

**(二)实行领导包学科负责制**

学校中层以上领导包学科,就是根据每个人过去所教学科或相近学科承包一个学科。在完成本职工作的基础上,对所包学科全面负责。

主要任务:

1. 负责组织检查所包学科的进度,了解教师的思想状况、工作劲头。

2. 深入课堂听课,指导教学,提高效率,帮助和培养本学科教师不断提高业务水平。研究本学科成绩较差的学生,分析原因,提出解决办法。

3. 听取师生的呼声和要求,及时反馈上来。

4. 研究本学科教师的工作特点,为学校出台教师考核办法提供依据。

**(三)要带好班值好周**

值周是学校的重要管理手段,要统领全局,负责一周的纪律、卫生、安全、礼仪、师生出勤等方面的检查督促评比工作;处理一周的事务及偶发事件;要善于发现问题、解决问题,对重点问题及时汇报;做好值周总结并在下周一升旗仪式上通报全校。学校现有领导两人一组重新组合。大家认真学一学我们刚刚制定的目标职责,并与校长签订责任书。(宣布分组名单)

**(四)对班子的要求**

1. 中层以上领导,有事必须请假。要求老师做到的,我们必须首先做到，要带好头、做好表率。不管是谁，制度面前一视同仁。不请假随意缺岗，一律按旷工论处。学校管理工作，需要大家沉得下心、坐得住，做到善始善终。

2. 准确定位。说白了就是明白自己的职责，多干事，少挑剔；多深入一线调查研究，少在背后信口开河、指手画脚；多贯彻落实学校精神，少擅自拍板定案；多团结协作、补位补台，少搞小动作、小团伙。人品、人格不行，群众就不接受，你就当不好一个领导。经过这一段时间的了解，发现了一些问题，主要表现在以下几个方面。

(1)该请示的不请示，不该请示的乱请示；

(2)交办的任务没完成，或不去完成；

(3)该通告的、该汇报的不通告、不汇报，要小聪明；

(4)不带头遵守制度，我行我素，甚至煽动“民心”，动摇“军心”；

(5)有责任不敢承担，把矛盾上交；

(6)表里表现不一样，有明显的消极情绪，不配合工作还要演戏，这是一个道德操守问题。

如此种种，能干好工作吗？因此，这里强调要对自己准确定位，干好各自分内的工作。

3. 主管校长要发挥主动性、创造性。负起分管的责任，敢抓敢管，敢于碰硬。在决策上补遗漏，工作上补正，遇事补过。今后要敢于放手去干，我会做你们的坚强后盾。

4. 要有事干，找事干。积极谋划工作，不管分内分外，只要发现问题，就要及时处理，当好参谋，一切都为了二中，一切都为了教学。大家工作的实质，就是为教学服务，为师生服务。各学科的包科领导要深入下去听课，参加教研活动。期中考试结束后，和老师们一道认真分析试卷，分析学生，查找原因，个别谈话。把教学工作抓紧抓细，让精神紧张起来。对学生的风气、纪律要从根本上扭转。说脏话的、抽烟的随时都能碰上，碰上了就要及时管。经常看见校门口有一些“不三不四”的孩子，要加强值周纪律。发现问题，必须提供数字和事例。我们在管理中还存在很大的随意性，亟待扭转。

5. 没有特殊情况，如果不是工作需要，中午不能饮酒。教师签到不能代签。管好自己才能管好别人，别人才能尊重你这个领导，老师才把你当作领导。学校交办的工作不讲代价、不推诿、不扯皮，及时完成。

最后，把这句话送给大家，希望我们共勉——打铁尚需自身硬，说人更要影子正。

2004.4.28

# 四、事业心高于一切　责任感重于泰山

随笔二

一个学校处于低谷时期，原因往往在于内部管理松散和教师工作懈怠。尽管通过几个月的努力，中考成绩好于去年，也只是500分以上人数略有优势，高分人数还有较大差距，全县前十名我们没有一名。一个学校的尖子学生代表它的最高水平，这说明我们争创“四个一流”还任重而道远。

明年中考对于二中至为关键，是二中走出低谷的重要起点。我认为，老师们应该多考虑一些关乎学校大局的问题，少盘算一些个人的蝇头小利；多讲一点奉献，少提一点报酬；多向好的看齐，少和差的对比。全体教师的责任心和事业心是办好学校的前提，我们必须踏踏实实做好常规工作。备不好课就上不好课，不认真批改就发现不了学生的问题。要加强教研活动，发挥同头教师的优势。在花费相同精力的前提下，最大限度地提高工作效率。

老师们要把主要精力放在课堂上、放在教学上，不要放在补课上，这种做法会丧失教师最起码的道德底线，用老百姓的话说就是“缺德”。我们每一位教师的成长都离不开二中，离不开二中几任领导和前辈老师的培养。是骨干也好，是名师也好，都是二中培养的结果，如果离开二中到别的学校不一定会有这个效应。所以老师们要自觉地把个人理想和学校荣誉联系在一起，不要一味地考虑自己。

班主任还得加强班级管理，坚决制止和杜绝课间、放学路上打架的问题。多了解学生的动态，多做思想工作，发现问题及时解决。学生违规，罚钱不是办法，还要靠正确引导。放学以后打群架的问题，对学校的影响极坏。社会上说二中校风不好，主要表现就是结伙打架上，所以一定要杜绝。对学生的不良行为，所有教职工都有制止、说教的责任，课间和自习也需要强化管理。对那些屡屡扰乱正常秩序的问题学生要严加管教，反复抓，抓反复，根治坏毛病、坏习惯。

我始终认为，师德永远是教师队伍建设的第一位，没有好的师德，永远也不会成为学生爱戴的好老师。关于教师补课问题，如果是学生和家长自愿，老师丝毫没有强迫，这样的补课，老师获取一点报酬也未尝不可。变了味的补习，那就是教师的师德问题了。现在社会上听到最多的就是这个问题。以损害别人的利益来谋取自己的利益，那叫自私；以不损别人的利益来谋取自己的利益，这叫正当；以满足别人的利益来获取自己的利益，这叫高尚。提高我们的师德，主要还得靠自律，靠修养。人做事要讲道义，不义之财不取，损人利己的事不为。君子喻于义，小人喻于利。这是我们当教师也是做人应该恪守的一个原则。再者，还得增强我们的责任感和事业心，要把工作当成一种责任。凭这种责任去干工作。缺乏责任感的人是缺乏人格的。家长把孩子交给我们，必须担当责任。一个家庭一个孩子，我们输得起，家长输不起，社会输不起。学生的初一、初二年级在一生中只有一次，如果被我们白白地浪费掉就再也没有了。所以一定要引导老师们树立责任感，有了责任感才有好的工作态度和工作精神。记得《人民教育》上讲过一句话：教育是一项事业、一门科学、一种艺术，教育的过程就是奉献的过程、求真的过程、创新的过程。

2004.7.15

# 五、析试卷改进教学 树信心全面提高

## 随笔三

期中考试结束后，对考试成绩进行对比分析，纵向与自身比有所提高，横向与市里初中比，差距仍然不小，因为有一个起点问题。这说明老师们开学以来，一心想着教学，一心想着学生，一心想着成绩，用勤奋和努力换来了今天的成绩。考试使用外地试卷，目的就是看看人家怎么考，考什么，我们从中能学到些什么，今后如何改进我们的教学。要把二中的中考成绩提高到全市前列，要打造二中的品牌，关键还是要解决教师的问题，解决教学的问题。

首先，从试卷上分析，老师们都反映试卷挺好，到底好在哪里？这是我们今后研究的重点。这次考试试卷主要从以下四个方面分析。

一是分析考点。都考了哪些内容，考了多少个知识点，覆盖了所学内容的百分之几，哪些点是各类考试必考的。

二是分析考法。这些考点是通过什么样的题型反映出来的。有的老师说试题挺新、挺活。“新”就是过去没有见过，“活”就是能举一反三，就是有逆向思维。现在的试题已经发生变化了，但我们还抱着老办法做偏题怪题，还死证死算，如几何证明题证三四步全等才能证出来的题。现在需要反思我们在教学中是不是向这个方向靠近了。研究考法，就是研究今后的教学导向问题。

三是分析学生。分析哪些题学生丢了分，丢分的原因是什么。

对某个学生来说，这一科有几分不应该丢；很容易的题没做出来，到底是什么原因。是学生没理解所考知识点的概念，解题时没有思路，还是因为思路正确，答题粗心、丢三落四？不能将学生丢分一律归咎于学生答题不规范、粗心。这不是粗心的问题，是一个习惯培养问题，思维品质上出了毛病。学生没见过的考题，丢分自然就多，这说明学生的创新能力不够，还是在死学。老师不了解学生，成绩永远也提不高；只有了解学生，才能对症下药，才能有效地指导学生。只有方向明确，方法得当，学生才能出成绩。

四是分析自己。通过考试分析自己的教学得失，受到了什么启发。学生做错了，哪些是因为自己的教学不到位、不规范、不严谨造成的。要敢于承担责任，多汲取教训，保证今后的教学有改进，有努力的方向。

其次，看到差距，就要积极想办法解决。如果我们不积极想办法，得过且过，那明年的结果和今年一样。树立信心很重要，找到办法更重要。不管难度有多大，费多少劲，明年的成绩必须上，高分学生必须提起来。这就需要从以下几个方面入手进行改进。

一是观念上转变，教法上改进。近年来，我校的中考成绩很不正常，挺好的学生考不好，为什么？用旧思想、旧观念、旧办法教学是绝对不行的。故步自封是我们最大的敌人，更不能沾沾自喜——前几届就是这么做的，成绩也可以。事过境迁，现在用那个办法不灵了。那种无序、随意、粗放的教学方式是绝对不行了。

二是增强责任意识，看到肩头的担子。二中的兴衰、二中的前途，就掌握在老师们手中，所以必须消除懒惰思想、消极态度。我们每天虽然早到晚归，很辛苦，但我们要有效率，要合理安排时间。忙是对的，但要忙到点子上。备课、选题、批改、分析、辅导学生等，都应心中有数。要摒弃一切杂念，一心一意搞教学。充分发挥教研组的集体力量，每个人都要有明确、具体的任务。

三是提高课堂效率。成绩还是出在课堂上。知识讲授必须到位，每节课必须有检查，每节课一定要注意新旧知识的联系。要有拓展，有延伸，有探索，保证讲过的、练过的知识绝大多数学生都应该会，保证以后不再出错，如果学生就是不会，原因可能出在教师身上。

四是消除学生的薄弱科。这次差距大的学科要拿出具体方案，政、史、化相对薄弱怎样往上赶，原因在哪里？期末考试一定要赶上来。期末考试仍用市里的卷，任何一科的平均成绩不能低于市九中10分以上。具体到各学科，要注意以下情况：

语文：路子对头，差距不大。用教材培养学生能力，课文就是一个范例。基础的东西，如古诗词、重点古文、重要词句的解释必须牢记。阅读题解答要注重方法的指导，作文首先要教会学生审题。

数学：差距不大，但几何作图题失分较多。

外语：差距也不大。继续加强听力训练，经常听、什么时候该统一听做好安排。同时，加强英语作文训练。

物理：有些进步，比语、数、外差距稍大一些，但比化学、政史稍好一些。

政史：历史比政治稍好一点，差距大的原因是缺乏小卷训练，缺乏检查督促。该背的必须背会，要有目的、有针对性检查。明年开卷考试绝不是不需要记东西，只要方法得当就能抓上去。要求期末考试学生平均分不能低于75分。

2004.11.20

# 六、树强校品牌意识　提协作竞争能力

随笔四

## (一)教育产业化对当前初中办学的影响

在计划经济时代,人们把教育看作是公共事业。教育的发展由政府规划,投入由政府负担,由于经费不足,致使教育发展缓慢。

现在社会已进入了市场经济,人们对教育的需求越来越大,期望越来越高,教育逐步走向了市场化。民办学校兴起,职业学校增多,高校扩招收费,毕业生自主择业等新生事物,把教育推向市场。教育是一种产业的观点被越来越多的人认同。教育事业生产的是教育劳务,学校成为学生选购的“商品”,而学生毕业后,基本素质和实际能力也将被社会作为选择的主要标准。

这就给每一所学校提出一个新课题:如何提高教学质量获得生存和发展的空间?我们二中当前面临的正是这样一个状况,如果我们不能奋发有为,还在低谷中徘徊不前,那么,我们就会失去家长和学生的信任,我们的招生就会面临困境;而招生的不利必然影响到下一届中考,如此就会陷入恶性循环的泥淖不能自拔。这是摆在我们面前的一个非常现实的问题。所以,我们应该引起高度重视,并且沉下心来,扑下身子,在二中还没有沉落到最低谷的时候迅速扭转局面,在全县初中学校的竞争中成为强者。

## (二)何为学校的核心竞争力

毋庸讳言,当前的教育竞争非常激烈:公办与公办争,公办与民办争,民办与民办争;中学在争,大学在争;张北在争,全国都在争。于是虚假广告铺天盖地,承诺许愿随口就出,生源大战空前激烈。争来争去争什么?表面是争生源,实际上是争财源、争地位、争名誉、争生存权和发展权。

既然教育进入了竞争时代,学校如何在竞争中站住脚、立住根?这是每个学校和校长最关注的问题。一方面,一个共同的问题,就是学校如何成为名校,如何打出品牌。品牌是信任,是魅力,是一种力量,是一种无形资产。选择了品牌就是选择了前途。有了品牌,一切问题就迎刃而解了。另一方面,要想成为一个有知名度和美誉度的名牌学校,学校就要有竞争力,特别是要有核心竞争力。你有我也有的东西不是核心竞争力。那些不易被模仿、别人学不去或很难学去的东西,才是核心竞争力,就是别人学不去、拿不走、仿不了、打不破的东西。具体地讲,就是校长和教师的理念、学识、胆略、能力、敬业意识,合作意识,开拓意识和追求卓越的精神。

纵观中外一些名校,哈佛、牛津、剑桥、北大、清华、复旦、南开、景山学校、北京四中、南京附中等,它们靠的不是校舍的大小、设施的完善、校园的优美,而是大师和名徒,是大师和名徒的令人信服的学识、思想、才智、创造力,是令人震撼的伟大成就,是令人高山仰止的人格魅力,是令人向往的博大精深的校园文化。这才是核心东西。

## (三)如何打造学校核心竞争力

如何打造学校发展的核心竞争力,主要从三个方面着手:一是思想力，二是文化力，三是学习力。

1. 思想力。对学校来说，确立具有自我风格的办学思想；对教师来讲，确立具有自我风格的教育观、教学观。思想太重要了，一些事情如果一时想不到，绝对做不到，而想到的，早晚能够做得到。脑子里有什么样的理念，眼睛里就有什么事物，就会有什么样的行动。

《荷塘月色》景色幽美，苏轼的《水调歌头》传诵千古。历史上有多少帝王将相、王公贵族，生时权倾朝野，呼风唤雨，不可一世，死后却销声匿迹，被人们抛到九霄云外。中国历史出现了360位皇帝，我们现在能叫出来名字的有几个？反倒是许多无权无势、只会动“笔杆子”、讲学的文弱书生们能“穿越时空”。孔子、孟子、达尔文、牛顿、马克思、恩格斯等，全人类无人不知他们的名字，引用他们的名言，受他们思想的熏陶。因为他们博大精深的思想不是来自权力，而且源于对人类的贡献。

依此类推，教师的思想对教育教学活动同样重要，以有无思想为标准，可将教师分为三类。

第一类是教书匠型。这是最低的，固守于常规，没有创新，没有思考，年复一年地打发了一届又一届。第二类是智谋型的。有一定的思想和谋略，知识比较丰富，爱动脑筋，善于总结、批判和创新。方法比较灵活有效，成绩突出，是具有灵气的教师。第三类是思想型的。这一类教师有丰富的实践经验，更有独到的理论思想且自成体系。他们其实就是教育家或教育思想家。

一个教师的教育思想决定他的教学过程和教学方法，是以学生为主体，还是以自我为中心；上课是填鸭式，还是启发式；对学生是冷漠、训斥、体罚，还是热情、肯定、鼓励，这一切都源于教育思想。一个教师要想有自己的教育思想，无别的办法，唯有学习、思考、实践，也有借鉴和继承，更有批判和创新。人的思想观念太重要了，就连人的情绪也是思想观念和看问题的方式决定的，比如，高兴和不高兴，就是思想情绪的外在表现。

2. 文化力。文化一词有上千种定义，但有一个共同点：它是一种价值观。文化是精神的复合体，文化是产业的凝聚力，名牌的背后是文化，名校的背后是文化。也有人讲，学校文化就是学校的风气。如两类学校有两类文化。一类学校：校长、教师、学生无责任心。办事不公平，无规则，懒散成风，环境脏、乱、差。教师不求上进，无使命感，聊天混日，不思进取，不学无术，怨天尤人，喝酒、打牌、搓麻成风。校长工作敷衍，得过且过，漫无目标，管理无方，规则无度，奖惩不明，偏听偏信，没有思想，没有谋略。学生打架，骂人，偷窃成风，不思学习，拜金主义，精神空虚。在这种文化氛围下的教育可想而知。另一类学校：教师积极向上，富有责任心、使命感。教师敬业求索，爱生奉献。理解、尊重学生，不断学习，研究探索，民主施教，平等待人。校长人格高尚，管理有方，目标明确，思路清晰，理念超前，主持正义。学生充满蓬勃朝气，立志刻苦，尊师好学，情趣高雅，举止文明，全面发展。这又是一种文化氛围，两种文化氛围下的教育，办学效益肯定不同，效果不言而喻。

学校文化有显性的，也有隐性的，或者说是静态和动态的。显性文化环境，可达可及，无处不弹响育人的音符，是一首无声的歌。它主要体现在校园环境、绿化、美化、设备、标语、格言牌、张贴物、展览牌、宣传栏等方面，全新的文化环境对人有熏陶作用。学校文化主要还是隐性的，它主要是指理念文化、精神文化、校长文化、教师文化、制度文化、班级文化、课堂文化等。选择适应人才发展的育人理念，具有科学的教育观、学生观。充分体现昂扬奋进的精神风貌,建立团结友善的师生关系,创设民主、平等的工作、学习氛围,这才是学校文化的核心部分。这需要有一个建造过程,需要全员共同努力,需要思考探索,需要付出艰辛的劳动,而一旦形成,它就会成为一种品牌,一种象征。

科学家竺可桢指出,教育不仅仅是谋食,更要谋道。教师的形象就是:道德的榜样,悟性的化身。

3. 学习力。当今是一个新知识裂变、新观念爆炸的时代。据统计,现在一天产生的新知识已超过过去几年、几十年的总和。人类所拥有的知识总量,由几万年翻一番,到几千年翻一番,到几十年翻一番,现在几年就翻一番。有科学家估计,2020 年的知识,现在 80%以上还未出现。有人夸张地说,如果你连续睡上一天一夜,不读书,不上网,不与人交流,就会落后于时代。难怪管理学大师彼得·圣吉说:“在未来你所拥有的唯一持久的优势就是比你的竞争对手学习得更快的能力。”成人教育家保罗·郎格朗主张:“现代人从摇篮到坟墓都应该学习。”我们处在一个特别需要学习的时代,今天如果你不生活在未来,明天你将生活在过去。

如果没有众多爱学爱思之士,人类就不会有今天这么发达。从古到今,哪一个伟大的思想家、教育家、科学家不是善于思考的人?孔子之所以有超人的智慧,也是不断学习的结果,他遍求名师,走到哪里学到哪里。当代的名师、名校长,像魏书生、钱梦龙、宁鸿斌、孙唯刚、李希贵、于漪、李列、李镇西等哪个不是爱学之士,爱思之士?过去要求我们教师给学生一碗水,自己就要有一桶水。现在这个观念已经落后了。要求教师要有自来水、长流水、泉水、活水。可叹的是,现在我们的教师除了教科书和教参外,别无他物。出门去的最多的地方是会场、酒店，很少进进书店。更多人业余时间是搓麻将、看电视，很少看书。作为一名合格的教师，应从多方面学习。一个优秀老师必须是一个“通才”，具有广博的知识，成为一个“杂”家。要综合性学习知识，天文地理，教育心理学，教学方法，教学艺术……很多思想、理念都是从学习中悟出来的。

2004.12.12

## 七、聚精会神抓教学　真心实意育新人

### 在新学期开学教工会上的讲话

经过一个假期的休息、调整，今天就开学了，希望大家把心收回来，书归正传，把精力投入到教育教学中去。

这学期是我们学校发展的关键，成绩好坏关系到我们学校的前途命运。县领导、社会各界、老百姓都在关注着我们：二中换了校长，调整了班子，二年中考还不出成绩，人家会失望，失望了就会对我们失去信心，也就对我们不信任了。如果真到了这种地步，我们的学校可就不好办下去了。所以说，这学期是关系到我校命运的一学期。

经过一年的齐抓共管，并肩奋战，我们有了一定的基础。根据现在的形势，有乐观的一面，也有令人担忧的地方。但是有大家的干劲和热情，有领导班子的决心和信心，尽管道路是曲折的，但前途是光明的。我始终相信，在不远的将来，一个全新的二中一定会展现在世人面前。

本学期我们工作的主要思路和具体任务是：

1. 我们要千方百计、不遗余力地将中考成绩抓上去。这个成绩指的是要比我县别的学校遥遥领先。小胜不算胜，摔平跤算输，要高出一大截，才算出成绩。本学期，学校的一切工作以中考为中心，各项工作给初三让道，学校领导要把主要精力放在了解、研究、参与初三复习工作上。初三教师要拿出自己的看家本领，真心实意、聚精会神搞好复习工作，力争中考成绩一鸣惊人。

2. 进一步转变我们师生中存在的一些不良风气，进一步规范制度，弘扬正气，抑制邪风。所有的人做事都要按统一规矩来，形成一种正确的舆论导向，形成一种良好的外在氛围。目前，我们师生中仍然存在着一些不良风气，虽然扭转了许多，但还没有从根本上解决。具体有以下几种表现：

有些老师吃不得一点亏，受不得一点气，大事小事只要他认为吃亏了，受委屈了，就要找校长，斤斤计较。不能解决的问题，找我也解决不了。还有些教师，上班不是钻研业务，不是研究教材和学生，而是乱窜，瞎说，见风就是雨，有机会就到处造谣生事。学校明明通知几点开会，却说不知道，无中生有的事到处散布。这些风气必须扭转。当我们每一个人、每一个部门自觉按照规矩办事，都做好的时候，良好的风气就形成了。

3. 加强学校文化建设。要继承传统，丰富底蕴；加强修养，规范行为。要把读书当作我们的第一精神需要，每个教师要成为教学上的"导师"，学生的"严父慈母"，作风上的"师表"。用奉献的精神塑造人，用文雅仪表影响人，用渊博的知识培养人，用科学的方法引导人。要想有人文的儒雅，就要不断地学习，思考，实践，修炼。

4. 更新我们的教育观念。只有更新教育观念，才能与时俱进。要重点树立这几个观念：一是要树立育人为本的教育观。家长对学校有两个要求，一是要孩子成才；二是要孩子成人。如果二者不能兼得的话，百分之百的家长选择"后者"。学校就是育人的地方。从这个角度说，教书就是为了育人。三是树立人才多样化、人人能成才的人才观。浙江省机关干部子弟学校校长退休以后，对历届毕业生跟踪研究，发现了一个很有趣的现象，历届毕业班排在前十名的，毕业走出校门以后就销声匿迹了，而有所作为的、有发展的、有成就的人大都排在11～20名。所以不要只盯着那几个尖子生，要关注所有的学生。人才是多种多样的，我们不知道哪个学生将来会在哪个行业成才。人不可貌相、各有所长，没有教不会的学生。我们要关爱差等生，关注后三排学生。四是树立为学生的一生发展奠定基础的教育价值观。北京四中原校长邱继隆说："学生毕业5年、10年以后，你再问教过他什么，他几乎都忘了，但他能记住老师是怎样做学问的，对他影响最深的是老师的态度。"我们不仅要关注学生的今天，还要考虑学生的明天。既要让学生获得高分，又要为学生的明天发展奠定基础。五是将给学困生补课改成补预习。有一个老师介绍经验，给很多学生补课，结果是越补越差，后来改成补预习，效果挺好。补预习就是把课堂教学要讲的内容，稍稍地给他提前做一部分题。有了这个预习后，第二天上课的时候，老师提出一些问题，他就知道一点。教师要他举手把问题回答对，别的学生就认为他是好学生。有了好学生的感觉，他就进一步希望老师给他做这样的预习。做了一段时间，他就明白了怎么预习；再过一段时间，他就不用老师说自己做预习了。一学期下来，他真正摘掉了学困生的帽子，变成了能够自主学习的学生。这种做法符合成功教育理论，给学生创造了成功的机会，让他体验成功，就能走向成功。这个理论，说明学习上的差生并不真正愚笨，而是经过无数次的失败，失败的经历暗示他们，已无力获取成功，因而他们丧失了学习的自信心和内动力。成功教育就是要帮助失败者重新尝试成功，感受成功，重塑自我，注重给学生创造成功的体验。

我们老师在教学过程应扮演什么角色？老师不只是一部教育剧的编剧、导演、主演，应是学生学习的参谋者、伙伴、鼓动者、裁判，甚至是学生的欣赏者。如果你没有在课堂上，或者没有意识经常去欣赏你的学生的话，你就没有把学生看成学习的主体。六是备课备什么。备课不是把教材、参考资料抄到教案上，而应该把你知道最多的、最好的、最得意的、体会最深刻的东西告诉学生，让学生感悟；备课时应思考，什么东西不给学生，让学生感悟；什么东西用什么方式给学生，给学生留有多大的思考空间；什么样的教学行为给学生带来激励性。上课要把足够的时间留给学生，要把思考的权力还给学生，研究怎么让学生动起来。不管是操作上的动，还是思想上的动，如何让学生去感悟知识，不要一味地灌。李政道说："我们中国教育的传统是做学问。做学问三个字，都应该看成是动词。而现在却改成了做学答。"我们老师就是灌输，学生就是背笔记，最后是学答案。现在的教学，很多时候教师的讲代替学生的学，学生变成了容器。教学的最大错误就是教师目中无人，看不到学生是一个发展中的人。七是不要轻易回答学生问题。学生拿一道题来，不知是奥林匹克书上的还是五星字典上的，这题怎么做，那题怎么做，对这样的问题老师应该一概不回答。学生在问问题前，必须有一个初始的想法，老师才可以回答这个问题。他没有去动脑，把你当成书翻，解答这个问题不会有效果。

新学期一个总的要求就是：思想上要先进，态度上要敬业，工作上要规范。希望大家继续保持过去的好做法、好习惯。克服那些不尽如人意的地方，进一步团结凝聚，共同创造一个和谐愉快的工作环境。争取今年创造我校历史上的空前辉煌。

2005.3.5

# 八、严字当头养习惯　活字为先讲方法

## 随笔五

时间过半，进度也过半。这学期一开学，我们都比较紧张，教学工作比较扎实到位，大家都比较辛苦，学校的各项工作都走向了正常化、规范化。总的趋势不错，形势也喜人。到底工作效果怎么样，现在还是个未知数，但有一点肯定，那就是我们尽力了。如果成绩还上不去，那是我们的水平和能力问题。前一段基本上听了一轮课，看到了教师的优势，也发现了一些感人的事情。如有些教师上课很投入，精神饱满，态度可亲，有激情，全身心地投入到课堂上，站在讲台上就属于了全体学生。做到了“三投入”，精神、情感、心理投入。有的教师上课能够放得开，学生能自己解决的，教师决不包办。巧妙地设计问题，能让学生积极地思考，时刻在注意培养学生的思维能力。因为他们明白，学生从懂到会，从会到通必须经过独立思考，只有通过自己的独立思考，所学知识才能真正成为学生自己的东西。

还有的教师上课非常严谨，语言也规范流利。从起始到过渡直到结束，各环节一环扣一环，教师讲得有滋有味。该详的详，该略的略，考点抓得很好，说明这些教师备课用心了。我就不一一列举了。听这些课我感到是一种享受，有时候忘记了我是在听课检查工作，而是完全地进入了角色，也跟着学生一起思考老师的问题，这样的课一定是好课，连听课的人都吸引了，学生会怎样可想而知！

期中考试以后要认真分析教学的得失，平均分及两率高于全校平均值的要及时总结经验;低的应分析原因,找出差距。所有教师都要冷静思考,拿出几条切实可行的措施,每个人有一个努力的方向。学生的成绩仅靠初三一年是绝对不行的。

初一整体要体现一个"严"字,严格要求,严格管理,培养学生良好的学习、生活习惯。一个人在上中学前已经形成了一些习惯,中学阶段就是要改造和转化坏习惯,形成好习惯。

1. 每位教师一定要认真了解和分析每一位同学的情况,分类去指导。期中考试以后每个人都要认真分析成绩的变化,尤其是平均分相差 5 分以上的要特别引起关注,冷静思考一下,找准原因,对症下药。

2. 认真分析学生的名次变化。对于成绩波动大的学生一定要关注,找他们谈一谈,查一查到底是哪方面的原因、哪一科的问题,班主任要协调科任教师去扶帮一下。英语差的学生,大多数来自农村,要特别关注。

3. 认真体会新教材的思想。一学年过去了,要思考新教材和旧教材相比究竟有哪些本质区别。在教学上多演练、多训练,不要靠留大量的作业。

4. 对学有余力的优秀学生要解决吃不饱的问题,应该给他们加餐。要狠抓优等生、尖子生。

5. 加强批改和个别及时辅导,不能过早让学生掉队。

初二整体要体现一个"活"字,做好从初一的跳跃、到初三的过渡,防止学生大面积分化。方法要活要新,因人因班而异。

1. 明确目标,抓紧抓实,确保在全县同类学校跨越式领先,与市区中上等学校水平相当。

2. 平均分、及格率、优秀率的幅度变化低于 5 个百分点的学科应引起足够的重视。尤其是差的，原来就差，现在差距更大，一定要找准原因。我仔细研究过每个教师的差距，但原因还得自己去找。优秀率上来了，可能只关注了优等生，忽视了其他学生。平均分上来了，大面积提高了，可能忽视了尖子生。

3. 注意学生流失。近年来流失率较高，接近 8%。吸引不住学生，不是一个好老师。要刹住这个势头，防止分化，防止流失。

4. 强科要保持优势，弱科要上一上，各门课都要上。

5. 提高课堂效率，要在“活”字上下功夫，充分调动学生的积极性，抓紧教学进度，适当提前一周结课。每学期要有效复习本学期的内容，稳扎稳打，摸着石头过河，总结规律。

2005.5.8

# 九、精神饱满登舞台　士气旺盛展风采

随笔六

打造品牌学校，不仅要狠抓教学，大幅度提高中考成绩，也要积极开展文娱活动，培养学生多方面的素质，让学校充满活力。昨天县里对我们的节目进行了验收，验收组比较感兴趣，认为我们选材好，创意新，整体效果不错，但离完美还有一点距离。今天我们利用一上午的时间，把不足的地方再精细些，下午准备彩排。

为什么我对这项工作这么重视？因为它的意义不完全在唱歌上，这是我们二中面向社会的一次展示、一次宣传，从一个侧面就可以反映我们的整体工作。县里非常重视，所在的领导都要参加。平时他们很少有时间来二中看一看，这是一次机会。同时，这也是全面实施素质教育的一个平台，是促进学生全面发展的一个载体，虽然排练使学生们耽误了一些课程，但结束以后老师们抓紧时间给补一下，教学不会受到影响。

在验收中看到的主要问题在于精神上、士气上。学生们提不起精神来，松松垮垮，嘻嘻哈哈，这也反映了我校的风气问题。有的老师说，上了台就不一样了，我不同意这个观点，练的时候松垮，上了台也好不到哪里去。这次比赛一定要精神饱满，富有朝气，有严格的纪律。

我个人不懂艺术，但看过好多类似的演出，参加过市里的几届艺术节。卫华小学的大合唱非常有名，几十人上台就像是一个人，动作非常一致。有一个人没站好，这个队伍就没站好；有一个人唱错了，等于整体唱错了；有一个人有小动作、有一个人没精神，显得整体不景气。这正如去年中考作文题，你不是你，你是我们大家。所以要求学生注意力要高度集中，精神要更加饱满，表情要再加喜庆，声音要更加甜美，以一个全新的二中展现给世人。

2005.6.29

## 十、奋力拼搏见成效 冷静思考上台阶

### 随笔七

今年中考成绩比较辉煌，基本达到了我们预期的目标——中考成绩在全县遥遥领先。小胜不算胜，摔平跤算输，比同类学校高出一大截才是目标。在中考前我有三个心愿：一是中考状元出在二中；二是全县前10名占一半；三是500分以上的人数占全县的1/3。前两个都实现了，第三个稍有欠缺，我们499分的学生出现了3人。但总的看是不错的，可以说我们打了个翻身仗，走出了低谷，走出了困境。取得这个成绩，是我们全校共同努力的结果。尤其是初三老师，他们都很着急，生怕考不好。有的积极为学校出主意、想办法、提建议，展现出一股集体力量和团队精神，谁也不隐藏，谁也不保留。有时我也很感动，这对我也是个鼓舞，我非常感谢大家的努力工作。如果说我起到了什么作用，我认为这个作用是微不足道的，一个人的力量毕竟是有限的。我加入这个团队以后，比较快地适应了这个环境，也适应了大家。我们能够齐心协力，并肩作战，向着共同的目标前进。

公立学校与私立学校最大的区别是教职工的主人翁意识不同。国办学校不是个人的，是我们大家的，人人有份，办好了对谁都有益。今年中考以后，我们二中人扬眉吐气，意气风发，走在大街上都能挺着胸脯，我想初三的老师就有这个体会。这就是集体主义和大局观念的生动体现。

中考喜悦之余，还需要清醒地看到问题。我们与市里的学校相

比还是有很大的差距的。当然，首先，市里的优质办学资源和雄厚的师资是我们没办法比的，它吸引了相当一部分优秀学生。另外，从几次模拟看，平时几次考试都差不多，到了中考后就发现差距很大。去年期末，一中预科考试，天津招生，石家庄二中招生的差距就很大。主要原因在于平时的教学出现了薄弱学科。所以，下一步要认真总结今年成功的经验并找出差距，这非常重要。确保明年的中考再上新台阶，但仅靠初三一年是不够的，

一个学校的生命力在于打造一支学习型团队，要善于总结，善于借鉴，善于创新。那种穿新鞋走旧路的办法迟早是要被时代淘汰。老师们要在假期休息之余去总结，去反思。每人最好要系统阅读一本教育理论书，从中汲取营养。

2005.7.16

# 十一、新局面树新观念　新学期有新要求

在新学期开学教工会上的讲话

今天,开学工作基本就绪,新生已经安定下来了。本学期初10个班共招620人,还有想进也进不来了,昨天就封口了。新生入学火爆,说明什么,说明我们的声誉在社会上提高了。去年招生时,部分老百姓还持有怀疑的态度,今年就好多了。教师还是我们这些教师,条件还是这个条件,为什么会有这样明显的差别?说明二中这块品牌正在铸成。品牌是一个学校的无形资产,更昭示着一种力量。家长选择了品牌,就好像选择了孩子的前途命运,所以我们一定得保持和进一步塑造这块品牌。通过三个学期的共同努力,拼搏奉献,上帝给了我们许多恩赐。一年多来,绝大多数领导和教师与我一道,一心一意谋发展,聚精会神搞教学,消除一切干扰,化解一切困难,全身心地投入到教育教学工作中。全校教师齐心协力,团结奋战,充分发挥了集体的力量,指向哪里就打到哪里。大家加班加点,精心筛选和印制了一张张卷子;大家精批细改,培优辅差,认真对待每次考试、每一个学生。早自习,晚辅导,一天下来筋疲力尽,人回到了家,心还在学生身上。所有这些都是我们出成绩、扬声誉的主要原因。如今的二中真可以说是人气旺、气象新,正以全新的姿态扬帆前进。去年或前年我们不是这种状况,扭转到如今这个局面确实不容易,我希望我们的每一位教职工要万分珍惜这个局面,为确保我校健康稳步地持续发展,继续尽心尽力。

这学期我们的主要工作目标：

**(一)进一步规范教学工作，确保明年的教学质量再上一个台阶**

1. 高度重视常规工作，稳扎稳打。我认为，我们功夫上、生源上都不差。为什么我们和市里还有一定差距，问题出在常规工作上。课备得还不够精细，上得还不够精彩，作业批改不够到位，对学生缺乏充分的了解。投入的方向还有偏差，还没有真正忙到点子上。政、史学科要加大力度，也应有作业批改，有检查，教务处要加大指导和检查力度。

2. 充分发挥集体的智慧，加强集体研究和集体备课的力度。进度必须一致，教学内容必须一致，课堂补充内容、例题、习题，都要一致。集体备课不要浪费时间，更不能流于形式。

3. 注重新教材的学习、培训工作。初一、初二教材新在哪里？它和旧教材的本质区别在哪里？它的核心理念是什么？要善于思考和研究，采取一些措施。使用了一年新教材的初二教师，要给初一的教师讲体会。

4. 上好每一门课，不要忽视非考试科目，这对学生的一生有影响，义务教育阶段学校没有主次科之分，只有考试科目与非考试科目之别。

5. 加强自身素质的提高。一是获取一些新信息，吸收一些新理念，别人的有些东西我们可以拿过来借用；二是思考，反思教学，总结得失，自己能在思考中得出结论。

**(二)强化学生管理，纠正不良习惯**

学生的风气有了明显好转，但还存在一些问题。行为表现上有：

随时听到说脏话的，有随手乱扔弃物的，有结伙打架称王称霸的，有学习松垮上网吧的。思想意识表现有：品德缺失的，行为恶劣的，以损害别人利益为乐的。我们要分清学生错误是习惯问题还是品德问题，要分清是什么性质，然后采取恰当方法予以纠正。

教育学生，还得在“爱”字和“严”字上下功夫。回头看一看上学期我们搞的一些活动是不是成功，如“分层教育”、“德育层次目标”等。这学期，政教处要加大管理力度，班主任要有一套各自的办法。每个教师应树立以下理念：

1. 学生的学习成绩不是跟老师的教学水平成绝对的正比关系。学生某门功课成绩好，首先是对这门课有兴趣，对这门课有兴趣的前提是喜欢这个老师。由喜欢这个老师到喜欢这门课，然后才会功课、成绩好。学生对老师的认同，需要双向协调配合，这是学好的前提。

2. 教学过程的实质是师生情感交流过程。亲其师，信其道；先有感化，后有理喻。所以我们老师要多给学生一点爱，多一些关心，多一点鼓励，少一些责备。用真情感染影响学生，尽量让师生的距离近一点，让绝大多数的学生认可你，敬佩你，喜欢你。有了这个前提，你的课就好上了，甚至能弥补自己能力上的不足。

3. 一人一个岗，不能当弱兵。我们各年级的 8 个班，哪个班都不能差，不能因为一门课程、一个教师就影响了一个班，导致这个班情绪不稳定，家长乱找，学生流失，纪律涣散。所以每个教师要看到我们肩上的担子，家长把孩子交给我们，我们必须承担责任。一家一个孩子，我们输得起，家长输不起。学生的十三四岁在一生只有一次。如果白白地被浪费掉，对他而言那是天大的损失。所以我们所有老师，尤其是经验不足的老师，更应该笨鸟先飞，不耻下问。更要比别人多付出，各方面多下功夫，用勤奋弥补不足。越是名校，教师越是不好当。要让绝大多数的学生和家长满意,各班要比较均衡地发展。

4. 让学生学好新教材。学生成绩落后的根源之一,就是第一次学习新教材没有学好。学生第一次学习新教材,是由不知到知、由不懂到理解迈出的重要一步。对新教材理解是否深刻,不仅体现出对这一知识的应用,更主要的是把它作为进一步获取新知识的前提。也就是在学生脑子里把这些知识经常处于有准备的状态,顺利学习后面的东西。所以学生第一次学习新教材,就要让其深刻的理解,深刻理解的前提就是教会学生独立思考、独立实践,给学生较多实践的机会和较长的时间去理解,去独立思考。

5. 居安思危,充分认识教育市场竞争的激烈性。家长的愿望、眼前的利益,造成生源竞争、教师竞争。教师流动是正常的,师资得以及时补充工作就能正常运转。

同志们,我校形势是空前喜人的,环境也是和谐的,希望大家在这个紧张而宽松的环境中,尽情施展自己的才能,提高自己,服务学生,实现人生价值,为实现我们一流的教育水平再立新功。

2005.9.8

# 十二、集体备课增效益　教学成绩靠课堂

## 随笔八

开学以来，广大教师一心想着教学，一心想着成绩，在各自的岗位上勤奋工作。抢自习，晚回家，甚至把教案、作业带回家加班，充分体现了我们的老师有敬业精神、有责任心。我感觉，这学期是我们最紧张、最充实的一个学期，合作研究的氛围更浓，团结协作的精神更足，良好的教风正在形成，这一点是很可贵的，是办好学校的基石和保证。

班主任队伍也非常不错，学校要求班主任 6:40 前进班，最早的 6:00 多一点就到了，最晚的 6:20 也到了。单从这一点上看，我们的班主任是很伟大的。学生的纪律也进一步好转，校园内、大门口很少有打架的，吊儿郎当的学生也逐渐地少了。在这种严格、规范的大环境熏陶下，学生肯定会受到影响。

按校历现在已进入第 12 周了，开学第一周仅有两个工作日，国庆节放假一周，真正的教学时间是 9 周多，离放寒假还有 8 周的时间。时间过去一半多，教学任务也过半了。期中考试刚刚结束，单纯看期中考试成绩都不是很高，需要进一步找一下原因。教学是双方的，学生要一个一个地过一下，哪些学生出乎意料，哪些学生有潜力还能上，自己在教学上哪一点没有到位，这些问题都要进行深刻的反思。

其中最重要的一点还是教师的观念问题，老办法解决不了新问

题，旧观念必须要变。近二三年中考越来越难、题型越来越活，过去那种粗放、随意的教学已经不适应当前的教学需求。过去大家都这么教，不存在教学方式上的差距，我们1999年还出过全市状元，但2000年以后逐年下滑，2004年中考，好学生都没考好，2005年还是疲软，原因在于人家在变，而我们还在沿用老办法。现在亟须用新思路、新办法来解决新问题。

根据市九中的经验，提高课堂教学效率，必须加强集体研究，那种单打独斗的办法绝对不行了。提高教学质量的突破口就是加强集体研究、分工合作。九中的经验，值得我们认真思考，加以借鉴。

怎样集体备课？备些什么？首先每位老师都要自己学习到位，深刻理解、领会新教材，统一知识要点，这些要点中什么内容要精讲、细讲，要心中有数。在此基础上又不局限于教材，要加大课堂容量，补题，补相关内容，补知识点。如何把你体会最深、知道最多的相关东西告诉学生，什么内容让学生自己探索、自己思考、自己感悟，怎样就能让学生动起来，勤于动手、动脑，这些都是我们在备课中应该思考的。经过这样的思考每位老师都先拿一个初案，然后集体碰头研究，集思广益，拿出一个统一的教案。经过集体研究确定下来的方案，授课的内容、大致流程必须一致。效果在于个人的把握和发挥，在于个人的教学行为给学生带来的激励性。

每个人怎样把自己负责的初案呈现给本组人员，不同学科各自想办法，小卷还是自己打印，统一印制我们条件有限。作业要统一，量要适中，当学生为了作业而作业就学傻了。单元测试一定要搞好，精选题，注重知识点。我们要把集体备课变成大家教学的一种需要，自愿自觉来搞。

同时，各学科要兼顾，相互照应。我们学校这两年来有健康的激励导向：学校整体好，奖励就大一些，某个学科好，这一科的老师就能多拿一点奖金，尽量促使各科都上。各科作业量要适中，提一个基本要求：英、理、化作业不要超过 40 分钟，数学不超过 1 小时，语、政、史不超过 20 分钟。当然这是对中上等学生说的。把早晨 6:30 至 7:00 的时间一定给了文科。作业一定要精，练习题一定要典型，练习册上的题要严格取舍，决不能全做。让学生全做一是没底气，二是无目的，三是不负责。要考虑给学生留做题时间。单元过关测验一定要搞好，选好题，组织好，判好。以考促学，以考补缺。考试错了的题，学生一般印象较深。

另外，要周密安排家长会，达到家校对学生一致的教育。

召开家长会目的就是和家长通气，让家长了解孩子在校的一些情况，老师了解学生在家的情况。这次家长会形式与以往相同，学校领导先统一讲一讲，然后各班自行安排活动。班主任和科任老师要对学生的情况进行梳理、归纳，向家长汇报情况，优点要说够，缺点要说准，说话的方式和语气要掌握分寸。不要把学生没有学好的责任全部推到家长身上，更不能训斥家长。通过家长会使班内的学风更浓，纪律更好才是目的。

怎么开好这次家长会？要注意以下几个方面。

1. 宣传学校，宣传老师。向家长介绍中考情况、招生情况、校风校纪，介绍老师们的敬业精神、认真负责态度，还有学生的学习气氛。

2. 介绍班内的情况，可以大致分类，当然不能指名，根据学生的情况给家长提些具体要求。

3. 可以提出一些教育学生的观点。学生最重要的是树立自信心、具有自制力，会学习、能合理安排在家学习的时间。反对家长去陪做，为孩子安排一切、包办一切，家长必要的检查和督促应该有。可以让家长代表谈谈孩子在家里的情况、家长的作用、对待孩子的方法，发言家长必须有代表性。科任教师也要好好讲一讲，要给家长从别的角度介绍情况。不同年级的家长会应有不同的侧重点。

2005.11.17

# 十三、考察江苏感悟深　借鉴经验反思多

随笔九

这次活动由中国教育服务中心教育发展事业部组织，参观和考察了江苏省两个市的三所学校：洋思中学，栟茶中学，启东中学。各省市教育部门的领导及教师参加，南有广西柳州的，北有黑龙江佳木斯的，参会人员600多人。这次江苏之行我感觉受益匪浅，三个学校的办学理念、主要经验都给我留下了深刻的印象。

## (一)有一个好班子，尤其有一个好校长

这些学校都有一个特别能吃苦、负责任、有智慧、以身作则、淡泊名利的领导集体。他们分工协作，各负其责，团结奋战，处处做老师的表率，以优秀的人格影响人。分管校长都能独当一面，让最能教学的教师当教导主任。行政听课，校长点评，管理层必须都在第一线。他们的校长，对教育像教徒一样虔诚，热爱教育，痴迷教育，把事业当作他们的生命，把学校的发展和个人的命运、追求紧紧地连在一起，确实有一种与学校同荣辱、共存亡的豪情壮志。

## (二)有一支能吃苦、真敬业、肯奉献的教师队伍

因为有了一个好的领导集体，带出了一支全身心付出的教师队伍。他们的人生价值体现在对事业的追求上、老百姓的满意程度上。高考、中考后，当家长领着孩子来校填报志愿、脸上笑容的时候，也是

老师们最幸福的时候，平时所有的千辛万苦也就算不得什么了。因为自我价值得到了实现，有了成就感。正是有了这样敬业奉献的教师，才创造了一个又一个"神话"。

（三）有一个定位正确、各具特色的办学思想

洋思的办学思想：没有教不好的学生。正是这种思想，才使这个学校走向了成功。通过几年的实践，他们的教师从心底相信，每一个孩子都能学好，没有真正的差生，要关爱、关心每一位学生。这种思想变成他们的行动，体现了洋思人全面、平等、公正的教育理念。他们合理分班，结对扶帮，把后进生安排到前排，与优等生同桌，特别关注后进生的成长。在课堂上，教师的教学起点和重点都关注和考虑后进生。教师不仅关心他们的学习，也关心他们的思想感情。激发了后进生的情感力量，使后进生找到了自尊和自信，昂起头做人。

栟茶中学：是一所位居乡镇的农村重点中学，有平民教育的办学理念，追求教育平等。生源都是农民的孩子，以人民满意为最高追求。他们不放弃每一个学生，从最差的一个抓起，保证课堂上让学生听懂，分类指导，区别对待。对高分学生和高价低分学生同样负责，所有学生都必须参加高考，他们的理念是"低进中出，中进高出，高进优出"，一路扶帮，一起迈进高校大门。

启东中学：是一所位居县城的国家级示范高中，他们的教育理念是：只要教师信任学生，立足学生的兴趣爱好，找到学生的最佳发展点，每一个学生都有成功的可能。他们以奥赛为特色，每年都有学生代表国家参加国际中学生数理化奥赛，在国际上摘金夺银。到 2005 年已夺得 10 块金牌 2 块银牌，数理化学科竞赛连年夺得江苏省团体

总分第一。

## (四)有深厚的文化底蕴和良好的校风传承

人杰地灵,物阜民丰,家长愿意负担教育投入。栟茶中学是由两个留学生创办的农村学校,多少年来高考成绩一直居全省重点中学前列,该校北大、南大等名牌大学的毕业生很多,原国家审计署审计长李金华就毕业于此校。校风纯正,一代代传承下来形成的无形文化积淀。该校老校长提出:扫地也要扫它个全国第一。他提出四个不计较:工作苦点甜点不计较,担子重点轻点不计较,荣誉多点少点不计较,待遇高点低点不计较。

## (五)有一个好的教育环境

政府重视教育给优惠政策,教育主管部门支持学校发展。学校内部有健全、严格、细致的规章制度。从外部到内部都形成了一个很好的教育氛围。

## (六)有一种"争创一流、敢夺第一"的精神

"扫地也要扫出个全国第一"只是一个虚拟的东西,没有全国性的扫地比赛。这是他们追求卓越精神的生动写照。其内涵很具体,很实在,凡事不做则已,要做就要做到最好。这种精神成为他们全体教师的一种信念,这种坚定不移、始终不渝的精神在这些学校无所不在,无往不胜,正是这种精神才铸造了令人信服的辉煌和奇迹。以对复习资料优选重组一事为例,他们的理念是:浓缩的才是精华,严格要求教师在拥有大量资料的基础上,十里百里挑一,选、剪、拼、印、做(教师做),保证发下去的都是针对性极强的好题,从而大大地提高了

教学和复习的效率。许多学校都在做习题，却不加选择，学生不得不陷入“题海”中不能自拔。

### (七)有一种精诚合作的团队意识

他们介绍：团队精神的作用、潜能是无限的，“1＋1＞2”，团队的力量胜“球星”。地处农村的他们缺乏“大腕级”球星，但他们精诚团结，却打败了有“球星的球队”。

### (八)有种永不停步的攀登意识

洋思中学校长蔡林森讲：学校发展是没有顶峰的，如果真有什么顶峰，那就是衰落的开始。只有清醒的头脑和强烈的忧患意识，学校的发展才能永不停步。

### (九)学生真正树立了主体意识

“我能行，我自信，我能成功。”已经成为学生们的信念。在学习的整个过程中，学生都在动，积极地、主动地动脑思考，动手练习、操作。

这次参观江苏三所学校，给我很大启迪。

1. 要做大做强张北二中，让它塞外闻名，全省有名。这不是空想，只要努力去做就能够达到。我们已有了良好的发展势头，具有先进的思想，敢争第一的精神，明年200个学生考上重点高中的初步目标争取实现。

2. 尝试“洋思经验”。不是刮东风就往东跑，刮西风就向西跑，洋思的经验确实让人折服，我们可尝试一下，先学后教，当堂训练，学校大力支持老师们搞教改。

3. 我们该反思我们的教学了。为什么我们也挺辛苦，劲也用得挺大，效果却不十分令人满意呢？苦干还得加巧干，期末复习转变一下观念，采取一些策略，编制复习目标、要点，让学生主动一回，课堂上抢答一次，调动起学生来。

2005.12.20

## 十四、喜报传来振人心　思路明确鼓干劲

在新学期开学教工会上的讲话

55天的假期有些太长，长得让我们都不想上班了。今天我们正式开学，大家要尽快回到工作角色中来，找回上班的感觉。

首先，向大家传达一个喜讯，前两天，市一中给我们送来了喜报：在市一中的提前招生中，我校取得了可喜的成绩。有14名同学被提前录取，在全市所有学校中排位第五，在全市县城中学中名列第二。这个消息传来的时候，我非常激动，当时我就脱口而出："首战告捷。"

我们25日举行庆祝活动，9:58学校鸣放爆竹20分钟，同时在政府路、校门口悬挂横幅，在县城主要位置贴出市一中的喜报，让电视台打出滚动广告，把好消息告知全县人民。

最为可喜的是，在全市各县城学校中，我们名列前茅；和市里学校比，仅次于九中、五中和七中。这就是一个突破，从这一点看，我们要和市里的学校试比高，已不是一句空话，事实充分说明了这一点。这个成绩更给了我们充足的信心，更给了我们干劲。我们张北二中能够办好，能够成为品牌学校，也能够成为全市的名校。

这个成绩的取得也绝非偶然。回顾我们两年来，狠抓管理，严格要求，从一开始就稳扎稳打，一步一个脚印，踏踏实实。初三这届老师齐心协力，拧成一股劲，抱成一个团，集体研究，分工合作。初二的课程结束后就上了综合题、中考题，抓信息，学理念，这都是出成绩的主要原因。老师们常讲，这一届学生受"非典"的影响，生源不好。现

在看来，只要我们抓得紧，抓得细，成绩还是能出来的。衡水中学、武邑中学的经验是什么，就是狠抓，所以成绩与我们的付出，和我们正确的思想、办法是成正比的。

**(一)我们本学期工作的指导思想**

科学精致搞教学，一步一步上台阶。出成绩，要质量，是我们永恒的追求。

初三要抓细，初二要抓硬，初一要抓实。我们初三的生源，虽然“头”被掐了，但必须保证大面积丰收，要体现分层培养，没有提前进入高中的好学生一定要进一步拔高，必须单兵训练；有望升入高中的学生一定要把他扶上去，让他升入高中。各学科要定期召开质量分析会，周密安排两轮复习计划。中考成绩还得上。今年中考我们仍用旧教材，和市里学校没有可比性，在全市各县要领先。

初二要抓硬抓强。从明年开始和市里一样，都是新教材，咱们是第一次，人家是第二次，我们没有优势。从现在开始，认真研究大纲考纲。离市一中、宣一中招生已不到一年的时间，这学期时间上抓紧，进度更得往前赶，综合题、中考题要穿插在日常教学中，对学有余力的学生要给偏饭吃。从生源来讲，我们是不错的，要留得住学生，争取明年的成绩要好于今年。

初一要抓实。实实在在，踏踏实实，不能让一个学生掉队，严格规范学生行为，重点培养学生的学习方法，学习习惯。到这一届初三的时候，高分人数要占到市九中的近一半。

**(二)总结经验，学习新理念**

每个教师为提高质量、出成绩都要拿出自己的办法。

1. 要充分把握教材,对各种题型要做到滚瓜烂熟。这是个基本功,是出成绩的基础。对每一个知识点在教材中的地位、作用要分析清楚,这些知识点通过什么样的题巩固、强化,要心中有数。每个教师要了解自己,要多学习,多研究,多总结。每个年级的每个学科都要配备最前沿最新的复习资料,没有见过的题型要记下来,亲自做,亲自体会。如果人人都做到这一点,我们就没有弱兵了,大面积提高质量就有保证了。

2. 要会调动学生,调动他们的学习主动性、积极性,发挥主体作用。注意是调动,不是牵着鼻子;是举着旗帜领,不是拿着鞭子赶。让学生主动地、积极地参与教学过程,有思考,有动手。洋思经验是教学过程像考试一样紧张。要全面了解学生,通过提问、辅导、作业,详细掌握学生的学情。哪一个同学的哪个知识点有缺陷,思维上有问题,过程上不严密,都要清楚。只有这样,才能对症下药,分类指导,严格要求。不同的学生怎么对待,如何辅导,都要有自己的办法。

3. 加强集体研究,分工协作,有团队意识,这样别人的优点、诀窍自然就学会了。

4. 让学生建立"错题本",对单元训练、期中、期末考试和综合作业中的错题要重做一遍,多想错因。

5. 人的潜力是无限的,相信没有教不好的学生。低进中出,中进高出,高进优出,要换一个角度看学生。

**(三)加强学生管理,坚决制止恶性打架事件发生,对问题学生要分清层次找到根源,思想工作做到位**

2006.3.6

# 十五、顶压力分层教学　搞实验通力合作

## 随笔十

经过全校上下两年多的戮力拼搏，二中迅速走出低谷，中考成绩大面积提高，发展势头蒸蒸日上。但是，在尖子培养上、高分段的人数上尚不尽如人意，尤其是与市区名校相比差距较大。因此，我逐步尝试分实验班、搞分层教学。

**(一)为什么要分实验班**

1. 根据我校两年设实验班的经验，总体还是成功的，家长还是认可的，效果也是明显的，它符合分层教育思想。当然，也有负面效应，但总的看利多弊少。实验班是分出，不是重分班，不是真正的分快慢班，这是个关键。所以这两年的过渡都比较平稳。尽管我顶着很大的压力，也得罪了不少人，但总还是挺过来了。根据这两年的发展和社会的舆论，我们这一届如果不分，恐怕也交代不了家长了，这也是形势所迫。

2. 由于各类学校提前招生，尤其是市一中寒假就开始考试，如果我们上初三时再分，离考试就只有一个学期，时间太短，效果难以显现。既然要分，迟分不如早分。

3. 我听了初二老师的一轮课，根据老师们的反映，学生两极分化太严重，老师上课很难兼顾，把一部分学有余力的学生分出来重新编班，有利于教学，有利于学生发展，符合分层教学思想。

分出实验班，是为了进一步整合教学资源，稳定学生，让各类学生都留得住，学得好，这是我们分班的指导思想。

**(二)具体要求**

1. 拟下周一开始分班，班容量首次控制在45人以内，严格按照近三次考试成绩测算分班。

2. 初二这次实验班的学生是动态的，一定要执行进出制，用这种办法激励学生。班主任事先给学生讲清楚，必须有出有进，离期中考试时间不长，学生容易接受。凡总分低于实验班平均总分30分以上的，一律要出。非实验班的学生凡总分接近实验班平均分的，一律可以进实验班。同时进的人数根据出的人数决定。这个30分也是经过测算二年实验班的成绩得出来的。

3. 班主任在分班前一定要做好学生的工作，星期五召开班会，不管是进去的还是没进去的都要好好做工作，没有实力的硬要进去也不客观，受罪受累。

4. 初二教师无论教哪个班，成绩要从头算起。实验班的老师要精雕细刻，要尽快充分了解每一个学生，作业精细批改，辅导有的放矢。师生关系决定教学质量，学生一旦认可了你这个老师，觉得你很关心他，很爱他，他会加倍地努力，认真学你这门课。对非实验班，我们要重新测算分数，认真对待考核。这一块是我们的主力军，升入高中主要靠这一块，分开不是不管了，而是为了管得更好。初中教学的任务就是顺利地把学生送入高中，只要有一线希望的学生，都要拉一拉，扶一扶。

5. 所有的老师都要有大局观，让谁担任实验班并不重要，重要的是这一届能够考好，出成绩。重要的是平稳地分这个班，整体考好了，我们初二老师就能受益，你这一科考好了，奖金就能多拿。大家谁都知道招这一届学生时，我们付出多少艰辛！新任课的老师都有实际困难，为了大局，为了学校，老师们克服困难应该不是问题。

2006.3.30

# 十六、知荣方知道德高　明耻才能行为正

## “八荣八耻”教育活动

“八荣八耻”，精辟地阐明了社会主义荣辱观的重要内容，精炼地概括了一些我们熟知的道理。语言朴实易懂，很有教育意义。短短的八句话，几乎涵盖了中学德育的所有内容，既有政治思想教育内容，又有道德教育内容。热爱祖国，服务人民是中学生成长的目标和人生观、价值观的核心体现。崇尚科学，团结互助，艰苦奋斗，辛勤劳动是中学生学好科学文化知识的保障和必经之路。诚实守信，遵纪守法是一个人立足社会的基本要求。所以，“八荣八耻”是中学德育教育的很好教材，也是当前学校德育工作的重点。为此，我校在本学期结合学校的德育工作重点，开展树立社会主义荣辱观系列教育活动。活动分三个阶段进行：学习教育，实践活动，总结提高。

### （一）学习教育阶段（3、4月份）

1. 宣传动员。在3月27日，周一早晨升旗仪式时，进行全校性的宣传动员。告诉全校教师践行“八荣八耻”是我校本学期的重要德育工作内容。然后由政教处牵头，进行广泛的宣传动员。通过校园广播、板报、主题班会等宣传形式，让师生人人知道，条条记住，入耳、入脑、入心。不仅自己要知道，还要告诉家长，让全社会都知道。

2. 抓师表。广大教师是教育的主要力量，教师的风范仪表、言谈举止仍然是帮助学生树立荣辱观的重要榜样。开展诚实守信的教科

研活动，创设崇尚科学的校园氛围，开展丰富多彩的师德建设活动，宣传师德典型，提高师德整体水平，以高尚的师德感染和带动全体学生。

3. 充分发挥主渠道的作用。课堂永远是学校思想品德教育的主渠道、主阵地。通过政治课、历史课、语文课有机地灌输和渗透荣与辱的观念，让学生深层次了解“八荣八耻”。

如：什么是爱国，爱国不是天天说祖国好，不说缺点和错误就是爱国。不同时期有不同的爱国形式，岳飞，林则徐所处的时代不同，采用的爱国形式也不同，但爱国精神是一致的。真正的爱国，就是要有忧患意识，要努力奋斗，为祖国做出贡献。

爬雪山、过草地是艰苦奋斗，头悬梁、锥刺股也是艰苦奋斗，我们现在的艰苦奋斗就是刻苦读书，努力学习。通过各学科的灌输和渗透，让学生正确理解“八荣八耻”的内涵。

## （二）实践活动阶段（5、6月份）

开展系统的专题教育活动。如爱国教育系列活动，从讲一个爱国故事、唱一首爱国歌曲、当一次升旗手开始，让学生从身边小事做起，明白爱家乡、爱学校就是最直接的爱国行动。

如献爱心、动真情，服务社会人民的系列教育活动。

如开展知“耻”活动，把一些贴近学生生活实际的问题，明确地告诉学生，什么是“耻辱”。比如说脏话骂人可耻，不讲卫生随地吐痰可耻，说假话骗人可耻，抄别人作业、考试作弊可耻，浪费粮食、水电、纸笔可耻，借别人东西不还可耻等。把学生生活中天天发生的小事列出来，选出若干点，进行评判，让他们进一步知荣明耻，使其行为受到有效的规范。

(三)总结提高阶段(7月份)

通过宣传教育、实践活动,学生中一定会涌现出一些好的典型。绝大多数同学都有进步,根据学生的表现可划出三种类型。

一是“守法好公民”,只要是没有违反“刑法”,没有违反社会管理处罚条例的,都可以列入其中;二是“遵纪好学生”,遵守校规校纪的,可以评选;三是“品德标兵”,在前两个评选的基础上,品德高尚,行为突出的学生。

最后要大力表扬,宣传推广,完善总结。

2006.4.10

# 十七、实现跨越再创业 质量立校铸品牌

## 在新学期开学教工会上

初一招生基本就绪，共招生680人。按教育局的招生计划，要求招8个班，但实际招生时紧顶慢堵，还是没顶住，变成了10个班。还有相当一部分学生想来，但因班容量限制，只好到别处报到了。从招生情况看，二中确实需要发展。明年教学楼盖起来，我看，12轨制或16轨制都不用担心生源。

两年招生火爆，说明二中良好的发展势头得到老百姓的认可。能有今天的局面，是靠我们全校上下齐心协力、奋力拼搏打造出来的。它来得不容易，我说不清有多少同志花费了多少心血和汗水，也无法计算，为了教学、为了学生，他们牺牲了多少休息时间。2005年中考，我们打了翻身仗，扭转了落后局面。这一届的初三教师为二中的发展立下了大功，开了好头。2006年中考，成绩出乎预料。从生源看不比别的学校有多大优势，而且中途走了不少好学生。去年这个时候定目标时还认为，保持或再上一个小台阶就可以了，可结果三次考试，三次惊喜。张家口市一中提前招生，宣化一中招生，两次考试，我们的成绩确实是出乎预料的好。

这一届初三教师作风优良，教学扎实，团结凝聚，奉献实干。他们为二中的持续发展奠定了坚实的基础。人的潜力是无限的，我很喜欢的一句广告语："一切皆有可能"。我们的近期目标就是要把二中办成全市有名有实的品牌学校。现在名气有一点，但它还不够大，

前两天怀安二中来我校学习，我们系统的办学经验还拿不出来。所以仍需要大家进一步总结经验，完善自我。教师的工作就是周而复始，但它绝不是简单的重复，而是轮回提高。我们要反思自己，优化方法、抓住重点、投入到位、加强锻炼、劳逸结合，为实现我们共同的目标奠定人力基础。

1. 学校要发展，要形成品牌，必须有独特的文化特质。这需要我们老师们至少从三个方面来努力。一要有职业理想，有教好书带好班的信念。我曾说过，我们不要把工作当作一份谋生职业，而应把它看作一种神圣的事业，要找到自己的那一块幸福和快乐的沃土，这样就会有事业心、责任感。二是要有自己的教育观念，有自己的学生观、人才观、发展观、教学观。三要有能力。包括分析教材，设计教学，实施组织(课堂组织、提问表达、课堂示范、指导学生)，还要有科研能力、德育能力、人际协调能力。

2. 学校要发展，要成为名校，必须有一支优秀的教师团队。每一位教师都要注意自己的形象，上班时间就要正规地上班，不要迟到，不能早退，中途没事就不出去。九中、二十八中教师中途外出都要填登记卡。我们没有这样搞，相信我们的教师还是自觉的，但是也有个别人总是提前走那么几分钟，中途经常外出。我也没有当回事地讲。我们的环境是宽松的，但宽松不等于松散。其次要进一步规范我们个人的行为，不仅规范教学行为，也要规范生活上的一些细节，始终要头脑清醒，不管在什么场合，都不能忘记自己是一名教师，从穿着打扮到言行举止都要注意，不能让世人指责，不能让学生看不起。再次要不断地提高自己的素质和能力，要善于反思和总结，养成写课后小结、反思日记的习惯，分析总结工作得失，并与同事相互交流，相互切磋，学会欣赏别人，提高自己。

3. 学校要发展，要不断跨越，必须有良好的校风和学风。班级是学校的基本单位，因此要打造良好的校风，就要从班级抓起，要强化班级管理。好的班级管理、好的班风、学风是提高教学质量的保证。今年中考再一次证明班级管理的重要性。班主任要靠威信带班；不是靠高压，吓唬学生，有威才能严。会调动学生，会欣赏学生，能渲染气氛，激发学生的激情。任课老师也有师生关系的问题，师生关系一定要融洽、和谐，师生关系能保证教学质量。要了解每个学生的心理、动态。什么事要和家长沟通，什么时候要给家长打气，什么情况下需要了解家长的动态、做家长的工作。这些问题在上次开班主任经验交流会上谈了很多，要学习借鉴。

4. 学校要发展，要在竞争中立于不败之地，必须在提高教学质量上下功夫。教学质量可以说是一所学校的生命，质量高，则生源广、学校兴；质量差，则生源枯竭、学校衰败。面对这样巨大的竞争压力，我们必须集中精力抓教学，千方百计提质量。

一是要找出问题和差距，切中要害，拿出办法。我发现的问题有：①这届初三学生流失比较严重。初一招生时近500人，升初二时，转学补充后准确人数也有503人，到现在只有464人。而上一届初三这个时候是502人。人数上没有优势，学生极不稳定，这和班级工作、教学工作有关。②上学期非实验班前120名学生分数间隔大，高低相差近120分，梯队不好，两极分化，想要多考高中有一定难度。实验班比较正常，分数在500～557分。③整体有一种浮躁、不扎实的感觉，这种学风不好。④第一次使用新教材，没经验。这是学生落后的根源之一，说明第一次学新教材没学好，知识积累不够，给进一步学习留下缺陷。第一次学新教材，要让学生深刻理解，体会新教材的实质。要给学生充分的时间去独立思考，独立理解。大家对以上问题要有充分的认识,多想办法、想好办法解决。

二是保证进度和质量。我们已经讲初三下学期的内容,要做到一步到位,不要寄希望于复习阶段弥补。让学生通过思考深刻理解和体验新教材。例如,学习《岳阳楼记》,第一次让学生必须能默会诵。要追求课堂容量,三套教材都要看一看,要在思路和方法上多指导,不能只靠多磨多练和做题提高成绩。当堂理解掌握,和通过课下练习掌握效果是不一样的,今天会和明天会不一样。学生存在个体差异,有的学了就会,过两天就忘;有的一旦学会,能保持很久;钻研教材、探究方法、思维训练不能少。尽量在放寒假时结课,结不了的最多剩一两周的教学内容。

三是要注重基础与难度。教学中一定要让学生深刻理解基本概念,不能急于求成,要一板一眼地过教材。有一定难度的题在教学中适时穿插。以学生为主这个思想不能变,必须让学生主动去学。

四是认真研究考点和题型。研究近三年来河北省课改区的中考试卷和其他省、市的试题,比较课改前后命题思路和题型变化。作业一定要精选、精选、再精选。这是很重要的问题。量也要适中,关于量的要求,前面已经讲过了,要一天只留一次作业。要学会取舍,不能一看挺好,这个也舍不得,那个也舍不得。留作业前最好自己先"下水",那种全留全做的做法是无目的、没底气、不负责的表现。单元测试不能用现成试卷,要精选重组精编。同时做到精批精改。

目前的学生底数一定要清楚,目标也要明确。实验班同学的目标就是考上市一中、宣一中以上的学校。非实验班同学的目标就是公费高中。全校所有学生总分有一个平均分、优秀分人数问题。能上一点就上一点,不能有让学生掉队的思想。多关注一下班内名次变化,以及你班进全校前 200 名人数的增减情况。

五是与时俱进变观念。当前教育改革的大趋势是“融合”。“融合”就是在不丢掉本民族传统本质的基础上，学习外国最新、最先进的教育与管理思想，吸收外国教育与管理的思想，接受教育实践的经验教训。对于我们学校，要在继承优良传统的基础上开拓创新，搞出自己独特的东西。

老师们，我们二中已经站在了全县初中学校的最前列，但这还不够，学校发展是没有终点的。现在县里很重视、很支持我们，投资为我们新建教学楼，明年大楼盖起来，条件会得到极大改善，我们一定要抓住机遇，乘势而上。二中今后发展的命运就掌握在我们大家的手里，希望大家一定要敢于挑起这个重担，以争创一流的决心和为学生奠基的态度，投入到今后的工作当中。

2006.9.3

# 十八、中考更上一层楼　康庄道上擎高帜

## 随笔十一

随着中考喜报传来，又一个学期结束了，欣喜之余，略作盘点，好的要继续发扬，差的要汲取教训，把二中这艘航船的舵掌好，驶向更加美好的明天。

总体来看，教学工作扎实有序，质量稳步上升，中考成绩一年好于一年，连创辉煌，今年又是大面积丰收。全县前10名我校占了8人，前100名占了40人。前100名是个什么概念？过去中师、中专热招的时候，全县能招100多人，就是说放在过去我们能有40人考入中专、师范。这样换个角度一想，就知道我们成绩的确是突出。这个骄人成绩的背后，是二中全体员工艰辛的付出和辛勤的汗水，它透射出全校上下一心崛起的巨大合力，隐含着一种说不出、看不见，只有我们二中人才能心领神会的精神默契。

欣喜之余更需要一份平静和理性。因为这个结果是必然的，它是水到渠成的，虽有些出乎意料却也在情理之中。三年前，基本还是这届的老师，中考的时候，前十名二中一个没有，这一届中途调到市里几个好老师，而且任课教师中还有好几位新手，却取得了这样好的成绩，为什么两次差距这么大？原因主要在于这一届初三老师憋足了一口气，铆足了一股劲，从新生入学的第一天起，稳扎稳打，一天也没有放松，是用智慧和心血铸就了辉煌，又一次为张北二中立下新功！

到目前，可以说二中已进入良性循环的轨道，是汇聚了天时、地利、人和的结果。但是展望未来，任重而道远，还要付出更多的努力让二中的声誉越来越好，让二中的名气越来越大，把二中办成全市响当当的中学。因此，保持清醒的头脑是必要的，要看到我们还存在一些问题，还存在一些不和谐的因素，有些方面还跟不上节奏，有些同志的思想观念和意识还需要改变，今后要逐步加以治理和解决。

另外，分数当然是我们追求的目标，但不是唯一的目标，因此不要过度盯着那几分、那些尖子生，同时也要关注差生、后进生。初中教育是塑造人生的关键时期，我们可能存在对一些差生的关爱不够、照顾不到、冷落甚至放弃的现象。盘点这学期七八年级，都有20多名学生流失，具体原因还没详细调查。如果把这些人抛向社会，可能他的一生就毁了。这不仅是家庭的负担，也是社会的负担，同时也是学校的不安定因素。关爱学生，能拽一把就拽一把，能帮一下就帮一下。每个学生都有长处，不能把学生看得太坏，学生未来的成就与现在的学习成绩不一定成正比，谁也估计不了他们的未来。所以需要老师们全面抓、抓全面，不能放弃任何一个学生。

紧接着就要放假了，将近2个月时间，假期太长，长得有些不符合规律。没有假期肯定不行，师生临近放假时都很疲惫，放一段假休整休整，下学期一开学，体力又恢复了，精力充沛。但是假期太长，对师生都不利。学生放这么长的假期，如果做不到合理安排、自觉学习，一学期学的内容，到开学几乎全忘掉了。老师们休息的时间太长了，也会变得懒惰了，也不利于身心健康。所以假期一定要布置好假期作业，量要够，形式要多样灵活，要有措施，让学生保证完成。学生之间要互查，发挥小组长的作用、家长的作用，过程得有人督促，不能等到开学检查，开学一是恐怕检查不了，二是检查也起不了多大作用。

这需要老师们精心准备，放假前布置下去。

教师在假期中一方面要好好休整一下，另一方面也要给自己充充电，有意识地提高自己。要求每位教师要精读一两本教育理论书，要给老师们推荐一些书目，供老师们挑选。读书要求做点笔记，开学后要求老师们交读书笔记，相互交流。

2007.7.13

# 第二章

# 励精图治

冰心有一首诗写的是:“成功的花儿,人们只惊羡她现时的明艳,然而当初她的芽儿,浸透了奋斗的泪泉,洒遍了牺牲的血泪。”我不敢说自己为二中做出了多大的贡献,但是,十年一剑磨砺的艰辛,不仅是我这个校长刻骨的记忆,也是我和同事们的奋斗足迹。

## 一、反思过去积经验　畅想未来蓄内涵

在新学期开学教工会上

新的学年,是张北二中的一次转折。所谓转折,一方面是我们学校的大楼明天就全面封顶,内部装修也紧锣密鼓,11 月份可望启用,从此以后我校的办学条件将进入一个崭新的阶段,我们二中人也能享用宽敞美丽的教学楼,彻底改写了二中没有教学楼的历史;另一方面,三年来三届师生都在中考中进行了一轮较量,可以说战了一个回合,结果是越战越勇,越拼越强,中考成绩一年好于一年。今年的招生,从人数上看,从家长和学生的迫切程度看,又创了纪录。

回顾这三年来的历程，可以概括为六个字：整顿、恢复、提高。我们先是从制度入手进行了治理整顿，使各项工作步入了正轨；接着狠抓教学，在中考中不断取得突破；同时在这三年里我们着力锤炼师生的精神品质，初步形成了“团结奋进、追求卓越”的二中文化。三年来，不仅在办学条件上得到了改善，也在校风校纪上得到了极大的改观，特别是教学质量在张北遥遥领先的地位已逐步稳定，甚至在全市也有了一定的名气和影响，基本上实现了既定目标。今天，我们二中人需要考虑的问题是：今后的路怎么走，如何把学校办得更好？

我认为应该定下这样一个目标：前三年二中在全市已经挂上了号，有了一定的影响，有了些名气，我们要再用三年的时间，把二中真正办成市级名校、全市的品牌学校，从管理到质量、从师资到办学条件都达到全市一流的水平。

真正实现这个目标确实不容易，我们受体制的制约、环境的制约，人为的制约因素也很多。但这就是我们的目标，我们要努力创造条件，排除干扰，争取多方的支持，争取早日实现目标。我们不能忘掉过去，过去我们有过辉煌的历史，也有过惨痛的教训，其中的原因不言而喻。今天的二中可以说是站在了一个新的起点上，我们不清醒不行，不努力不行！所以我们要把这个新学年看作是一个转折点，是一个里程碑。

到第三个三年的时候，我们还要把二中打造成全省的名校，能够吸引外县的孩子来我们这儿就读，吸引市里的孩子来我们这儿念书，这是我们的一个长远目标。再有六年的时间大概我也该到退的时候了，可能干不了那么久，但作为校长我却不能不想那么长远。当务之急是我们要实现第二个三年计划，就是要用三年的时间办成市级名校。三个年级的老师已站在不同的起跑线上，有马上就要冲刺的，有刚踏上起点的，有行进在中途需要加油的，不同的年级有不同的目标，但“奋战”这个主题是对三个年级共同的要求。过去的三年大家都非常努力，为二中的发展做出了巨大的贡献。今后，这种动力、拼劲不能丢。既要考虑投入，更要考虑效率。眼下是我们最困难的时候，新大楼还不能使用，七年级还在旧师范院上学，希望大家克服困难，不要影响教学。

总结三年来的得失，我们二中传统的、具有特色的东西不能丢，在此基础上，还要有新的思路、新的办法、新的增长点。

1. 集体研究、团结合作的精神不仅不能丢，还要加强。每个人要把你教学上最成功的、你认为最得意的经验告诉同事，共荣共进。

2. 精细的做法不能丢，还要下功夫。第一次讲好新教材，让学生独立思考的思想不能丢，要深刻理解、把握新教材的实质。

3. 在“会教”和“教会”上下功夫。要有自己的教育思想，追求课堂效率，追求教学容量，研究教学规律，不断地提高自己。

4. 对待两头的学生也要有新招。办好学校，大面积出成绩，必须抓好两头的学生。

2007.9.3

## 二、兴高采烈迎剪彩　欢天喜地迁新楼

在教学楼落成搬迁筹备会上

今天会议的主要任务是安排新楼搬迁工作。我们定于11月5日全校师生搬迁入住新大楼，11月6日10:00剪彩。

入住新楼是我们张北二中全体师生的一件大事，更是一件喜事。既然是喜事，我们二中这个大家庭的每一个成员都应该欢天喜地、齐心协力办好这件事，住好我们的家。

拥有一座美丽宽敞的教学办公楼，是我们二中人多年的心愿。眼下，我们的愿望终于实现了，屈指可数的几日我们就可以用上新楼了。大家都有过迁新居、住新房的体会，那种感觉一定是兴奋、激动和喜悦，我这几天就有这种感觉。学校就是我们的家，只有我们把学校看成是自己的家，校荣我荣，校衰我辱，才能证明我们二中人是有凝聚力的，才能把我们的二中办好。

近年来，我们全体教职工团结一致，努力工作，取得了一些成绩，赢得了社会、老百姓和家长的赞誉。县里主要领导听到耳中、想在心上，对二中格外关注，这是我们能改善办学条件的一个主要原因。我上任以来，一直积极地争取，不断往县里、市里、省里跑，多次请求盖楼之事。几年的艰辛一言难尽，遭白眼、受冷遇，只有我才知其中的滋味。一句话，这个楼盖得不容易啊！当然，社会各界的呼吁、人大代表的提案也起了很重要的作用。

楼盖好了，办学条件改善了，就要求我们更加努力，以更加优异

的工作业绩来回报党和政府对我们的关心。政府对教学楼的剪彩非常重视，届时县四大班子的领导、市教育局胡局长都要来。我们要做到以下几点：一是要充分展现我们二中师生的精神面貌；二是要各个环节都有序、有亮点，通过各个细节、角落展示我们的管理水平和管理特色；三要热情接待，就好像我们家里来了客人一样，学生要主动向客人问好。总之，要借这个机会向外宣传我校，向世人展示我校，要把这次活动当成是打造品牌学校的一个重要平台。

2007.11.1

## 三、凭良知塑造形象　用爱心启迪灵魂

随笔一

开学，对我们当教师的来说，就意味着用生命的又一个几十分之一开始重复年复一年的工作。我只是觉得，不要把这种重复变得机械，变得无聊，而应该努力克服职业倦怠，从中找到乐趣，找到快乐，尽情享受我们宝贵生命的这几十分之一。所以，新学期我们应该有些新想法、新干劲。在教育理念、教育思想、教育方法等方面要有些突破。如果这些东西有了进步，那么这一学期就会过得轻松愉快！

这几年，二中的教学质量连年上升，可是老百姓对我们的期望也越来越高，政府给我们盖大楼改善办学条件，更是对我们的鼓励和鞭策。如今二中的风气好，条件也好，老师优秀，管理到位，家长都想让孩子来二中就读，班容量越来越大。身为校长，我的责任和压力也与日俱增，促使我对二中的未来有了更加深入的思考。

### （一）指导思想

弘扬传统，保持优势，使教育教学质量稳中提高；查找问题，寻找不足，让每个学生得到应有的发展；认真反思，努力学习，每个教师的教育教学水平都要上一个台阶；理念开道，文化引领，努力办出人民满意的教育。

## (二)学校文化

通过几年的实践,结合我校实际,总结提炼出二中的核心文化。

办学理念:文化引领,质量立校。生存靠质量,发展靠文化。

办学思想:为学生发展奠基,为教师成长搭台,为社会进步服务。

既要对学生的今天负责,更要对学生的明天负责。二中不是最高学府,不是人生学习的终极阶段,但它是人生最重要的阶段。让每个学生在二中的三年里奠定扎实的文化基础,养成良好的品格,形成正确的人生观和世界观,为幸福的人生、成功的人生奠基铺路。教师"教"的过程就是自己成长的过程,就是实现人生价值的过程。培养有理想、有学识、能担当责任的各类学生,从而影响他周围的人,促进社会和谐稳定和进步发展。

校训:厚德至善,博学致远

有了良好的个性品德,才能达到至臻至美的境界;有了广博精深的学问,才能达到最高最远的目标。

学校品牌:现在学好,将来活好。它有双重意义:现在学习好了,将来就能找到好的工作,而且干的活也漂亮;现在学好,将来就能生活得幸福,活得精彩。

学校精神:勇于创新,敢于领先,勇夺第一。

办学目标:创建全市知名、全省有名的品牌学校。

以学生发展为本,相信每个学生将来对社会都会有用,让每一个学生都受到最好的、最适宜的教育。要格外关注及格率,每一学科让及格的学生大幅度提升。

## (三)教育情怀

1. 沉下心来做教师。我们既然已经做了教师,就要想办法做好,而不是怨天尤人。烦恼越多越做不好事情，越做不好事情麻烦就更多，最好的办法就是自己说服自己，沉下心来工作，不要烦恼，也不要埋怨，给自己树立适当的目标，把事情做好。如果能把工作当作一种事业来做，那就达到了一种境界。热爱事业，热爱学生，爱岗敬业，处处想着学生，为学生的一生负责，时时感到自己肩上的重任，认识到自己的一言一行、一举一动都在深深地影响着学生的心灵。这就是一种情怀。做教师，就要有这种情怀，从某种意义上讲，教育就是一种责任。

2. 做教师最重要的是什么。有人说做教师最重要的是师德，有人说最重要的是学识和才华。的确，这两样是做教师最最基础的东西，但这都不是最重要的。有人阐述教育的实质时说："在大部分东西忘却了以后，留下来的记忆就是教育。"回忆我们学生时代，老师讲了些什么知识，可能没有一点记忆了。但是老师对我们的那种态度，对教学的钻研精神以及他们的人格魅力，是永远忘不了的。这些东西可能只是一个大概的轮廓，但正是这种大概的轮廓才不知不觉、潜移默化地熏陶着学生。所以，钻研教材的科学精神和对学生的关爱是做教师最重要的东西，我们的治学态度和敬业精神需要认真去修炼。

3. 教师也需要成长。过去我们常讲，要不断提升自己的素质。今天还是这个话题，教师要伴随着学生的成长而成长，最高境界是成为一个名师专家。从大的方面说，名师能培养和造就一代或几代人。从小处讲，社会认可，家长满意，同事佩服，领导欣赏，工作得心应手，让人羡慕，让人敬仰，活得堂堂正正。所以，成为名师应该是我们中青年教师的一个追求。教师成为名师的成长轨迹一般是：先出成绩，再是做公开课，最后是搞科研写文章，形成自己的教育思想和独特的教学风格。途径就是反思自己和学习他人。凡是有思想、有观点、有方法的老师，无一不是从反思自己和学习他人走过来的。不反思就会原地踏步，不学习就没有新意。反思就是否定自己，批判自己。学习就是向书本学习，向专家学习，向同伴学习。苏霍姆林斯基在《给教师的建议》一书中讲过这样一个例子：一位有着三十多年教龄的历史老师在上课，听课的教师入迷了。课后有人请教这位名师，这节课准备了多久？他回答说：这节课准备了一辈子。不过，对这节课的直接准备用了 15 分钟。有理想的教师一辈子都在积累、更新、反思、成长。

江苏省特级教师毛永飞坚持写教学后记，从不间断。他讲：不要懒惰，不要强调自己忙，一定要拿起笔写东西，从一节课写起，从点滴写起，认真写三年教案，未必成为一个优秀教师，认真写三年教学后记，一定能成为一个有思想的教师。

### (四)教育观念

教育观念是教师修养中比较深层次的东西，在教育教学活动中发挥着非常重要的作用。而学生观又是教育观念中重要的组成部分，因此，树立正确的学生观，是教师专业成长的重要任务。

首先，要正视学生的差异性。学生在个性特点、兴趣爱好、智力和能力方面的差异是客观存在的。教育者的目的不是为了消除差异，而是把差异作为资源加以开发。要用积极的心态对待学生的差异，对有差异的学生挖掘可贵的东西，并针对差异设计多种教学方案，让每个学生得到充分的发展。一个学生就是一个教育世界，只要对每个学生充满期待，并给他们提供必要的时间和条件，就一定能使他们获得成功。差生的形成，实质就是一个学生反复遭到失败和打击，失去了自信心后便沦为差生。所以让一个差生变好，最有效的办法就是帮他找回自信，反复体验成功的喜悦。教师应该及时发现差生的优点，找到他们身上的强项，并及时给予鼓励和表扬。差生身上肯定有优点，他的这个优点被你发现了，这时你一句恰当的表扬，就会使这个学生热血沸腾，他就会更加尊重你，你说什么他都听你的，心态越来越好。有时对差生的不经意的一次表扬，他往往能记一辈子，对你发自内心地感激。多数老师的体会是，差生往往比优生有良心。一些优秀学生往往觉得自己成绩优秀是智商高，是自己用功获得的，将来在对待老师的感情上不如当年的差生，所以要格外关注差生。

其次，要关注学生的心态。学生在学业上最大的问题是心态的问题。心态的关键是自信，心态决定成绩。比如，有的学生小学时在班里是前一二名，可是到了初中，名次排到100多名，家长着急，孩子也着急。家长却没有想到孩子进了二中，竞争对手是很强的，还是用小学的排名来衡量，给孩子立了一个过高的目标。用这样一个不切实际的目标去鼓励他，注定他达不到，必然导致他遭遇挫折，最后孩子连一点自信都没有了。当教师的责任之一就是帮助学生调整心态，从困境中走出来。心态可以改变，改变心态就可以改变成绩。教师要给学生确立适当目标，并努力达到。

**（五）备课**

我们要求集体备课。对章节重、难点的把握，一些重要概念、定理的理解，例题的选择，必须集体碰头、商量。但每节课在课前必须对课堂教学进行认真思考，要有自己的智慧和创造。教学对象不一样，方法就不完全相同。备课就是为上好课，教案或备课笔记是上课的计划，是写给自己看的。怎么写省事、效果好，就怎么写。有的老师教案写得很简单，课却上得很好，是因为主要内容都在老师的脑子里。

但是年轻教师不能这样，必须按要求和格式认真编写。值得我们注意的是，有时大家总有这样一种认识，认为一道题学生本来应该会做，但就是做不对。老师往往把这个错误归结为学生粗心，马虎，其实是不对的，还是学生基本技能不过关，在备课中要思考怎样解决这些问题。初中学段是衔接小学、过渡高中的时期，是人生最关键的阶段。小学落下的知识，初中能补回来，但初中落下的东西，上了高中就很难弥补了。学习理科就要注意解决马虎和粗心的问题。怎样让学生变得不马虎，这是在备课中应着重思考的。语文教学还得强调背诵，该记的和必须记的，该死记硬背还得死记硬背。对记住的东西，一下子消化不了可以等以后慢慢理解。随着死记硬背内容的增加、个人知识的增长，会在以后的日子里将原来死记住的东西逐步理解透彻。

**(六)课堂教学**

课堂教学要照顾到大多数学生的接受能力，不要一味追求进度和难度，要把教学的重点放在理解基本概念和基本原理以及能力的培养上。让学生第一次学好新教材，要透彻有深度，不应把重心放在例题和习题的讲解上，要把精力和思路放在学习方法上。选择例题要能举一反三，而不是仅靠题海战术。能设计出适当的教学方案，前提就是了解学生。有些老师教了学生一学期连学生的名字都叫不上来，这怎么谈得上了解？好的老师在一周内都能记住每一个学生的名字。教案只是一个预设，一个方案，它好不好只能拿到课堂上检验。教师应该根据课堂的情况随时调整。如解释一个概念,这样讲学生不明白要换一种教法,也可以让理解的学生讲一讲,要灵活。如果学生概念理解不深入、不到位,会对后续的学习造成障碍。目前有一种状况,每个备课组共同使用一个教案。这是集体备课的成果,还需要每位教师认真思考,要有自己的思想和自己的体会。对基本概念,一定认真剖析。

2008.3.5

## 四、更新观念补不足　改进方法促成绩

### 随笔二

一轮课听下来，整体感觉老师们的教学是扎实的，教学水平还是过硬的。分头评了课，给老师们讲了不少，落实得怎么样还没有跟踪检查。有几个问题需要指出：

1. 部分教师驾驭课堂的能力不够，具体表现在：①组织教学能力较弱，讲课不够吸引人，致使部分学生不听课，甚至有个别起哄的。②学生基本上能跟着老师的思维走，可是学生主动提出的问题或学生回答的内容不是教师所预设的，教师不知怎么处理，处理了也不能让学生心服口服。李镇西老师上课是老师跟着学生的思路走，问题是由学生提出来。他根据学生提出的问题灵活应变，对提出有价值的问题能现场解决，把问题引向深入讨论。学生的话题有时也偏离主题，但他能及时引导，每一节课都很精彩。他主要是对教材本身有透彻的理解，备课中充分考虑到课堂上可能出现的问题。

2. 我们取得了一些成绩，主要是拼功夫、拼体力、拼时间换来的。老师反复地讲，反复地磨，把精力和重点放在例题和习题的讲解上。举例不是举一反三，而是举三反一。对自己怎么教研究得多，对学生怎么学却研究得少。悟性和模仿能力好的学生效果还不错，中下等学生就不行了。为什么及格率和平均分总是上不去，根本原因就是没有把学习的主动权真正交给学生。学生思考少，动脑少，动手少，久而久之，学生就有了惰性，缺乏灵活性、创造性。以九年级为例，是

不是差生多？我看未必，主要还是在方法上。听了七中庞海亮老师的数学课，他不是就题讲题，而是把主要精力放在例题思路和方法上，启发学生思考。他提问学生：通过这个例题你发现了什么？想到什么？解决几何中运算关键是什么？诸如此类，他提的都是这些问题。一节课40分钟，结论是：让学生多动，关键不是老师讲了多少，而是学生学会了多少。

3. 这几年狠抓教学，成效确实比较显著，但教学水平总是停留在一个层面上，难有起色。听了一轮课，课堂教学水平低，能钻进去的不多。不是说我们的老师不努力，制约教师发展的瓶颈究竟是什么？经过反复的思考，觉得最根本的原因还是观念。因为每个人都有自己的教学观、学生观。总是认为出成绩必须靠多讲多练，这么多年形成的观念要改变不是一件容易的事。所以课堂上就放不开，生怕说漏了一点，越讲越费劲，越费劲还得讲。要想改变这个观念，就要多看书，从书中学新的东本，书可以改变我们的观念。多反思自己。同伴互助，交流切磋，开展讨论。

“十年寒窗磨一剑，只待今朝问鼎时。”九年级教师在这一个月时间内还得再拼一把，坚持到最后，考好考不好，只要尽了最大努力了就无怨无悔。今年是一个特殊的年份，一定要齐心协力，强化责任，克服一切困难，争取让二中今年的中考再放卫星，大放光彩。

2008.5.9

# 五、工作环境讲和谐　教学常规求精细

在新学期开学教工会上

现在择校越来越“热”,我们又要控制班容量,招生工作实在头痛难办。来不了二中硬要来二中,来了二中还要挑班择师,每年的招生分班都要得罪人。办不了就说你校长连这点事都不办,不给面子,但都办了就要乱套。学校办好了,校长也把人得罪完了。得罪人就是没满足他的要求,我们尽量让各班趋于均衡、公平,就是为了把学校办好。

二中这几年成绩大幅度上升,跟公平分班有密切关系。分班前总是再三权衡,能不能先安排班主任,再安排学生,都满足家长的要求。过去不是没有这样做过,结果怎么样?是否也可以搞个领导干部子弟班,贵族子弟班,这样做行不行?但特殊的还是要照顾,办学校也有个社会关系问题。只要有利于工作,有利于二中更好地发展,就得照顾。老师们谁都能推,唯独校长不能推。所以每年分好班以后都要调10来个学生,这全是为了学校。每年也给每个班主任两个调整指标,也是考虑到老师们也有个社会关系问题。九中分班与我们差不多,但没有教师调这一说。

开学了,又该谋划本学期的工作了。今年由于有奥运安保任务,暑假比正常情况下多放半个月。在假期间一节课也没补,这学期的教学任务会十分繁重,要尽快补上,以“白加黑,五加二”的张北工作精神弥补落下的进度。

这个学期工作思路：

发扬传统，以快补晚，以细补晚，进一步提高教育教学质量。查找问题，寻找不足，弥补漏洞，努力向市级名校的目标迈进。

去年这个时候我讲，我们用了三年的时间，形成了二中文化，结果是成绩一年好于一年，每年一个台阶。我还说，再用三年的时间(到 2010 年)真正把二中办成市级名校、全市的名牌学校。从管理到质量、从办学条件到师资队伍要堪称一流。

但是，从去年下学期到今年上学期是转折的第一年，我们的目标并没有达到，当然我们受到的制约很多，如师资的制约，招生的制约，可是，去年的九年级教师变化不大，生源也不错，结果成绩不是非常理想。到底这个问题出在哪里，到底哪一科出了问题，原因还要继续查找，自己多找原因。第二个三年计划第一年就没有完成好，以后的目标就得降一点，所以我不敢说，再有二年就能办成市级名校。但是我认为可以接近市级名校。上一届没完成的目标，还得靠今年这一届完成，目标也不再增大，上一年的目标，就是我们的明年的中考目标。

我相信，通过我们的共同努力，中考目标是可以实现的。八年级的老师们，要有清醒的头脑和充分的准备，明年你们的目标一定要比今年的目标高，对升学人数比例的要求会更大。

本学期重点解决的几个问题：

**(一)新教师的融合问题**

我校两年先后调进 26 名教师，占到全校教师队伍的近三分之一。新教师要尽快融入这个团队，适应这个环境。要把原学校的一些好东西带过来,把一些诸如懒散的不好的习惯克服掉。想来二中我们表示欢迎,但同时要看到你们肩上的担子。二中绝大多数老师给我的印象是:朴实、热情、严谨、敬业、有责任感,同头之间互学互助,不计较个人得失,合作氛围很浓。所以,一是要求你们以主人翁的姿态,有思想、有准备地参加集体备课,有问题敢于请教,有意见敢于发表。每个组都要做到和谐共处。二是把同头同学科教师的课认真地听一轮,大致有一个了解。三是处好关系。让同组人欢迎你,接受你,需要你,合作共事。如果总和别人闹不团结,给别人添麻烦,搬弄是非,传小道消息,同事就不会欢迎你。

### (二)要加强集体备课的力度

星期一是我们雷打不动的集体备课时间。组长按时组织,时间上要保证,效果要明显。要求做到以下几点:

1. 内容有进度安排,重、难点把握,对重要概念的深刻理解以及例题的选择,练习设计等。

2. 对疑难的问题、困惑的问题要提出来;把好的教学诀窍、方法、经验贡献出来与大家分享。

3. 在大家研究的基础上,必须有自己的思想,对课堂的把握还得靠自己。同样的例题怎么点拨,效果可能会不一样。没有集体的协作是绝对不行的。试想一下,如果把全县认为好的教师都集中到这里来,各干各的,不协作,优势不互补,谁都怕别人高了,成绩会好吗?

### (三)狠抓常规,求精求细

提高成绩主要还得靠精细管理,各个环节都不能放松。要了解学生,抓住学生,不断学习新理念,新方法,同头多听课,时间有保证。

有人说成绩是磨出来的，这种说法虽然有些偏激，但没有时间保证是绝对不行的。要保证上下班时间，中午下班至多提前10分钟，要按时上下课。

**(四)抓进度，决不轻易耽误一节课**

一学期内一定要把耽误的时间挤出来，尤其是九年级暑假一节课也没补，要比往年进度落后一个月。本周开始实行周六、日补课。今年期中考试更要认真组织，不管费多大劲还是要借用外地质量高的试卷。考试的时间大约是11月份的第二周。

**(五)加强班级管理**

班容量大，管理难度就大，但管理不好肯定不行。班级管理要有方向，有方法，有效果。思想工作要细致，耐心。多了解学生，走进学生的内心世界，及时与家长通气沟通。

2008.9.15

# 六、朝既定目标奋进　向薄弱环节努力

随笔三

## (一)充分认识和认真落实集体备课制度

1. 提高认识,集体备课就是为了统一思想,群策群力,每节课都能代表组里的最高水平。

2. 要提高一个层面,带着问题有准备地参与。每次活动每个人都能提出有价值的问题。

3. 时间上要保证,除了规定时间外,有问题要随时碰,形成集体研究的氛围。

4. 在集体研究的基础上,自己仍然要研究教材教法,形成自己的特色。

## (二)抓紧教学进度(全市都一样),抓好常规管理

在春季开学的2周内,所有课程全部结课,4月20日进行一模,但也不能光图快,当堂理解与课下通过大量的练习掌握知识的效果是不一样的。多研究学生接受能力的问题。讲课要精,作业要精,精选再精选,不能做废题。取舍要严格,这个题不错,那个题也挺好,绝对不行。选题前,老师要亲自做,保证每次的作业都是高质量的。作业检查要落实,(对教师来说,第一次使用新教材),各科协调好时间分配。

### （三）班主任一定要带好班

1. 抓好卫生，保证舒适的学习环境，目前这一点做得不错。

2. 进一步培养良好的学风，营造中考临战前的紧张氛围，让学生闻到火药味。

3. 要摸清班里学生的底数，协助科任教师掌握学生情况。哪一个学生的哪一门课较差，哪个学生心理压力大，需要帮助调整，哪些同学是前十名的对象，哪些同学是状元的苗子，每班哪些学生能升入高中，心中都要有数，还要保证一个学生也不能掉队。

目标已定，方向已明。希望全体老师充满信心，再加把劲，多费一点心；希望这一届创造二中的高峰，创造张北教育的奇迹；希望这一届老师在自己的教学生涯中，留下最难忘最美好的回忆。

2008.9.23

# 七、做学生精神领袖　干班级复杂工作

在班主任工作会上

今天我们召开班主任工作会，一方面是统一思想、布置任务；另一方面也有培训的意思。

新时期做好班主任工作确实不容易。再加上我们校的班容量都在七八十人，家庭里做一个孩子的教育工作都做不好，管理七八十人谈何容易？但我们是班主任，是教育者，教育好学生是我们的天职。班主任工作没有深浅，做好班主任主要靠我们的责任心，所以我们要想办法干好班主任工作。

## (一)班主任的日常工作任务

1. 营造一种团结和谐、舆论正确、积极向上的班风。学生们课上精神饱满，思维活跃；课下热情活泼，文明礼貌，举止得体。对班内健康的东西，大伙都能拥护、赞成；对差的行为，都能抵制、反对。学习上，你追我赶，互帮互学，不偏科，不抄袭，每个同学作为班内的一员有荣誉感、责任感，什么时间该干什么，学生能自觉地去做。

2. 塑造学生的人格。对班主任来讲，让学生健康成长、成为一个对社会有用的人，比提高学科成绩更为重要。学生走向社会，他的人格或多或少地要受班主任的影响。若干年后，你所教的知识，学生可能都忘记了，但你的人格、处世的态度、做事的方式学生永远难忘。班主任是学生精神、人格的塑造者，这种影响是潜移默化的。人是由人来培养，人格只能由人格来塑造和涵养。你的人格、师德、思想、观念时时刻刻都在影响着学生。因此，要努力成为学生的精神领袖，成为学生最崇拜的人，用你的一言一行、一举一动来打动学生的心、感染学生的情绪、影响学生的行为。

3. 完成学校交给的任务。贯彻落实学校部署的各项工作任务。当学校要求与班主任的要求相悖时，个人要求服从学校要求。

### (二)怎样当好一个班主任

1. 首先要教好课，有学识，有能力，让学生敬佩，你的话才有威力。要采取正面引导和惩罚教育相结合，整体要求与个别教育相结合，赏识激励与惩戒批评相结合。在这里要注意惩罚不等于体罚，夸奖要具体，惩戒要适度。

2. 其次要学会尊重学生。这种对学生的尊重是发自内心的，用人格力量和教育智慧营造一种富有情感和知识魅力的教育环境。善于倾听学生的心声，批评学生不用“要怎样”的说法，不能动不动就向家长告状，要给学生留面子，给学生“下台阶”的机会，不要用伤害性的语言说学生，更不能以暴制暴。教育学生要考虑你的教育方式学生能否接受，如果学生抵触你的教育方式，师生的冲突就会发生。

3. 要抓住学生的心理，走进学生的内心世界。只有真善美的东西，才能打动学生的心，任何空洞的说教都是苍白无力的。因此，要用真情，说真话，真心对学生好，让学生的心灵与你的心灵碰撞，这样的教育效果才好。教育内容要具体，贴近学生的知识、生活实际，创设让学生亲历过程、亲自体验、获得感悟的教育情境，这样的教育才有穿透力。

4. 在学生面前敢于承认错误。人非圣贤，孰能无过。教师在实际的教育活动中，要有勇气在学生面前开诚布公地承认自己的错误，说明错误原因及注意的问题。榜样的力量是无穷的，以后学生犯了错误就会主动承认。

2008.10.24

## 八、肯定成绩谋发展　发现软肋求进步

随笔四

对开学以来的教学工作做简要小结。

开学以来，排除一切干扰，聚精会神搞教学，扎扎实实搞教研，学校领导分头随机听了一轮课。行政会碰了一下，共同的感觉是：我校的教学工作还是过硬的。教学工作怎样做，在教师中已经形成一种惯性、一种意识，已初步形成二中独特的学校文化，为丰富学校的内涵奠定了基础。具体表现为：

一是绝大多数教师比较投入，比较用心，从心理到精神都能投入，都有教好学生的愿望，也都有成为一名合格教师、成为名师的愿望。

二是绝大多数的课感觉是成功的，教师知识传授到位，能力训练到位。每当感受到那种热烈的课堂气氛、严谨的逻辑推理、师生间情与情的交流、思想与思想的碰撞，就体会到当教师是最幸福的事，听这样的课后，心情也是愉快的。

三是最为可喜的是又看到了一些老师在成长，在进步。原来刚入门不会教的，现在变得会教了，摸着门道了；原来会教的，现在变得更加成熟了，课上得更有滋味了，每个学科都有这样的教师代表。

值得肯定的东西多，但还存在问题。所说的问题不是每个人身上都有的，但老师们要反思一下，是否在你个人身上存在，如果存在该怎样改进？

1. 不按时上课的问题。上课铃声早响了，听课人和学生等了2分钟、3分钟甚至更长的时间，授课老师还迟迟不到位。可能你忘了时间，可能你有事，但这样的课十有八九上不好。因为耽误学生的时间不说，你上课前精神和心理就没有准备。老师上课前就好像演员登台前一样，没有充分的心理、精神准备，这台戏能唱好吗？

2. 不关注课堂。这种情况是一打铃就进教室，学生起立坐下以后就开讲。学生还没有坐稳，也不管这节课缺谁，老师就开始讲了。而且开场的第一句话也不能抓住学生的注意力，一节课没有一次组织教学，谁在听，谁没有听，老师眼中根本没有学生。讲课没有对象感，趴在桌上的学生不管，睡觉的也不管，试想，这样的课能上好吗？大家都是师范院校毕业的，组织教学是一个常识，课堂上要时时刻刻抓住学生。学生坐得住，才能听得进，组织教学要贯穿于课堂的始终，方法是多样的，目的是单一的，就是要让学生集中注意力听讲、思考。

3. 备课还不是很充分。有的课一听，就听出没有设计好。有的课对教材例题挖掘得不够；有的课问题设计的没价值；有的课随意性太强，没中心、没主题，东抓一把，西抓一把，一会儿做小卷，一会儿看课文；有的课学生提出问题，教师自己也拿不准，不是让其他同学帮助回答，就是让学生自己查一查，最后也没有给学生一个明确的答案。有的教师可能形成一种错觉，都集体备课了，我备不备课、钻不钻研教材无所谓了。集体备课不能解决所有问题，集体备课的任务是：

(1)进度安排，包括每节课的课时分配，例题的选择，练习的设计(精选，十里挑一，百里挑一)。

(2)对重、难点的把握、理解，对知识点与考点的分析，对学生现状的分析、研究及对策,对个别问题的教法讨论。

(3)归纳每个人的好方法、好诀窍,把好经验、好题介绍给大家,把个人的疑难问题、困惑提出来供大家讨论。

(4)每个人的教育思想要互相渗透。学科不同,组别不同,内容和效果不会完全一样。有的组能随时随地的讨论研究。怎样能够通过集体备课解决一些问题,在集体备课的基础上个人还要备自己的课。

(5)目的任务要明确,让学生学会什么,能力上如何提高。课堂的流程怎样进行,问什么问题,怎么问,学生回答不出来怎么办,怎么引导,怎么点拨。每个人都有自己的办法,但不管用什么办法,要保证课前准备充分,不备课是上不好课的。每一节课因个人功底及经验,使用时间是完全不同的。还是那个思想,要让学生第一次学好新教材,向课堂要质量,不能只靠死练出成绩。

(6)什么是没有价值的问题?学生不用动脑筋就能回答的;老师提出问题、学生乱哄哄、用集体大合唱方式回答的。表面看是启发式,实际是没有价值,这样的教学不可取。

4. 教法陈旧,手段落后。根源还是教师的教育观念陈旧。一个教师的教育观念或思想,决定了他的教学过程和教学方法。他的思想中固有了那种对待课堂、对待学生的观念,总认为那样做是天经地义的,那他的方法就很难改变。所以课上满堂灌,课下学生反复做、反复练,出成绩没有别的办法,只靠这种死讲死练、死抓死揪的办法。当然这样做也是有效果的,比不抓不揪强,但它始终是停留在一个低水平的层面上。这几年中考成绩相对不错,逐年上升,但始终没有一个大的突破,原因是什么?为什么还没有成为真正的市级名校?教学质量能和九中、五中相比吗?跟七中、十九中、二十中还存在差距。

虽然原因是多方面的，其中也包括生源的问题，但不可否认，教育观成为制约学校不能再向前一步的主要“瓶颈”。我校学过洋思“先学后教，当堂训练”的经验，学过杜郎口“三三六”的课堂模式，它们的共同特点是：

知识不是被动接受的，而是通过学习者积极的获取。

学习是学生主动获取知识的行为。

先前学习的知识经验是新知识的生长点，充分调动学生积极主动学习是今后教学的方向和路子，能调动学生需要教师的水平和艺术。

5. 缺乏反思。进行单元测验，当成绩不理想时，大家是怎么想的？多是抱怨学生笨，费了不少劲，就是这个结果，很少反思自己。为什么有的老师多少年就这个水平，因为他只有实践没有思考，不断地重复自己。而有的老师，他在不断地思考，每一年每一天都不是简单重复自己走的路。反复思考，日积月累就形成了思想，有了思想就形成自己的风格。思考什么？教学的每一个环节都要思考。备课的时候，先不看《教参》，自己分析研究教材，思考编者的意图，为什么这样安排。上课的时候，对每一个学生，除关注他们的态度和学习方法外，能不能研究一下他们的内心？上完一节课后能不能反思一下课堂的得失，写成后记？除了完成教学任务外，能不能关注一下本学科的知识更新？考什么？怎么考？变化有多大？思考一下，多少考点？覆盖面有多大？试卷好不好？我能不能出到这个水平？考试之后，不仅能思考学生的问题和错误，也要去思考自己在教学中注意不够的地方或者自己教学中暴露出的问题。没有思考就没有个性，不会思考就不能长进，因此当一个好教师一定要学会反思。

2008.11.15

## 九、胜利果实当珍惜　发展眼光应高远

在新学期开学教工会上

今天开学，我重点讲以下几个问题。

### (一)一定要珍惜我们今天这个来之不易的局面

2004年我到二中以后，大家与我一道同心协力，使我们学校一步一步地走出低谷，摆脱困境，迈向高峰。几年来，我们每个人都不知付出了多少，经历了多少事情。从中考全县前10名我校连一名都没有的状况，到今天的6～8名，从考公费高中100多名到现在的200多名，从小平房到楼房，从8轨制1 500多人到12轨制2 400多人的喜人局面，说明二中确实在发展、壮大、提升。老百姓对我们的满意程度和认可度也越来越高，学校的声誉也越来越好，我们走到今天确实不容易。

虽然与我们当初制定的目标还有一些差距，我们当初的目标是用6年时间把我校办成市级一流的名校，但我们确实也尽力了。取得今天这个成绩确实不容易，所以我希望大家一定要珍惜。二中是属于我们大家的，我们每个人都是为了二中。从工作上讲，每个老师直接面对的是学生和家长，家长和学生就要通过你来衡量二中。你工作认真负责，有责任心，家长就会说二中老师好。如果你带的班乱哄哄的，学生上课无精打采的，家长就会说，二中就是这个样子。人们往往不说你这个人的素质如何，而说二中的老师如何，虽然我们一个

普通教师代表不了学校的全部，但你体现了二中老师的形象。所以每位老师都要珍惜我们共同的荣誉。

### (二)各学科要以一学年的工作量谋划本学期的工作

从去年暑假开学到现在，比以往要多放一个月假。这一个月就是一个学期的1/4。到今年暑假，全学年的课程都要结束，这势必违反教学规律。课虽能讲完，恐怕复习巩固不到位，所以老师们要清楚这个问题。要想把这个时间补回来，一定要讲究课堂效率，巩固练习效率，不能轻易耽误一节课。设计作业的时候，要有意渗透、穿插上学期的内容，不能让学生形成知识薄弱环节或断层，做计划时要认真研究，思考。2003年"非典"那一年，全省、全市都是这个情况，今年就不一样了，市里就不一样，效果能一样吗？如果我们一线老师不把这个问题当作是大问题的话，后果会很严重。今天我这里强调一下，希望我们共同想对策。

### (三)要创新工作方法

这几年，每个人的教学都有一个相对固定的模式，我们可以整体地回顾一下。你现在的教学水平，同2003年、2004年比较是不是有了一些变化，有了一些长进。我想每个人程度不同的都有了提高。但面对新形势，如果我们循规蹈矩地搞下去，就会落后，就会被时代淘汰。所以在新学期，我们每个教师应该有些新想法，在教学工作中要有所创新。创新的基础是有理论，有积累，理论来自书本，积累来自经验和反思。所以，看了多少书，积累了多少经验，写了多少教学后记或是心得体会，是我们创新的基础，新学期应该在以下几个方面搞创新。

一是要创新备课方式，进一步增强集体备课意识，进一步挖掘我们每个人的智慧和优势，为你这个学科，为了你所在备课组充分发挥作用，认真研究备课中的问题。

二是创新课堂教学方法。要在充分调动学生的积极性、激发学生的求知欲望上下功夫，尝试少讲、精讲的教学方法，体验“多讲不如少讲、少讲不如不讲”的甜头。

三是在分层教学、分类指导上有创新，布置作业有梯度，对不同程度的同学要区别对待，作业分必做题和选做题。

四是设计练习作业上有创新。在精选上做文章，研究一下同一知识点到底出现几次学生就能掌握，绝不能搞“多多益善”。次数少，不到位，学生难以接受；次数多，增加学生负担。掌握这个“度”不容易。这就要求大家精心研究，不断尝试，总结出规律来。

### （四）以文化引领

现在，我们二中已经初步形成了自己独特的学校文化。大家对有些事情有了相同的认识和相同的价值判断，达成了共识，并且会自觉不自觉地去做。这种文化形成了以后就很难改变，它比行政命令还要管用。因为大家在做事的时候，命令也很难改变我们内心的想法和做法。所以，这几年我们努力创建和改造学校文化，就是为了让文化来引领学校。

本学期我们要做的，就是要继续建设和丰富这种文化，在备课、课堂教学、班级管理、辅导活动、考试制度等方面都形成我们二中教师特有的、有个性的文化。这种文化一旦形成，别人是学不会的，模仿不了的，也不会因为谁当校长强制要求就会轻易改变。有人说某个学校有很深的文化底蕴，就是这个道理。学校科学发展、持续发展,就得靠学校文化。我这几年的体会是学校文化比什么都重要。

在这3个多月时间内,大家要持之以恒,再拼一把,继续努力。即使中考考不好,但我们尽力了,尽了最大努力了,也对得起自己的良心。今年是一个特殊的年份,大家要齐心协力,强化责任,克服一切困难,争取让我校今年中考再创新高,给全县人民一个满意的交代。

2009.3.12

# 十、养成行为好习惯　提高课堂高效率

## 在初二教师会上

初二教师一定要明确，如果这一届考好了，以后三年的工作就会很顺利。2004 年和 2007 年招生就是很好的例子，要及早抓，现在离中考只有一年多一点。

我历来提倡精诚合作，一花独放不是春，一个人教好不算好，必须同学科集体提高。这几年的奖励方案就是这样倾斜的，一个人考好，奖金拿不多。我们每一科都有骨干教师，要充分发挥他们的带头作用，真正做到名副其实。大家在一起工作是一种缘分，同头共事更是难得，一生能教几轮？所以要宽容一点，多体谅，多理解，在快乐的环境中工作。别总盯着别人的短处，觉得别人这也不对那也不行。让别人不舒服的时候，自己也不会舒服。你生气固然是你的观念引起，不是外部环境引起，主要是自己气自己。人能做到宽容，什么事都好办，要充分发挥集体的优势，六个人六个主意，博采众长、集思广益就是大智慧，这样成绩才能上。

在集体研究的基础上，充分研究自己，研究自己的薄弱环节在哪里，如何克服，研究自己的学生，你这节课结束，心中有数没有？有多少学生掌握了本课知识，掌握到什么程度。教法的选择，要因课、因班而异。不要永远是一种方法。

我重点强调的几个问题。

1. 要追求课堂效率，向课堂要质量。课堂结构一定要紧凑，容量要大，我们对课堂容量研究不够。教师课堂上每一句话都要有明确的目的，能少说的少说，能不说的就不说，学生会的教师不讲。要充分利用时间，反对在黑板上抄题，需补充的题印在小卷上。以后看课上得好坏主要看课堂容量和效果。

2. 充分调动学生，让学生的注意力更加集中。注意力集中是学习的重要条件，分心则是学习的大敌。在学习中，学生掌握知识主要通过有意注意的渠道获得。我听课发现有的学生低头不听讲，不与教师同步学习，这怎么会有效率？要加强注意力的培养，吸引学生的注意力是一种艺术，尽量做到以下几点。

(1)明确学习目的。在学习中，为了能够较长时间保持注意，就必须明确某一学习活动的总目标。一个人对学习的意义越清楚，完成任务的愿望就越强烈，意志越坚定，他的注意力就越集中和稳定。

(2)培养学习兴趣。强烈的兴趣能使学生注意力高度集中，然而我们的学生并不是对自己所要掌握的知识都感兴趣。所以我们要教导学生，不仅要做有趣的事，而且还要做没趣的但必须做的事，课堂上所有的活动，都是为了完成自己的学习任务。要教育学生克服厌烦心理，强迫自己去注意听讲。

(3)避免分散注意力的因素。让学生养成“闹中求静”的学习本领，给学生创造良好的学习环境，尽量避免注意力分散的因素。比如，教育学生做好课前准备，整节课都要注意听课，不搞小动作，不交头接耳，坐姿正确，不影响他人。

(4)培养注意的习惯。培养学生养成任何时候都集中精力的学习习惯。上课一开始就立即集中注意力，在学习过程中始终高度保持注意，不让其分散。遇到困难能马上支配自己的意志力量，强化自己注意学习，而且有始有终。

3. 要强化学生的记忆和背诵能力。没有记忆，就没有学习。要提高学习效率，就必须强化记忆。记忆是积累知识的重要途径。学习理科，如果没有对概念、定理、公式、法则的理解和记忆，何谈应用？学习语文和其他文科，没有记忆就没有效果。该死记硬背的必须死记硬背（机械记忆）。人的记忆能力到底有多强，美国的一份研究报告这样说："假如你始终好学不倦，那么你的脑子一生存储的各种知识，将相当于美国国会图书馆藏书（1 000 万册）的 50 倍。"人脑的记忆容量相当于 5 亿本书籍的总容量。所以，要教给学生记忆的方法，提高记忆能力。我们已给大家印发了"提升记忆效果的秘诀"的相关资料，大家要认真实践研究。

**（四）加强学法的指导**

1. 预习：搞好预习，便是"磨刀不误砍柴工"。预习就是为顺利听课，加深对所学知识的理解，每节课 15 分钟预习时间就足够了。对看不懂的地方，多看多想几遍，也可以问一问，查一查，课上就能有目的地听课。预习就是开动脑筋。方法有粗读、精读、研读，可以边看、边画、边写。会预习的同学课前能基本处理课本上的练习题。

2. 听课：做好准备，迎接听课。知识、物质、身体、心理等方面准备充分；接下来就是高度集中，专心听讲，要最大限度地集中注意力；抓住重点，认真听课，突出老师强调的地方，教师不要认为提高声音就是加重语气；多方配合老师，高效听课，尽量调动各种感官来学习，提高听课质量。

3. 复习和作业：预习和听课只是解决了一个"懂"的问题，要真正达到"会"必须通过课后复习和完成作业来实现，及时复习和及时作业是最好的办法。

2009.3.25

## 十一、声誉鹊起莫骄傲　成绩可喜忌浮躁

在新学期教工会上

新学期又有30名教师加入到我们这个团队，我们真诚地欢迎你们。在21日的教师现场调派会上，我已经欢迎过大家一次了，为什么今天还要欢迎？

在那天的现场会上，我很感动。当时根据排名顺序由教师自愿选择学校，现场办理手续。数学科我们要两个，第一名、第二名把名字写在了二中名下。物理的前三名都来了，主要学科的第一名或是前几名也都来了。当时我真的很激动。大家选择二中说明信任二中。作为校长，我第一感觉就是高兴，所以今天我们再次表示欢迎！

祝贺你们在众多参考教师中脱颖而出，过关斩将终于如愿以偿，我为你们高兴。那天县委李书记到场，主要讲了两个意思：一是真正体现公开、公正、公平的原则，从前后招聘过程来看也确实如此；二是要让能者上，庸者下，请有本事的往前走，没本事的要停职下岗，目的就是督促你不断地学习。今年用这种办法调动教师，公开考试、公开试讲，评委事先谁也不知道，然后排队。最让人想不到的是，由你本人现场自愿选择学校，这一点真得民心。这在张北历史上是没有过的，在其他区县也是极少的，这不是一般人能做得到的。

县委、县政府下这么大的决心，这样大规模往回调教师，当然是为了顺应规模办学的大形势，但从另一侧面也反映了老百姓的心声。

我想,作为这一次调回县城、调进二中的每一位教师,一个最基本的想法和心态就是要感谢县委、县政府,以百倍的工作热情回报党和政府的关怀!

学生选择二中,教师选择二中,这又一次证明了二中在老百姓心中的位置,证明了二中这块品牌正在形成。新教师这一次选择二中,确实给二中增添了不少光彩,但同时也给二中今后的发展带来了更大压力。过去有人说,二中师资好,生源好,考好理所应当,对于这种说法我们可以保留意见,我们不认为生源有多好。但今后人家说我们二中师资好,我们就不好再否认了,因为好教师确实来到这儿了。今后二中的路怎么走,成为又一次摆在我们每一个二中人面前的严肃问题。

2004年以来,我们积极作为,整顿秩序,建章立制,建设文化。排除一切干扰,克服一切困难,聚精会神抓教学,一心一意谋发展,全体教师齐心协力,并肩作战。时间上不分班上班下,待遇上不计较你多我少。有的教师因孩子小送到了娘家,老人需要照顾,丈夫不在身边,于是把母亲或婆婆接来。老师们克服种种困难,全身心地投入到教育教学中,这就是一种二中精神。

再看二中的教师,每天的日程满满的。农村调来的教师普遍反映,二中的工作量比原来所在的学校大,工作节奏快,二中是一个锻炼人的地方。制小卷,批作业,选题目,找学生,每一点成绩的取得,都是我们用心血和汗水换来的。这又是二中的一种精神,或者说是二中的一种教师文化。

正是因为有了这些精神,才有二中的今天,才使二中的教学质量稳步上升。从2005年以来,一年一个台阶。

今年中考,前10名我们占6名,前3名都是我们的;前100名,我们占 37 人;上一中分数线 238 人,其中 A 等第优秀学生 189 人,B 上等第 49 人。台阶虽然不高,也算上了一个。我们要清楚这个成绩是在什么情况下取得的,一个是师资严重紧缺(一个人教三个班的课);一个是缺课太多,“奥保”放假缺课一个月。所以说取得这个成绩已相当不错了。

明年怎么办?继续上台阶,目标要比今年高,领导和家长已经形成了一个思维定式,对二中的期望值越来越高,我们有基础、有条件比今年更好,所以目标肯定更高一点。我也没有细琢磨,但有三个目标我们要实现:①全县的前 10 名保持今年的水平,高分人数也基本上是这样。②全县的前 100 名要达到或超过 50 人。③考上高中的人数要达到今年这个社会效果。

本学期的主导思想和重点解决的问题:

**(一)新旧教师的合作融合问题**

近三年,二中先后调进近 60 名教师,基本占全体教师的一半,所以新旧教师的整合、融合、合作,是一个迫切需要解决的问题。新教师要尽快熟悉环境,进入角色,融入团队。尽快了解二中,了解二中的办学思想和理念,了解二中的文化,了解二中的精神,多看,多想,多问。二中的老教师要热情地、真诚地接纳新同志。多介绍情况,多做出表率,也应该学习新同志身上的优点和长处。我们都是一家人了,要互相学习,互相帮助,互相理解。擦肩而过都是一种缘分,更何况我们今后要朝夕相处。

**(二)教研组必须加强团结协作,体现团队精神**

现在是二中师资最整齐的时期,我来二中已第 6 个年头了,还没有像今天这样的阵势。如果说，我们这几年取得成绩的主要原因之一就是靠大家精诚合作，那么接下来我们还要继续强化集体合作，集体研究在时间上要保证，方法上要创新，不要拘泥于碰一碰进度、选一选例题，要随时随地、坦诚地、毫无保留地把你的思想、经验、困惑与大家交流。这几年多数教研组合作得不错，但我认为还不够深入、不够完善，总觉得缺点什么。请同志们记住，不合作绝对不行。人心齐，泰山移，只有我们每一个教研组都达成共识，共同提高，二中的整体成绩才能提高。

## (三)要加强学习，加强修养

不学习就要落后，不加强修养品位就不高；不学习就没有新思想、新理念，不学习就不适应张北教育的发展形势。

今年下半年，在职教师要统一考试，优胜劣汰，各科都要考，排名后边的，要去小学或下农村，李书记就是这个思想。既然要考，就要有思想准备，把你教的这个学科弄得精一点，到位一点，经常下下水，做做题。

我个人的一个初步标准是：一个称职、合格的教师，就中考题的水平难度和量，在规定时间内，应该得90%以上的分数。

## (四)心要正，责要尽

什么是教育，教育就是一份责任。每家一个孩子，家长都抱有很大的希望，我们必须理解家长。我们都有孩子，对待自己的孩子为什么都那么着急？爱自己的孩子是人，爱别人的孩子是神。我们这个职业需要我们是神，我们每人一个岗位，每个岗位都是重要的、神圣的。可能因为你一个人的失误，一科的薄弱就会影响了孩子们的一生。所以我们要爱每一个学生，对每一个学生负责。我们不能嫌贫爱富，不能给学生分三六九等，不能因学生对你的态度而改变你对学生的态度。谁补我的课，我就对谁好；谁家有权有势，我就另眼相看；谁不补我的课，我就报复谁，这都是不正确的。我们心要正，心要善，有一句古老的话，在这里说出来不一定合适，三国魏人李康的《运命论》中说："命好心也好，富贵直到老；命好心不好，中途夭折了；心命都不好，贫穷直到老。"虽然它不一定有科学道理，但这种思想告诉我们：为人、做事、从教，我们要对得起天地良心。

**（五）深化课堂教学改革**

上学期，在初一数学组搞了试验，取得了不错的成绩。我简单地总结就是：以学为主，以学定教的教学改革模式。这学期我们想全面地推开，它的思想就是：变以教为主为以学为主，从重教转向重学；变学生原来的被动接受到主动探索，变学生课堂轻松到紧张，彻底改变那种学生课堂上只吸收不消化、课后完成作业成为负担的惯例，最大限度地让每个学生都动起来。教师通过充分理解和把握教材，精细备课。通过质疑、巡视、个别询问、学生板演，充分暴露学生的问题。为有针对性地教做好充分准备，课上要讲的内容一定都是重点、难点。

今年教育局分配学生，三所学校一替一个选。家长虽然托关系送来一些好的学生，但我感觉生源不如前两年。如果我们不改革，就没有优势，别说打造省、市名校，恐怕连现在这个水平也保不住。另外，这几年我们虽然每年都要上台阶，但我们总是跳不出那个圈子，有一种什么东西在制约着我们，所以要想大发展，大提高，必须搞教改。

**（六）要充分研究学生，改变教育方法**

学生特点：①现在是信息时代，学生获取知识的途径非常广泛，有的知识可能教师不知道、学生就已经知道了，所以教师的权威地位已经动摇了。②以人为本的时代，学生也要求地位平等。③大多数学生是独生子女，他们的特点是敢说、胆大、自私、以我为中心、自尊心强、独立自理能力差，优点和缺点都非常突出，需要我们不断研究新的教育方法。

教师要想有威严，应心中有威，廉中生威，要从尊重开始，要走进他们的内心，触动他们的心灵，只有这样，你的话才有威力。来硬的，靠惩罚是绝对不行的。

2009.8.24

# 十二、发挥组长大作用　消除山头小意识

随笔五

初中不像小学，顶多两个老师教一个班，遇事好商量。初中光中考课程就涉及7门，如果各科老师不能形成教育的合力，不加强团结协作，教育教学效果就会大打折扣。因此，各学科组一定要有一个好的带头人，一定要加强集体研究。

## (一)教研组长的主要职责和任务

1. 组织。组长要有权威，有号召力，全组人员都能响应。一个组长能决定一个组的风气，组长的影响非常重要。

2. 协调。上下协调，组内人员协调，新旧教师协调。组长要大度，站位要比别人高，组内团结不团结，组长很关键。

3. 分工。作课、课题研究、中心发言、选试题、印小卷等各项任务、各个环节都要具体到人。

## (二)组长要引导全组人员达成一个共识

组荣我荣，全组人员的荣辱是捆在一起的，一个英雄不算英雄。学校的导向是认可一个团队，这也是学校成功的经验之一。全组成员要共同进步，人人都上，互相学习，互相帮助。不允许背离这个组搞小动作、个人主义，什么事都自己悄悄地干，有好的经验、有好题也不与大家分享。有这种情况组长一定要指出、批评、纠正。

### (三)创设科研环境、学术氛围

舆论导向必须正确,工作期间的话题应该主要是教学和学生。对那些散布谣言的、传播小道消息的、破坏团结的、搬弄是非的不良现象,要坚决制止。教研组是教学和研究的地方,不是讲怪话、聊闲天的场所。组长要有正气,要有正义感。

### (四)教研活动时间上要保证

要做到"两固定一随机"。两固定:固定地点,固定时间。每周一个多小时的教研活动一定要保证,期间不接待家长,不解答学生问题,不磨蹭,准时开始,按时结束。组长事先准备好,干什么事提前安排。每一次的活动都要解决实际问题,有效果。一随机:在选题、备课、判作业过程中发现问题和困惑,都要随时提出来,组内人员随时讨论。

### (五)组长要认真分析组内人员的情况

诸如知识水平,性格脾气,家庭状况等方面。要尊重个性,善于用人之长。谁和谁有点摩擦,要学会化解矛盾。谁和谁合作得更好,就把这个问题就交给他俩办,效果会更好。组长要清楚你们组当前最大问题是什么,主要矛盾是什么,想办法解决。组长要带头听课,引导组内人员互听,评课交流。实际上听课就是一种思想交流。

2009.8.28

# 十三、新课改势在必行　梁老师初见成效

## 随笔六

### (一)关于当前教学状况的思考

1. 教师的辛勤工作有多少是有效的？教师上课费力地讲解有多少学生能听进去？听进去又有多少学生能当堂消化？教师的课堂效率不高，就要加大学生课下负担，反复机械地练习，不仅浪费时间，而且收效不大。

2. 学生上课听课是一种被动状态，老师讲，他们坐在那里似乎在听，其实许多学生的注意力已不集中了，从学生的眼神看已经走思了。学生的有意注意时间不会超过20分钟，教师还在使劲讲，这样的课能有效率吗？

3. 如果学生把课下的功夫用在课堂上，在课堂上把自己的能动性发挥出来，提高课堂效率就有可能。

4. 对学习有困难的学生，应采取一些积极的办法加以鼓励指导，走近学生，了解学生，给予他们更多的理解。课上课下关注，要有充分的爱心和耐心，把他们的潜能挖掘出来。

5. 课堂必须解放学生被束缚的思想，培养学生良好的习惯，充分调动他们的积极性。学生按教师的要求动起来，课堂才有效率。

### (二)关于课堂教学改革的基本思想

1. 改变教的方式，教师必须彻底转变思想观念，给自己重新定

位，转换课堂角色，从研究“怎么教”转向研究“怎么学”，把“以教为主”的课堂变成“以学为主”的课堂，从重教转向重学。

2. 改变学的方式，每个教师都要把学生分成小组，让好的教差的，充分发挥组长的作用。分组灵活实用，让每个学生都动，最大限度地发挥学生的潜力。学生由原来被动地听课接受变为主动地探索求知，由被动的状态到主动的状态，教师退居二线，让学生充分地动起来，脑动、口动、手动。

3. 变学生课堂轻松到紧张，改变学生课堂只听不做、只吸收不消化、只等课下反复练习的状况。

4. 让每个学生都动起来，学生的程度不同，动的效果肯定不同，让每个学生最大限度地发挥自己的潜力。

5. 教师通过预设、质疑、巡视、个别询问、学生板演等形式，多角度发现学生的疑难问题，为有针对性的“教”做好充分准备。教什么不是固定不变的，而是随机应变的。学生能自己学会的教师不讲，学生能讲明白的教师不重复。教师讲的都是重点、疑点、易错易混点，教师要做到金口玉言，必须少讲。

6. 每节课学生练的时间不能少于 15 分钟（包括做题、背诵、写作），体现及时复习、当堂消化的原则，课后的作业要进一步巩固和延伸。

### （三）梁全老师公开课后的启示和想法

1. 以前我听了那么多的课（每位老师每学期至少听一次），也说了不少，评了不少，开会也讲了很多，反复听课后感觉效果还是不理想。老师费劲，学生磨蹭，课堂没有生机，效率不高。我想，能不能搞一点小小的改革，尝试一下洋思经验。因为我对数学学科比较熟悉，决定在七年级数学组搞一个试验，看看效果如何。5 月 20 日左右，周一教研活动的时候，我就在七年级数学组把我的这个想法讲了，结果老师们很赞同，然后大家一起探讨、共同协商，开始都抱着试一试的想法，集体商量，个人摸索，互相听课。之后，我听了他们每个人的 2～3 节课，又进一步细化，商量出一个大致流程。通过试验效果还是不错的，课堂有了生机，多数学生当堂基本能够把所学内容掌握，到今天可以说有了一个初步的模式，也算首战成功。七年级数学组的教师，要继续努力，继续研究探讨，这仅仅是一个开始。

2. 今天小梁这个课也算一个展示，这种课并不难上，课堂的流程总结出来也就是六步。具体为：

(1)教师板书课题后，明确、准确地揭示本节课的教学目标。目标要具体，切入点要小要精，避免大而空的目标。

(2)有效地指导学生自学，做到四明确：明确内容(学习教材的第几页)，明确时间(用几分钟)，明确方法(自学时要运用什么方法)，明确要求(在自学时要思考哪些问题)。学生自学时教师巡视。

(3)自学完之后检测，做与本节相类似、紧扣本节内容的习题或理解书写重要相关概念，检查学生的自学情况。

(4)教师检查点拨，指名回答问题或指名板演，教师根据回答或板演情况以及巡视发现存在的问题给予纠正、解疑、点拨。方法因内容而定，有时是让学生讲，有时是教师讲，用时不能太长，点到为止。

(5)板演例题，通过点拨解疑，学生对所学知识已有一个初步理解，然后指名学生板演例题，可以几人同做一题，也可一人做一题，目的是便于发现问题，让学生的问题尽量集中到黑板上。然后，教师根据板演暴露出来的问题，集中讲解，这个讲可谓点睛之笔。

(6)当堂练习，及时练习巩固新学内容，每节课要像考试一样独立、规范、限时完成。同时让中下等学生板演，保证15分钟的练习，最后集体订正。

当然这个流程不是固定不变的，根据教学内容而定，今天这堂课是一学一教，有的内容需要两学两教或几学几教。总的原则就是一节课让所有学生都紧张起来，并学有成效。

3. 今天听课老师是七、八年级理科组的。我想先从七、八年级理科组推广，然后七年级语文、英语，八年级文科逐步在学校全面推开。如果全校推开了，并坚持下去，教学水平一定会上一个档次，教学质量一定能上一个台阶。

4. 要坚信它的好处，大家经过尝试才会认识到这样讲就是不错。尝到了它的甜头，就能搞好。七年级已经开始，希望八年级数学、物理，从下周开始进行摸索尝试，先分头听课感悟，再互相交流。七年级的数学老师还要给其他学科老师讲体会，甚至作示范课。一定要精心准备，把握重点，吃透难点，怎么设计思考题，怎样要求自学很重要，讲什么根据学情而定，随堂的小卷是一节课的指挥棒。教师课上看似轻松，课下必须用功。希望八年级理科组的全体老师行动起来。

5. 教改是出路，调动学生是关键。学就要用心去学，讲就要透彻到位。这应该是我们学习外地经验的精神实质。

2009.9.6

# 十四、落实科学发展观　开好民主生活会

在领导班子民主生活会上

根据科学发展观学习实践活动的进程，从10月30日活动开始进入第二阶段——分析检查阶段。这一阶段是最主要的阶段，工作很多，任务很重，希望大家有思想准备，要发现问题，明确方向。

分析检查阶段的要求是：召开领导班子民主生活会，撰写分析检查报告，并反复修改完善。找准问题（制约我校发展的突出问题），广泛征求意见，分析原因（主观原因），总结经验教训，确立重大工作举措。

今天民主生活会的主要内容：一是查找问题，开展批评与自我批评。班子存在的问题，其他成员的问题。二是查找制约学校科学发展的突出问题。三是确立学校发展的思路、重大举措。

要求：实事求是找差距，坦诚相见搞整改。不怕说错，就怕不说，要实打实地说。说的过程就是交心、谈心的过程，要有实际效果。每个成员都要做总结发言，开展批评与自我批评。

## （一）自我剖析，查找问题，分析原因

1. 工作方法仍存在问题。自信地讲，我不怀疑我的水平和能力（相对而言），但为什么有些工作上不去？有些工作很被动？甚至造成同志间的误解？我想主要是工作方法造成的。

主观上讲，干一把手多年了，潜意识里觉得有些事做了就行了，

有主观随意性，有些事情不需要开会，不需要过问就可以解决。

只注重结果，不注重过程；只强调做什么，不解释为什么这样做，结果造成一些同志的误解，其实就是缺乏过程。一把手不同意的事肯定办不成；我不会骗人、哄人，不会和稀泥；化解矛盾的能力差，矛盾不下交，该让副职出面的事有时我顶替了。

2. 性子急，脾气不好，着急训人。这是一个致命弱点，也是做一把手的大忌。经过这么多年的磨炼也改了不少，发了火、训了人自己也常常思己之过，管用吗？解决了问题吗？结果往往事与愿违。

为什么常思己过还常犯？这正是秉性难易。为了学校在社会上、同行中也得罪了不少人，这对整体工作是不利的。

3. 不能统筹兼顾，顾此失彼，对外联络少。科学发展观的根本方法是统筹兼顾，这一点我是不符合要求的。一个人的精力有限，顾了东就顾不了西。只听课是不行的，只顾抓教学是不够的，今后要加强对外联络。

### （二）谈一下制约学校发展的突出问题（我点个题大家议一下）

1. 教师的思想观念问题。

2. 学科教师结构不合理、年级之间发展不平衡的问题。

3. 办学经费不足。

4. 缺乏宣传力度，缺乏争取资金的能力。

5. 管理上有漏洞，对教师管理宽松。

### （三）学校发展的思路和举措

1. 要做大做强二中。全县初中龙头老大的地位不能变，全县教学工作领先的地位不能变，在全县老百姓心目中的地位不能变，“省市一流”目标不能变。①加强领导班子的团结合作，要拧成一股劲，唱响一个音。②加强教师队伍的建设与培养，推出骨干，多出名师。

2. 以课改为抓手，推动教学工作上新台阶、新水平。

3. 完善和修订科学的管理制度，用制度管人。

4. 进一步建设和形成学校文化，丰富学校文化内涵，让学校的绝大多数成员养成积极健康、团结向上的做事方式和态度，形成相同的价值观。

5. 强化以人为本的思想，构建和谐校园。

6. 加强校园环境建设，增强育人功能。

**(四)关于班子**

1. 为什么要当官。我们已经是学校的“官”了，到底我们为什么要当这个官？我想在学校当一个芝麻官，是发不了财的，为了自己的职称、奖金，回报也是有限的，甚至还不如一线的优秀教师。最好的解释就是为了实现自我价值。实现自我价值是一个人的最高追求。这次任命的中层领导就是为大家提供实现自己价值的机会，大家要时刻提醒自己，多问问自己，我在二中的发展进程中起到了多大作用？

2. 怎样才能当好官。德才兼备，德为先。①心要正、公、热，即有正气、有公心、有热情。②管好自己，才能领导别人。一个人的品质是第一位的，作为领导要成为老师和学生的表率。③要用心去做，事情就能做好，人的才能是想出来的、练出来的。

3. 要敢抓敢管，磨炼自己独当一面、独立处理问题的能力。敢管难事敢于碰硬，敢于与歪风邪气做斗争。

4. 分工是为了合作。有时学校工作分不清是谁的事，要在决策上补漏洞，工作上补过失，遇事敢担当。

5. 找准自己的位置，按规矩办事。

6. 熟悉业务，加强个人学习和修养。用学识魅力和人格魅力影响人，带动人，管理人。

7. 值好周。值周是锻炼人的最好机会，要善于发现问题，解决问题，多观察、多分析，能明察秋毫，发现别人发现不了的问题。

8. 学校所做的一切工作，一要符合教育教学规律，必须有正确的思想观点；二要注意教师的心理管理，从根本上解决问题。

9. 在利与义面前，能做出正确的选择，能把义放在前利放在后。

我们在座的每一位同志，都有长处，也都希望你们把自己的工作做好，这是我们的优势，但每个同志又情况不同地存在问题。领导对工作要理直气壮地抓，畏首畏尾、瞻前顾后，不但不能开拓局面，还会让群众认为你“领导不力”。工作过于“平稳”，只能导致思想畏缩。要不怕矛盾，正视矛盾，敢于解决矛盾。优秀的管理者既敢于管理，又善于管理。管的过程肯定有冲突、有摩擦，只要我们的“管”是基于关心爱护、公平公正，有些冲突和摩擦会随着时间的流逝而逐步消除。

2009.11.8

# 十五、理念先行搞教改　文化助力争上游

## 随笔七

教师是一种责任，一份天职。教师要做到心中有爱，目中有人，腹中有诗，指上有金。在这个功利色彩越来越浓厚、物质欲望越来越强烈、工作作风越来越浮躁的时代，我们教师还应该保持一份对职业的虔诚。不要轻易耽误学生的课，不要没准备好就去上课，不要目中无人，不要情感淡薄、态度冷漠，视学生为过客，教师的情感决定学生的学习态度。目前，我校的教师能全身心地投入到崇高的教育事业中，这里值得一提的是：

一是大多数教师的观念在不知不觉地转变。这一点从课堂上就能表现出来，从关注自己的"教"逐渐转变为更关注学生的"学"，逐步体会到多讲不如少讲、精讲，不如多练多动，并开始进行有益的尝试。在调动学生的积极性、激发学生的求知欲望上下功夫，这是课改的大方向。如果真正把二中再提一个高度，只有在这个方面做文章。今后要继续加强研究、探索、体会、反思，并将其真正转化为我们每位教师自觉的行动。

二是新教师很快融入了二中这个团队。从各教研组的气氛看，很和谐融洽。原组同志很快接纳了新同志，新同志很快适应了环境，融入了团队。这次教学大比武，不少的组都推出了新人，给了大家展示的舞台，这说明二中人是不排外的。新同志选择二中没有错。

我看这是成功学校必备的一条，如果不是这样，怎么就能做大做

强？明年二中整体搬迁还要扩轨，还要来新人。这一点我要特意提出来。

三是二中的学校文化在不断强化和延伸。为什么我们的教学工作如此扎实？不是因为学校领导在听课，学校也没有硬性规定备课的标准，作业必须判多少。起决定作用的是我们的教师潜意识认为搞好教学、提高质量就应该这样做，而且大家有了相同的认识，这个共识就是学校文化，是学校文化在起作用。

比如，班主任到位，学校也没有要求班主任必须比学生早来，但大多数班主任到得很早，当然除了个人的敬业外，还有一个互相影响的问题。一旦影响了大多数班主任，它就形成了一种风气，这种风气就是文化。

再比如，我们的办公室里，教师们除了上课、备课、批改外，有时也开些玩笑，但很少谈论不利于工作、不利于团结的话题。我也见过、听说过一些学校，包括我刚来二中的头一两个学期，有事没事乱窜办公室的，瞎侃乱说的，造谣言扰乱军心的，无中生有传播小道消息的，拨弄是非唯恐天下不乱的，我们过去不是也有过吗？为什么现在办公室不是这种气氛？除了大家秉承一个“公”字，主要是大家心气顺，风正气正，这就是文化。

当然，也存在一些不好的东西，千万别让这些不好的东西形成“文化”，一旦形成很难改变。

存在的问题，主要有两点：

一是对学生的管理没有找到一套科学有效的办法。针对现在的学生，我们用老办法是不行了，怎么管？现在的孩子受一点委屈就要抱怨、报复。有的女生比男生还难管，犯了错不承认，所以大学生自杀、中学生杀人的事屡屡发生。归根结底，独生子女没经受过挫折，教育方法就不能简单。着眼于学生的终身发展，我们就要有长远教育的思想，有些时候不能就事论事。

二是团队的合力还不够。合力有一个方向和角度的问题，用力的方向正确，选择的角度正确，才能形成强大合力。我们不能仅限于维持现在这个层面，本学期在这个方面要多做文章。以上两个问题，可作为两个研究课题思考研究。

2009.11.21

## 十六、教改力度要加大　工作重点须明确

在新学期开学教工会上

今年春节来得晚，开学比较早。刚过了十五，人们还沉浸在节日的气氛里，我们又开始踏上新的征途！还是旧话重提，希望大家尽快地进入状态，以饱满的热情和昂扬的斗志进入新学期，以高度的事业心与责任感实现我们新的目标。

### (一)本学期工作的指导思想

1. 继续增强教职工的凝聚力，战斗力。树正气、立新风，进一步强化责任感和事业心。没有责任感是做不好教育的。事业与职业不同，职业可以讲代价，讲报酬；而事业只能讲意义，讲奉献。

2. 注重教师的成长和发展，珍惜、重视、欣赏每位教师，努力给每一个教师创造宽松的发展空间，充分挖掘每个人的潜力，走个性化发展道路。

3. 为学生的未来而设计，让每一个学生得到应有的发展，为学生一生打下坚实的基础。盘点我校的毕业生，考上大学的虽然不少，但毕竟有落榜的。而成功学校毕业的学生，应该烙上鲜明的学校特征，让人一看就知道这个人是某个学校毕业的，因为他的谈吐、举止与众不同，他能代表某个学校的精神风貌。

4. 锤炼和锻造学校文化，让文化引领学校持续发展，学校文化是无形的宝贵财富。

5. 坚持“质量”立校不动摇。没有“升学率”，只论人才的全面发展，空谈素质教育，宣传学校办得好，目前，这些观点在我们中国暂时还无法让人信服。

指导思想就是考虑、开展工作的出发点和落脚点，这是我们的行动纲领和工作指南。

### (二)近期内实现的总目标是“四个好”

即一个好团队，一种好文化，一个好质量，一片好声誉。如果群众说我们这几方面好，那么学校就办好了，学校就成了好学校。

### (三)需要重点强调的几项工作

1. 课堂教学改革。创业难，守业更难。从国家教育部到市县教育局，都提出了学校的均衡发展。下学期我们学校扩规，整体搬迁，地理位置已经没有优势，如果生源再没有优势，我们还能不能保住现在这个位置？还能不能实现我们的目标，进入全市名校行列？面对这些问题，要想学校持续地向前发展，唯一的出路就是改革课堂教学。凡是在全国有名气的学校。他们都是抓住了课堂。洋思中学、杜郎口中学这两所初中都位于农村，师资和生源都不是一流的，为什么成绩却是一流的？升学率那么高？名气那么大？他们的共同之处就是课堂转轨，教师由传授者变为策划者，由主演变成导演，由一言堂变为百家鸣，学生由接受知识的容器变为探索知识的主人，学生真正把学习变成了自己的事。他们抓住了教育的真谛。陶行知“教是为了不教”的教育理论，早在20世纪20年代就提出了。陶先生主张教、学、做合一，即“先生的责任不在教，而在学生学；先生教的法子必须根据学的法子，学的法子要根据做的法子；事怎么做就怎么学，怎么学就怎么教。”可见以学定教的思想差不多在100年前就提出来了，多么精辟！从去年5月份，我们开始在八年级数学组探索了“变以教为主为以学为主”的教改之路，教师在课堂少讲少教，让学生主动探索。后来在全校提出，各个学科程度不同地接受了这个思想，也有了一定的效果，这学期我们还要坚定信心搞下去。当然真正做到很难，因为教师少讲少教不是省事了，而是更费事了。不仅要吃透教材，充分地备好教材，更重要的是充分备好学生，研究学生怎么学。课堂方法是灵活多变的，要随时掌握学生的动态，立足为有针对性地“教”做准备。一是关键的知识点要追问，引导学生把知识内容学透。二是进行学法指导，告诉学生探索新知识的“客观程序”。我们要想办法让学生动起来，怎么动，怎么学，老师要动脑子想办法。学科不同，流程不同，但是思想是一样的。不管用什么办法，我们不能再一味地讲授灌输了。一节课教师讲授的时间不能超过15分钟，怎样去实施，这是我们这学期的一个主要研究课题。

2. 探索教研组集体备课的新模式。我们集体备课，是为了体现团队精神，但集体合作不能总停留在一个层面上，每个人的潜力还需要充分挖掘出来。这学期我们尝试这样搞一下，同一学科教师分工完成一学期的教案。开学初就分工，恰当搭配，两人一组，一个人负责起草，一个人负责修改，两人协作以后打印出来，本组人员人手一份，共同分享这份教案。组长安排组员主备自己最擅长的部分，也可以自己选择。但你负责的教案一定要把最好的、最精彩的、与众不同的东西展现给大家，这个教案叫做基础教案。其他教师共同分享这份教案，然后同头教师利用教研活动，或者平时研究这个教案，提出不同的意见、看法。要有百家争鸣的态度，通过争议基本形成一个共识，不同的意见可以保留，这算是教案的第二次开发。到了上课的时候，每个教师根据自己的个性特点，所教学生的特点，再结合大伙的意见，该增的增，该减的减，修改之后形成适合自己的教案，这是教案的第三次开发。每个人备的那部分，基础工作很重要，水平一定要高，根据课改的要求编写教案。课堂结构流程、置难设疑、精选练习、教师的活动、学生的活动等，一定要交代清楚。各学科可以整体商量一个模式，哪个组做得好，可以在全校推广。

3. 改革质量分析会的模式。这种会各年级组每学期都要开两次，效果不是太明显。今年我们变教务处一言堂为大家群英会，以班为单位一个一个地召开。教师充分准备，领导听取大家的分析，谈班风学风、学生的状况、授课的感受、解决的办法等。要讲出主体性、指导性、建设性的意见。这种做法要作为过程控制的一种手段。教师要会分析，能分析，并形成自觉性。

4. 加强德育。我个人感觉，我们的德育有些滞后。当前学生理想模糊，信念淡泊，传统美德失落，人生观、价值观扭曲，道德缺失。从整个社会上看，人们的道德意识、公德行为不是很好，从一定程度上反映了我们这么多年来的德育工作是失败的。

具体反映到教师身上，工作不力，方法简单粗暴，没有抓手，不知道怎么抓，有的不敢管，认为德育工作是班主任和政教处的事，致使学校的德育工作疲软、滞后。德育是每个教师应尽的职责，教书就必须育人，对现在的学生，德育工作更难做。德育包括政治立场、思想观点、道德品质，这是不同的三件事。根据不同学生，德育方法和内容也就不同。有的需要帮助学生树立远大理想，激励学生做祖国的栋梁之材；有的需要在形成人生观、世界观上指点；有的需要在做人上帮助。不论在哪个方面做工作，总的指导思想就是为学生终生发展奠基。优等生需要鼓励冒尖，树立大目标，给他的人生发展指一条明路。后进生需要耐心扶持。学习上的后进生,需要老师帮助其选择容易突破的、有一定基础的地方,使其在短时间内通过努力,在某一点上有所突破,想法让差生学懂一次,学会一次,考好一回。感受成功,增强自信心。

比尔盖茨讲:没有什么东西比成功更能增加满足的感觉,也没有什么东西比成功更能鼓舞人前进。让学困生在学习过程中获得成功,体验成功,是激励他努力学习的一个至关重要的办法。对品行上的后进生,也需要抓闪光点,用心指导,用情感化,触及他的心灵。各位老师要记住不翻旧账,不秋后算账,体罚、挖苦都不会有成效。不妨让学生在某一方面(体育、劳动,或某特长)冒一次尖,让他成功一次,一次的成功比十次规劝或教导都要省力,用能触及学生心灵的方式做德育工作是最好的办法。

2010.3.1

# 十七、分析考情商对策　对症下药补漏洞

## 随笔八

我们每年的 4 月 21 日前后都要与桥西区同时进行模拟，今年的情况不太理想，高分人数较少，成绩不突出。单科最高分差距较大，最高分学生成绩低于往年，与桥西区的最高分差 10 多分，而且高分学生成绩不稳定。但 510～539 分这一分数段的人数占到了十九中和二十中的 80％多，480～509 分这一分数段的学生几乎相当。这个数据好于往年，这说明能够考上重点高中的总人数还是有些底气的。大家还得统一思想和认识，采取有力有效的措施，分析原因，弥补不足，力争在不到 2 个月的时间内，来一个突飞猛进的上升。

**(一)先分析一下原因**

1. 管理上的问题，追溯到初一、初二，这一届班容量最大，老师照顾不到，差生也较多，管理难度大，班内始终有不学习的同学，对其他同学影响很大。

2. 复习进度有些慢，到模拟时多数学科一轮复习还没有结束，总是按部就班地过教材，重复机械的练习多。

3. 复习指导思想上出了问题，忽略了基础，注重了难题，对中考说明研究得不够，研究得不透。

4. 属于领导的问题，没有管好，指导不力。

怎么解决？

(1)看试卷:认真地看一看,算一算得分率,看看哪个题得分率低,问题出在哪里,用什么办法弥补,对这些问题每个人都要有自己的安排,普遍的问题要拿到教研活动上整体解决,个性的问题自己想办法解决。通过看试卷,面批,提问,做到对学生了如指掌,对症下药,盯住学生才更为有效。让学生自己整理一下过去做错的题,再回头想一想。

(2)找学生:每个教师所负责的临界学生,是否有效果?今年学生的名次相当不稳。要准确把握和了解学生,哪些优秀学生成绩在波动?要与这些同学个别谈谈话,看一看这些学生哪一科出了问题,看他们每一科考完有没有遗憾,薄弱科怎么往上赶。那些尖子生,其实就差那么10来分,每科也就2~3分,不是太大的问题,上次加餐的办法是很有效的,还得坚持。

(3)抓基础:部分好学生失分很多在基础上,表现为概念不清,基础不牢,下一步要搞有针对性地训练。比如:单项练、限时练、专题练等。要练速度、练准确率、练感觉。

(4)重课堂:学生的大部分学习时间还在课堂上,课堂没效率,复习就没效果。什么算有效率?一节课下来80%的学生在思路上更清晰,能力上有提高,学生会思考、能交流,这样才算有效率。老师要想办法启发学生的思维,激发学生最佳状态是最重要的。各学科认真排一排,离中考还有多少节课,做一个倒计时,每节课都干什么。必须保证每节课的效率,不做无效无用复习。

(5)重说明:二轮复习必须以《中考说明》为指针,它上边的示例就是我们选题的模型和影子,每个人都要认真下水做题,归纳知识点与类型。自己研究、自己思考,认真与上年对比变化,发现变化,哪怕是微小的变化也是有用意的。认真处理信息卷,严格取舍,不能一套接一套地给学生做，似乎多多益善，其实浪费时间。练过的，考过的，不重复做，没有扣住《中考说明》的不做。处理信息卷主要还是思路和方法问题，哪里的模拟卷好说明哪里的人研究透了《中考说明》。

(6)保目标：根据考试情况看，今年完成升高中的目标问题不大，460分以上人数比去年多25人，430分以上的多40人。班主任根据你班的指标，再落实一下情况。任课教师要根据这次考试成绩，自查一下你承包学生的完成情况。各自写一个自查报告，包括下一步计划，让哪个同学提高多少分，你打算怎么抓。

前50名的同学就是进全县前100名的，这些学生必须落实到任课教师，不能因为哪一科拉了学生的后腿。哪一科出现了问题，任课教师要负一定责任。各班主任根据全县前百名人数目标，协调任课教师，碰一碰头，找出学生的"短板软肋"，共同突破。要吃偏饭，单兵教练。各组长要协调你组的骨干，每天要给成绩高但有薄弱学科的学生加餐。必要时这些学生可以不完成强科作业，去办公室做题，相信好学生比老师强。

(7)心理疏导：后期的班级管理和心理疏导很重要。任课教师都应和学生个别谈话，前50名的学生我要找他们分别谈话。同时，要随时和家长联系，互通学生家校的状况，保证学生的心情稳定，状态良好，让学生考场上正常发挥。

我们已辛苦了三年，像农民种地一样，到了收获的季节，再加一把劲，细致干净，才能高产。希望大家再坚持两个月，苦战两个月，临阵磨枪是很管用的，要把各自的困难克服一下，心态调整一下，思维转变一下，不要因为这次没考好就没信心，我认为我们是踏踏实实走过来的，中考一定能够辉煌。

2010.4.28

# 十八、摸索中总结得失 细节上决定成败

随笔九

总结前一段听课情况：绝大多数的教师有了课改意识。课改对学生来讲，是学会学习；对老师来讲，是让学生会学，教会学习。表现在课堂上就是能够让学生讲、学生练、学生动，充分体现学生的主体性。有些组、有些老师对课改理解深刻，方法运用得当，时间安排合理，引导得好，追问得深。要坚定不移地搞，在实践中摸索，在摸索中完善，要善于学习。在理论上有依据的，而且别人已经在实践中取得了成果，这种教改方向是对路的。

存在的问题及努力方向：

1. 我们的观念还得真正地转变过来，不能形式上是、本质上不是。有些教师总是不放心，课上一讲再讲。程序上没有固定的模式，通过反复研究和试验，怎么好就怎么来。

2. 课改仍需要教师的功底，认真备好课是前提。主备和审核教师一定要对全组负责，对全校 1 000 多名学生负责，其他教师一定要认真研究小卷，心中必须明确哪些内容是重点。

3. 教师讲什么？事前都要有一个预设，然后根据学情，再确定哪些详讲，哪些略讲，关键的地方必须点到，学生会了的不再重复。讲就是为激活学生的思维，不是就题讲题，粗放处理不行。

4. 关注课堂，关注学情，其本质就是充分调动学生的“学”。每个教学环节要合理安排时间，这也是关键的地方。课堂松散，学生不紧

张，课堂效率就低。时间安排应服从学情，看看任务完成了没有。比如三个学生板演，下了黑板老师就订正，不管座位上的学生做完没有，这就是不关注学情。学生的情绪状态、参与状态、思维状态都必须关注。

5. 导学卷制作还得精致一些，内容要好，点要准、小、精，量要适中。练习就是学什么练什么、讲什么练什么，针对性必须强。尤其自学指导，指导要得当，鼓励学生按时高效完成很重要。

6. 指导学生自学一定要明确要求，让学生干什么，用多长时间，思考什么问题，使用什么方法，老师都要告诉给学生，而且语言要精练准确。如把重点划出，留下痕迹，书上空白、表格怎么填写。这样做的目的就是让学生会自学，养成习惯。要尽量做到堂堂清，单元测试必须搞好。

7. 需要学生回答的问题很多，当学生回答不对或不是教师所期望的答案时，教师该怎么做，这一点必须处理好。

(1)不能简单地让他坐下，他的回答也许有合理成分，应及时引导启发、恰当追问更是教师的一种能力。

(2)不管对错，都要耐心地听完，倾听是一种美德。

(3)为什么学生的发言积极性越来越低？这是我们教师造成的，是我们对学生缺乏鼓励、诱导、倾听、关注、评价。

8. 讲与不讲，多讲与少讲的问题。内容讲解不要重复，要注重基础，不要一味关注难题，主要讲思路，讲方法，怎么想的，有没有更简捷的方法。第一次学习应少补充一点，或者一点不补充。体现课堂高效和快乐是最高的境界。

9. 教师不讲，学生活动，教师做什么？教师的作用是调动学生，观察学情，适时巡视，看学生学得怎么样，不是向外看，或站在讲台上不动。

10. 黑板上必须写字，看比听的记忆效果好。写就是示范（写得工整，规范一点），容易错的，模糊的内容还得板书。

11. 不要担心学生的错误率，不可能一节课下来人人都会，要分析原因，找出补救办法。

下一步，结合期中考试成绩，每个教研组认真分析得失，每人认真反思一下你的课改是否有效，今后怎样提高。

下半学期，还要认真地听课，对大家的课堂教学，还要提一些常规要求：

（1）按时上课（候课）。

（2）坐稳再讲（组织教学），做好准备，迎接上课（包括心理准备）。

（3）教师上课还得强调“三投入”。冷漠不行，古板不行，师生关系直接影响教学质量。

（4）课堂管理。管住学生，抓不住学生就出不了成绩。有的老师需要严厉，有的老师需要和善，“威严”靠教师自身的魅力，不是靠面容冷酷，课堂纪律差是因为教师带动不起学生。

（5）按时下课，别拖堂也别提前。

（6）通过作业批改、师生谈心等渠道了解一下学生。

以上说的似乎是小事，是老生常谈，是细节，但处理不好，会严重影响我们的课堂教学。

近期活动很多，都很重要，希望大家要理出一个头绪，尤其是班主任要精心策划一下，怎么摆布这些事，不是开一次班会就没事了，要抓死常抓，形成机制，变成风气，只要我们齐抓共管，二中各方面的工作才会都是一流的。

2010.6.7

# 第三章

# 继往开来

我把二中的办学理念概括为：文化引领，质量立校。生存靠质量，发展靠文化。如今的二中，发展势头强劲，恰似一轮已见光芒四射、喷薄欲出的朝日。我希望在我离开二中的时候，能够给二中留下可以传承的文化，在这种文化的熏陶下，老师们醉心课堂、倾心教学，学生们痴心校园、快乐成长，二中能够继往开来、续写华章。

## 一、已步入市级名校　再争创省内一流

随笔一

近年来，二中的全体干部教师团结一致，真抓实干，在管理上精益求精，在教学上锐意创新，使二中的教学质量越来越高，声誉越来越好。2005 年以来，二中的教学质量逐年提升，一年一个新台阶。每年中考之后，大家的喜悦之情难以言表，既出乎意料又在情理之中。今年中考，各项目标都顺利完成。

①全县前 10 名二中占 6 名，第一名、第二名都是二中的（这是保

持了多年的一项指标)。

②全县中考前100名,今年首次突破50名。前几年30～45名(这也是多年的一个心愿)。

③考入公费高中的302人,其中A等第的优秀学生占到全县的40%。

记得自己在2004年来二中任职的第一次会议上,就说要把二中办成真正的市级名校。今天可以自豪地说:这个目标基本达到了。今年全市基础教育阶段学校共评选出10所名校,二中是其中之一,原来要在教师节与名校长一同表彰,后来由于种种原因没有表彰通报。

衡量一个学校是不是名校,有几个最明显的标志:

一是看这所学校有没有明确的办学方向,有没有先进的办学理念;

二是看有没有一个善管理、懂教学的领导集体;

三是看有没有一支教学艺术精湛、创新合作意识强的教师队伍;

四是看教风学风纯不纯,学校风气正不正;

五是看这所学校的教学质量高不高,有没有较高的社会认可度;

六是看这所学校是不是学生和教师都向往的地方;

七是看学校领导有无官僚习气。

以上有些方面已经达到了,有些方面没有达到或还有些欠缺。进入市级名校行列,这对二中既是荣誉,也是挑战,下一个五年计划(由三年调整为五年),就要创办省级名校,要向石家庄二十八中、唐山九中等学校看齐。学他们的理念,学他们的方法。计划年内再组织人员到这些学校拜师取经。

目前,二中办学规模逐渐扩大,教师队伍不断壮大,新学期又迎来了53名新教师,共有教职工207人。学生3000多人,设立了53个教学班。九年级由农村5个乡镇4所学校合并过来270多人，单独设立5个班，共计17个教学班。八年级并入、转入共290多人，在原来的基础上又扩了4个班。整体打乱重新分班，共16个班。七年级按20轨设置。

新学期，又是二中的一次转折，也是一次严峻考验。一下子来了这么多老师和学生，二中的优势会不会被冲淡？二中这块品牌还会不会延续？二中在老百姓心中的位置还会不会越来越高？这就要看二中人的应对能力，面对这个大面团，怎么去揉搓。规模越大不等于学校越好。很多学校案例表明，有些学校扩规了，资源进行了整合，优势进行了互补，办学的理念更加清晰，制度更加完善，人们的心更齐了，学校办得更好。但也有些学校扩模后，职责不清，方向不明，步调不统一，想抓管理力不从心，想抓质量无从下手，结果学校更乱，办得还不如过去。

今天这个问题已经摆在了我的面前。要想把二中办得更好，办成省内知名学校，这需要全体二中人的共同努力，需要有正确的理念，需要二中人的教育教学水平和工作热情，需要二中文化的支撑，需要发扬二中的精神。

近期目标是：

1. 教学目标：中考目标要体现逐年上升趋势。力争消除D等第成绩。

2. 德育目标：精心调整每一个学生的心态，正确矫正每一个学生的不良行为，不放弃任何一个学生，要爱每一个学生（他会爱老师，爱学校），使他们健康、快乐地成长。

3. 安全目标：保证一学年内师生平平安安，不发生任何伤害事故。

本学期的主要思路和重点工作：

1. 成立年级组。年级主任由学校中层领导兼任。七年级由政教主任、八年级由科研主任、九年级由教务主任兼任。

职责：①重点管理本年级师生，检查本年级师生出勤、上课、纪律、卫生等情况，准假权限一天；

②协调教师之间的问题，处理本年级学生打架、纠纷等问题；

③部门的工作反馈到相应的处室，大的方面还要对口管理。

④重点听、评本年级教师的课，其他年级的相关学科也必须听、评，其他教师根据时间选择听课。

2. 新旧教师的整合问题。这学期，共调进 53 名教师，新旧教师之间的整合是一个十分重要的问题。去年调进的教师，表现得相当不错。通过一年的磨合，他们已基本融入了这个大集体。今年的新教师，需要尽快熟悉二中的环境，进入角色，融入团队，尽快了解二中的理念、二中的文化。多看看二中的教师是怎么干的，多问问什么工作该怎么干，多想想二中与原来的那所学校有什么不同。要求二中的老教师热情地接纳新教师，组长要充分发挥作用，带好教研组，管好一班人。新教师要把原来学校的优势带来，不良习惯去掉，新旧教师要互相学习、互相帮助。

3. 深化课堂教学改革。二中要真正的发展，一定要从改革课堂教学入手。不怀疑教师的水平和能力，主要是方法禁锢了发展。今后努力的方向：充分调动学生，把学习的主动权交给学生，其实道理非常浅显。

一个教师讲得再好，即使句句都是经典，也不可能班内所有的学生都在听。即使在听也是被动地听，像看戏听书，压抑了学生积极性，主体作用不能发挥出来。而且缺乏针对性，不能及时反馈信息，影响学习质量的提高。学生课堂不动手,不动脑,轻轻松松,只能加重课外作业负担,所以课堂改革势在必行。

教师要归纳方法和规律,不能就题讲题。学生课堂练习不能少于15分钟。能少说的少说,能不说的坚决不说,学生讲对的不重复。教师引导点拨、怎么引导得法、怎么组织课堂需要在备课上下功夫。学法指导很重要,教师占用课堂时间不能超过15分钟。

二中的教学想再上水平,唯一的出路就是进行课堂教学改革。学生学习好有两个条件:一是强大的学习动力。二是正确的学习方法。一味地死讲死灌,个人认为挺好,事实上往往事与愿违,甚至得不偿失。上学期初三毕业班的教师在这方面做得不错,不是一味地灌,而是让学生先动,说明理念变了,应该抓住时机研究这一套方法。

2010.9.19

## 二、加强班文化建设 提升班主任素质

随笔二

从这学期开始，在班级文化建设方面加大工作力度。它的核心是充分调动学生，真正让学生成为班级的主人，提高学生的全面素质。班级常规工作让学生自己干，让班主任腾出更多的精力抓大事。

班级文化建设是一项德育改革，由管理变为建设，换了一种方式抓德育，把德育的重心放低了，内容变宽了，教育点变小了。班级文化建设让教育回到了原点，注重了学生人性品格能力的培养。让学生真正成为班级的主人，让学生学会自主管理与合作互助，充分发动学生，充分挖掘每个学生的创新精神和内在潜能，把班级的所有事务让学生自愿的承包，一包到底，人人都要为班级出力，有事自己解决，不是事事找班主任，减少学生对老师的依赖性。

班级文化建设最大的价值在于，点燃了每个学生的信念，给他们提供了一个成功的机会和舞台；渗透了“这是我的集体”的观念，让班级有家的温馨，让班级成为学生的精神家园；构建了新型的师生关系，学生和班主任之间形成了和谐的人际关系，更加有利于教育成功。

就当前而言，班主任应做以下几项工作：

(1)制定鲜明的班级主题，编写班歌，设计班徽，命名班名。

(2)合理分组：把班内各种人才和谐搭配，稳定不变，尽量把小组成员的座位挨在一起。

(3)开展小组竞赛活动,内容涉及学习、纪律、卫生、文体、出勤(公约方面)、行为表现等各个方面,面面俱到。

(4)统一规则,每一方面单独竞赛,各方面确定基础分,在基础分上加减,做到、做好加分,否则减分,要操作方便,简单适用。

(5)严格监督,班长、小组长、班委要按竞赛规则互相监督,公平量化,定期公布。

(6)客观评比,要让评比结果起到积极的促进作用,为下次争先继续努力:通过评比增强班内的凝聚力;通过评比带动班风学风;不容易督促检查的能得以落实:让每个学生成为管理者,培养干部要面向全体,还有观念方面的培养。

(7)班主任的主要任务是处理和协调小组间关系,逐步培养学生独立处理问题的能力,把握学生正确的人生航向,塑造学生高尚的人格。班主任的核心工作就是研究每一个学生,真正走进学生的内心世界,以触动学生心灵的方式教育学生。

当然,丰富班级文化内涵,开展各项有益的活动,需要班主任认真研究和精心策划,要逐渐从繁杂的班级事务管理中解脱出来,让所有学生都成为班主任的助手,开始对学生的引导非常关键,这有待于班主任整体素质提高,责任心的增强。

2010.10.3

# 三、横向看课堂效率 纵向比教学成绩

随笔三

## (一)关于提高课堂效率问题

什么是高效课堂？教学时间合理分配,减少课堂的无效和负效教学的时间,充分利用有效教学时间,让尽可能多的学生得到尽可能多的高效收益,要课前课后看课堂效率,即学生上课前和下课后知识和能力有了长进。要想有高效的课堂,就必须备好课。要充分认识到备课的重要性,备课是一种有效投资,是能力增进的主要途径。在批改作业上多花费一分钟,只是给一位学生节省一分钟;而在备课上多花费一分钟,可以为全班学生节约一分钟。

分工备课是为了更好地备课,不是为了省事,别人的东西再好,也不能照搬照抄,必须拿过来研究、思考、取舍。每节课总的指导思想保持一致。细节必须研究,时间安排好,在学法指导上、例题选择上、练习内容增减上,一定要好好琢磨。

课改一个最基本的要求就是少讲,有的老师不讲嗓子就发痒,心里就难受。事实上,老师越勤快,学生越懒惰,老师讲得越多学生听进去的就越少,课堂效率越低。

那么如何提高课堂效率？就是让学生在作业和考试中少出错,要出错就出在课堂上。老师在课堂上少讲或不讲,让学生自己做,自己体验,学生就容易把学习的问题和错误暴露出来,教师针对问题引导点拨，学生自己悟得，收效才会最大。这是很重要的，这就是课改的核心、秘诀！

## (二)九年级各学科状况分析

政史：

1. 进度：政治与去年相当，历史比去年稍快一点。进度不是问题，春季开学后结课就行。

2. 从各个年级历年的情况看，纵向横向比较，历史成绩普遍低于政治成绩，这是我校的一个突出问题。怎么认识，怎么解决，大家在同一办公室，同样地努力，历史教师也很整齐，结构也很合理，为什么会出现这种情况？要作为一个课题研究一下。

3. 政治教学好像已形成一个体系，历史是不是欠缺一些？听课感觉不管是新授还是复习，听完政治课有一个整体的印象，历史就显得零乱、不系统。方法上找一个切入点，要创新，我感觉讲得还是多，课堂上时间观念不强。

4. 政史课上得要有味道，学生爱听、想听，情感要投入到课堂，有感染力；抓重点，抓考点。既要理解，又要背诵，当堂必须记住一些东西。给学生留有时间思考、记忆。指导学生背诵很重要，怎么记，找规律、方法；课堂效率高，首先要有气氛，气氛沉闷不行，管理课堂很重要。睡觉的、说话的、低头的学生不少，肯定没效率。安排哪些环节，需要几分钟心中必须有数，不能随意，课堂结构要紧凑；必须构建知识体系，要互相联系融会贯通，如改错不是就错讲错，更重要的是分析错因，找到前后知识的相互联系。

数学：

1. 进度，比去年略慢3～5节。春季开学能够结课。

2. 想办法调动学生，让学生始终处于亢奋、积极状态。每个人每节课都必须有收获,让大多数的同学完成目标。想办法让学生讲,教师教点不教面。

3. 体现三教:教易错点、疑惑点、关节关键点。要么不讲,讲就讲透;写要规范,算要准确。

4. 设问一定要适当、明白。教师巡视目的是什么,心里一定要明确,引导学生要有技巧,方法求最简,每节课学生必须板演。

5. 追求课堂效率,目标落实了没有,少讲多练是数学课的特点,练就要练会,程度差的同学当堂没完成的课后完成,不再做别的作业。

理化:

1. 进度与去年相当,物理放寒假前结课,化学开学初结课。

2. 整体感觉理化还是以讲为主,小卷制作不精细,课堂效率就不高。教师讲得越多,学生收获越少。

3. 理化的教改怎么搞? 让学生发现规律是很难的一件事。一些学生能操作的探究实验,还得在实验室认真细致地处理。学生即使得不出规律,也必须培养他们的动手能力。

4. 理化的平均成绩与及格率都比数学低,说明不懂的学生多。培养学生的学科兴趣,有时比教给知识更为重要。

5. 如何强化基础,降低难度,前后知识联系,一次到位是理化学科研究的重点。不能就题讲题,要注重思路与方法,必须与生活实际联系。

语文:

1. 语文学科的进度有弹性,比较今年和去年是不一样的。

2. 上一届的语文中考成绩很好,是组内团结协作、重、难点处理到位得当的结果。

3. 这一学期要学习九年级一年的古文、古诗，记忆的东西很多，第一次学习必须到位。一定要抓住学生，人人背诵。人头脑中有很多事物，只有与生活中的事物相联系，记忆才深刻。学生天天要有背的内容，教师要检查落实到位。

4. 语文课不能上得死板，教师教学要细腻入情，学生要有活力，课堂要有效率。

5. 语文积累的内容什么时候搞，到总复习时再搞有些晚，应提前做安排，在中考中的分量虽不大，但不能在这个方面失分。

2010.11.5

## 四、二下洋思谈感悟　再学经验创新高

随笔四

我是第二次走进洋思了，又一次被他们的管理、理念、环境、教学等方面震撼了。感觉他们的学校文化建设比我上次去更加成熟，各方面更加规范。每天都有几百号人考察洋思，学校的秩序还是那样有条不紊，确实是教育上的一个奇迹。

207亩的校园，看不到一片废纸和塑料袋。3 800多名学生没有一个狂奔乱跑的，个个举止都是那样的端庄、文明，没有一个行为不端的，课堂上没有一个不紧张学习的。450多名教职工，思想是那样地一致，行动出奇地统一。课间操时间，班主任老师跟在班级后面，科任老师另行集队，和学生一起做操。环境育人，处处绿化、美化，墙壁上到处都宣传"教育"，每个墙壁都说话，什么地方布置什么，好像经过了高人指点，这些都是表面的东西，深层的东西靠自己感悟。

1. 观念决定了结果，洋思人的学生观与众不同，每一个老师从心底认为：没有教不好的学生，承认学生有差异，但不相信有差生。学生观决定了教学观，教师对差等生更加关爱，课上更多地关注差生。他们教差生教出了甜头，认为差生是一块宝，教好差生，考上高中，社会效益和经济效益更大。

2. 到处体现着他们认真和精细的工作态度，折射出南方人的精明和精致，他们的理念就是"把平凡的事做好就是不平凡，把简单的事做好就是不简单"，并把这句话落实到了极致。每个教师板书都非

常工整、美观、秀气，连学生的板演也非常细致，那种认真用心的态度，实在令人佩服。正如他们所说：认真落实不走样。

3. 课堂有统一的模式，但不是模式化，体现了以学生为主体的思想，充分调动学生的学。模式：①展示学习目标。目标具体，容易理解，少而精。②自学指导。指导内容，思考什么问题，完成什么操作，怎么自学教材，要求非常明确。③自学检测。自学以后马上做练习，检测自学情况。④订正练习。教师有针对性地讲。⑤检测二，订正再讲，打造精品，拓宽知识，以学生学会为目标。

4. 从一开始就抓紧抓好，不让一个学生掉队。落实的措施是：堂堂清，日日清，周周清，兵教兵。先学后教，当堂训练。“后教”的“后”字含义很深，指课堂上的后教，课后的后教。先学不是简单地预习，先学是让学生在课堂上始终明确本课的目标，自主探索学习。学习中遇到了问题，效果才好。差生形成的原因就是知识点有漏洞，他们的做法恰恰弥补了漏洞。

5. 洋思的最大特点，有一种鲜明的教师精神，确实有一支能吃苦、真敬业、肯奉献的教师队伍。教师的人生价值体现在对事业的追求上，他们的价值就是能把任何学生教好。秦校长介绍：教师的起点不在于高不高，而在于用心不用心。只要用心，都可以成为特级教师、教育家。

6. 他们的非中考科目也上得很好，任课老师很认真地上课，真正体现了全面发展。

期中考试以后，工作重点是学习落实洋思经验，结合本校实际搞课改。不课改不行，改未必都行，但脚踏实地不断摸索，总能找到一条适合我校发展的路子。

2010.11.20

## 五、树立教学新理念　明确学期新任务

在新学期教工会上

2011年第一学期总的工作思路：

第一，以文化引领学校的各项工作，进一步提升学校文化品位和办学品位。

第二，增强学校的核心竞争力，人人珍惜学校的声誉，让二中的美誉度和群众的认可度越来越高。

第三，继续锤炼正风正气，继续转变观念，提升专业素养，增强全员的凝聚力和战斗力。

第四，深化课堂教学改革，加强班级文化建设，关注每一个学生，使我校的教育教学质量稳中有升，确保在全县的领先地位和绝对优势。以省市名校的水平和标准衡量各项工作。

目标已锁定，剩下的任务就是落实。我们怎样完成目标，我们每一位教师该向什么方向努力，这是重点，着重谈这几个观点：

### (一)要努力成为一名好教师

好教师不但要具有深厚的专业知识，更要具有高尚的人格情操。专业知识包括本体性知识、条件性知识和实践性知识。本体性知识，就是学科知识。成为一个好教师，没有丰富的学科知识是肯定不行的。优秀的教师都是不断充实更新自己的本体性知识，一辈子都在积淀，关心本学科的最新发展动态。本体性知识是教师成长的必要条

件，但不是充分条件，丰富的学科知识，并不是成为有魅力教师的唯一条件。条件性知识，指的是教育心理方面的知识，我们都是师范类学校毕业的，学过这些知识，这个原则，那个方法，个性心理等。在实际教学中，就是运用这些知识，采取让学生可以接受的方式，并生动地教给他们，这就是条件性知识。教师的实践性知识，指的是教师在面临课堂所具有的课堂背景知识与经验，包括创设情景，营造氛围，课堂的调控调动，突发事件的处理等。它多来自于教师的教学实践，什么情况该怎么应对，这些主要靠教师的经验。实践性知识对教师的发展起重要作用。课堂教学本质上是一种过程，是一种艺术，艺术的本质是一种探究。因此教师不仅是知识的传授者，而且还是教学情境的创设者。

教师情操是指对事业和孩子有一种特殊的爱，处处为孩子着想，为孩子的一生负责，有一种强烈自觉的生命意识。教师之所以伟大，是他能够爱别人的孩子。爱生是师德的核心。真正的热爱学生不是一件容易的事，让学生体会到教师的爱更困难。但是，没有爱就没有教育；只有爱，才能赢得爱；你爱学生，学生才会爱你。你爱教育事业，这个职业也会爱你。有了爱学生才可能会爱你教的这门学科。我早就讲过，课堂的实质就是师生情感交流和信息交流的地方。先有情感后有教育，只有情感在先，信息在后，你才能获得教育事业上的乐趣。爱学生就要善于走进学生的情感世界，不能伤害学生，要把学生当作朋友，感受学生的喜怒哀乐。教师冷漠、麻木，教育教学效果是不会好的。

### (二)彻底转变观念

观念就是支配人行动的意识，观念问题是最重要的问题。不解决观念问题，教改永远不会成功，教学水平不会有质的变化。我们太多的观念需要改变，主要说三个方面：

1. 先学后教还是先教后学。成功的经验告诉我们,学了再教要比教了再学效果好,它可以培养学生的自学能力和学习习惯,达到教育的最高境界。教是为了不教,虽有了一定的经验,但是仍然需要我们的信心和耐心,更需要我们的行动和智慧。

2. 教师使劲教还是让学生勤奋学。我们的一些教师为了提高成绩,每节课都拼命地讲授,不惜拖堂和患上咽喉炎,不讲嗓子就发痒,心里就难受。他们只相信"教了学生才会"的道理,不放过一切能讲的机会,生怕哪个知识点、考点没讲到,认为每个问题教了学生才会懂。只相信自己不相信学生,只会教学生"学会"而不会教学生"会学"。事实上,老师越勤快,学生越懒惰,你讲的越多学生听进去的就越少

高明的老师,能充分调动学生,以个人的魅力影响学生,以生动活泼的课堂教学方法吸引学生,赏识学生,赞美学生。让学生释放激情,带着兴趣去学,高效地去学习。这里的关键词,是引导和调动。

3. 情感为先还是传授知识为先。有些教师工作严谨规范,上课一板一眼,每节课都拼命地讲,基本上还是单向传授知识,甚至上课经常批评学生,还喜欢拖堂,下了课还继续他未讲完的内容。就是这样认真的一位教师,成绩仍不尽如人意,这是什么原因?其实,这些教师忽略了一个最主要的教育规律,就是在课堂上过多关注知识的传授,而忽略了师生的情感交流。这样的教学是一种机械行为,这样的教师最终会遭到学生的厌恶。我们的课堂,要有意识地加强师生的情感交流,把激情、微笑、宽容带进课堂,不吝啬激励赞美之词,把课堂当作自己和学生最快乐的地方。

### (三)课改应注意几个问题

1. 课堂的指令一定明晰完整。一节课上,教师要不断地下达指

令，指令是否明晰，不仅直接影响教学效果，还关系教师在学生中的信誉。比如同一内容，发出不同指令：①自学课文；②阅读第几段课文；③阅读课文第几页第几段，5 分钟后将要回答小卷上的问题；④请同学们带笔详细阅读第几页第几段。5 分钟后，对于回答好的同学将获得教师与同学的掌声，接下来老师检查学生的问答情况。老师走下讲台巡查，调整个别同学的不良状态，指导需要帮助的学生。显然第四种指令最有效。所以，一个完整的指令包括三个要素：一是布置任务，二是确定时间，三是适时恰当的评价。

2. 课堂教学的三大结构：教师讲授，课堂互动，当堂练习。教师讲授，是指教师以先进的教学方式进行教学的过程。如引导式、启发式、探究式等。讲授、讲解学生自学不懂的重难点、易错易混的知识点，讲规律，讲方法，通过“讲”激活学生思维。课堂互动指的是师生互动，生生互动，包括相互交流，相互争论，小组互查等。当堂练习包括口头与笔头两种练习，其中以笔头为主。学生的最佳注意时间不会超过 10 分钟，所以教师的讲授不要超过 10 分钟。课堂互动的时间不要超出 10 分钟。当堂练习的时间要不少于 15 分钟。教师讲一堂课要集中力量，重点解决一到两个问题，其他的教学内容可以通过课堂练习、同伴互助、练习评讲、小组长指导等手段来巩固完成。

3. 走下讲台，落实目标任务。教师要随堂携带红笔走下讲台指导，走近学生身旁，走进学生心中。学生进行当堂练习时，教师的任务就是巡视课堂。我们发现了两种现象：第一种现象，教师虽然游走于学生之中，却没有认真地帮助学生解决实际的问题，没有让课堂巡视发挥实质性的作用；第二种现象，学生进入练习后，教师重点巡查帮助有困难的学生，这是“真巡视”。学生在教师眼皮底下得到有效的训练、指导与帮助。教师利用红笔，进行当堂批改与纠正。当堂评价，表现在课堂上对学生正面激励，促进。红笔的作用是神奇的，效果是意想不到的。成功的课在于给学生树立信心。

**(四)教师的精力分配：备批、辅导、思考**

1. 先说“备”，即现在的备课模式。

(1)每个章节一定要集体研究；

(2)主备人充分挖掘教材；

(3)组长一定把关审核，设计高质量的小卷；

(4)每个教师再度开发思考。

2. 课后反思。反思，今后怎样教效果更好。记载学生的学习表现，记有用的东西，提升自己的教学艺术。

3. 批改。目的明确，不可能全批改，分好小组可轮流批改，小组长批改要做批改记录，发挥学生作用，可小组长批改，学生互批。

4. 辅导。指导或帮助有困难的学生，手拿红笔，当堂批改解决个体化问题，激励学生，让学生体验到成功的喜悦，增强学习的信心。

我们每个教师，都应该为自己设置一个目标，只有设置这样一个目标，才能把自己的精力全部锁定在这个目标上，才能不断挑战自我，完善自我。否则就会走弯路，荒废时间与精力。我们应该不断地拼搏成功，追求成功，去撞击可能成功的每一个暗点。教师有这样或那样的冲击精神是难能可贵的。当一个教师停止了拼搏，就意味着他对生活失去了意义，对自己的存在失去了自信。教师的乐就在奋斗之中。有了成功的希望，寂寞书海不再寂寞，黑白世界不再单调，此时你会觉得活着也是一种享受。

2011.2.26

## 六、唯课改才有出路 凭理念方能成功

随笔五

时间过得真快，眨眼又到了期中考试，九年级也到了中考前的冲刺阶段。开学两个月来，各个年级各个教研组的每一位教师在各自岗位上默默地工作，由于学校领导都深入到一线，所以对老师们的情况还是比较了解的。可以说，我们二中教师绝大多数的同志非常敬业，以教好书为己任。这是我们二中最宝贵的财富，这不是别人一下子就能学得到的、模仿出的东西。所以我总结：二中教师的最大魅力就是他们身上的责任感和道义感。这就是我们的文化积淀，任何困难也阻止不了我们前进的步伐。

目前，我校课堂教学改革已经形成一定的雏形，每个教研组都不尽相同，都有了自己的模式，有的越来越细，说明我们的课改越来越成熟，说明我们更有品位了。所以，我们各个教研组继续向精细方面努力，认真总结和反思，拿出一套，自成体系。

目前，最大的成绩是全体教师的观念都变了，课堂上没有一个满堂灌的了，都是学学、讲讲、练练这个形式了，但这还不能说我们的课改已经成功了。课改需要很漫长的过程，需要我们共同努力和不断追求。需要我们不断地揣摸和用心去体会。现在只能说效果肯定有，可能还不很明显。九年级数学组是最早开始改革的，后来各个组各个年级相继在搞，成果有多大，等待中考的检验。

关于课改还需要注意以下几点：

1. 是否充分调动了学生的主动性和能动性。这里的关键词是“充分”。一部分人动、另一部分人没动就不是充分。虽然都动，但没有挖掘出学生的潜能，学生不是非常紧张，也不是充分。调动学生需要教师的智慧、艺术和爱心。让学生课堂有精神，教师必须有精神；让学生课堂有激情，教师必须有激情；让学生课堂干练，教师必须干练。还是那句话：用激情点燃激情，用心灵呼唤心灵，用智慧启迪智慧，用精神感化学生。

给学生树立自信心，让每个学生都抬起头来，这是最重要的一点，也是最难、最复杂的一点，更需要教师的艺术。不同的教育观就有不同的效果。但有一点是相同的，平等对待每一个学生，对差生给予更多的关注。善于发现和欣赏学生的闪光点，多用激励、赏识、赞美的语言，相信学生通过努力是能够成功的。

2. 教师眼中要有学生。我们的课堂归根到底是为了学生学会，所以每一环节都要关注学情，检测出了什么问题，当堂练习哪些学生会做，哪些学生错了。一定要在课间巡视的时候认真地看、听、发现，在脑子中快速地梳理，为“后教”做好充分的准备，这样讲就有针对性了，辅导也心中有数了，方法也明确了。当堂训练不一定当堂纠正，可以及时课下批改。

3. 关于学案或小卷的质量。由于学科不同，学案和小卷内容不可能完全相同，但主导思想和质量要求是一致的。

(1)主备人至少两个，审核人要签字。

(2)目标要明确，千万不要照抄参考书。

(3)自学指导。自学一般都是读教材，应体现怎么读与学。

(4)学习过程因科而异，有小组自学检测题交流，剖析案例，合作探究等环节。

(5)当堂检测。本着学什么练什么的原则,不应过分加深拓宽。

4. 关于德育工作及班级文化建设和家委会成立。上一次教工会后,学生的行为有所好转。期间,我们相继进行了几次消防演练,每周一升旗领导讲话。老师们也开始更加注意为人师表,最重要的就是班主任走进入了学生的心灵。李镇西的思想就是:做好德育工作,首先从教育者自身抓起,并且持之以恒。举个例子:他和学生一起定了规矩以后,一起执行,谁犯了错,罚值日一次。每一届都要和班里的十几多位学生保持书信来往,他是真正走进了学生心灵。

班级文化已酝酿了半个学期,班主任要把上墙的内容搞出来,交政教处统一审一下,320 班已经上墙,内容不错。

尽快成立家委会,期中考试后学校不统一开家长会,要开就由家委会主持召开,它的作用很大,能帮助我们做好多工作。

二中发展到今天,这块品牌已在一定范围内铸成:招生火爆,中考辉煌,办学条件改善,我们基本符合一所好学校的几个标准。

一所学校,一个企业,它的品牌一旦形成,它就是一种无形的资产。它是无价的,更是一种力量,这块品牌需要我们共同精心呵护和进一步塑造。

未来几年,我们的目标是进一步提升学校的知名度,在全市知名,全省有名。进一步提高教育教学质量,进一步锻造学校文化 ,并让良好的学校文化在师生的头脑中根深蒂固,永远传承。在办学特色上做文章,对每一个学生终身负责,让每一个学生健康成长。这个目标就是我们工作的出发点和落脚点。

2011. 5. 9

## 七、分层管理细指导 目标明确严要求

随笔六

根据九年级学生现状，分化严重，状态各异。在毕业前不到半年的时间里，应分层管理，分类指导。让不同的同学在不同的起点上各有提高，让他们顺利地完成初中学业。但分层不是分班，目的是让老师们心中有数，对不同层次的学生采取不同的办法指导和教育。大致分四个层次。

1. 有三分之一左右的优秀学生中考能考 A 等，对这类学生必须严格要求，细致管理，紧紧盯住，毫不放松。要走进这些同学的心里，了解他们的思想、学法、习惯，有针对性地进行指导，帮助他们调整心态、充满自信，保持强势心理，夯实基础，养成习惯，保证基础过硬，确保基础分不丢一分。

2. 有四分之一左右可以考 B 上等，这些同学成绩不稳，忽上忽下，持久性和忍耐性较差，抓紧一点就能考好，就能考上公费高中。对这类学生要推拉并举，量身定制，多检查，勤督促。

3. 有四分之一左右 B 下等和 C 等的下中等学生，这类学生上课能听懂，能完成作业，就是成绩上不去，这类同学大多是慢智性思维，对他们应有耐心、多关注，多鼓励、多给信心，增一分是一分。这类学生将来进职高也会发展很好。

4. 学困生，对这类同学要降低要求，多给关爱，在思想心理方面多一点关照。教师不能歧视他们，不能放弃他们，他们在小学和初中

两年多差下的不可能一下补上，每节课学会一点就是进步，再会一点就是成功，让他们尝到学会的快乐和甜头。同时多安排一些别的工作，充分发挥他们的强项，建立自信，让他们圆满走出学校大门。

根据这个要求，班主任要召开一次任课教师会，好好研究，参考近几次的考试成绩，同任课教师一道认真分析每一个学生，准确定位，把各类学生的名单确定下来。分层清楚了，目标也就有了，管理和指导就有针对性了。

根据分层目标，要关注每一个学生，抓好班级管理，各科教师齐抓共管，班主任要注意学风建设、组织纪律、自习习惯、卫生安全等问题。

调整进度，利用好寒假，整体要求：寒假开学后的 1～2 周结课。一个学期讲授近一年的内容，既保证质量，又须加快进度，确实是一个难办的事。现在要调整进度，对教材进行删减和重组。考试比重轻的内容略讲，争取不耽误一天，不耽误一节课，考什么学什么，认真研读《中考说明》。

教研组搞好团结，分工协作，互帮互助，每个人增强自己的责任感。课堂要高效，减少无效和负效的教学时间，充分利用好 45 分钟，让尽可能多的学生得到尽可能多的实际效益。备好课，制作好小卷，研究学法，复习课也要按课改要求上好。

2011.9.16

## 八、真情实意提希望 同心同德搞教学

在新学期教工大会上

今天，我推心置腹地向大家谈几点要求和希望：

### (一)要上好课

在我的心目中，好课的基本标准有三条：一是有精神和激情，二是能充分调动大部分学生积极参与教学活动，三是讲课能抓住要害，精彩到位，语言有吸引力和感染力。

### (二)要赏识每一个学生，让每个人体验成功

只有赏识学生才能调动学生。相信每一个人都可以学好，都可以成功。成绩好的学生都是通过一次次的成功，换来了自信。差生是因为经历了反复的失败和挫折，才有“看来我真的不行”的认识，没有了自信，失去了学习的积极性，就不再努力了，结果是成绩越来越差。一个人一旦有了成功者的心态，就会获得自主努力的动力，学习就有劲头，就有了进一步成功的要求。

那么怎么让学生获得成功？一是正视学生间的差异，要客观公正地对待每一个学生的优缺点，学会赏识，学会赞美。二要充分发现和挖掘学生的闪光点，使劲地夸，“昧着良心”地夸。夸得他有了自信心，学习就会好起来。不明显的优点也要赞扬，用其他方面的优点激发他学习。三是给学生创造成功的机会。如果你只是对学生说，你

是有潜力的，你会成功的，而不是给学生创造成功的机会，依然提不起学生的信心，学生会认为老师在撒谎。要想让不断失败的学生变得有信心，最好的办法就是给学生创造机会，让他取得成功，体验成功的喜悦。四是引导家长转变教育观念。不能伤害学生的自尊，不要说“没前途”“没希望”之类的话。

### (三)要正确评价我们的课改

成绩是肯定的，但完整系统的东西没形成，还没出经验。学生的主动性发挥得还不够，学生的潜能没有充分地挖掘出来，激励的手段和方法欠缺，反思、体会、探究得不够。要勇敢地进行下去，师生会终身受益。

### (四)在小卷的精细和精致上还得精益求精

集体备课，切不能搞成轮流备课的形式。备课出小卷是提升个人专业素养的重要途径。在集体思想的指导下，能独立制出高质量的、高水平的小卷。小卷的初稿打印再粘贴，及时处理，完好保存。小卷只是一个文本，最重要的是这个小卷潜在的东西，在小卷的形成、使用、反馈等整个过程中，体现着二中的精神内涵、集体智慧和价值追求，这不是短时间内就能做到的。

### (五)规范我们教师的行为

对外，我们每个人都是二中的一个缩影，你的举止出现在社会上，就代表二中教师的形象。社会本来就有对老师高于常人的要求，更何况我们是名校的教师，要求就更高了。

对内，我们是拥有230多名教师职工的学校，有互相影响的问题。我校为什么这几年调入的教师没有不上进的、偷懒的？主要是环境影响、文化熏陶。但是一旦歪风压倒了正气，想改变也很难，周围学校就有这样的例子。我校也有一些不尽如人意的地方，做得不好的同志你要想一想你的行为与二中的主流文化相匹配吗？

### （六）每个人要快乐地工作，团队要和谐

教师如果不快乐，哪有心情去管理学生？心中没有爱的人，又怎么会融入团队呢？我们每天在学校工作是否开心快乐，就是生活得是否开心快乐。我们每天在学校是否生活得有价值，就是我们的生命是否有价值。

怎么才能够快乐呢？一是组内教师要互相关心，互相帮助，谁有事大家要共同出谋划策，能出力的出力，能出钱的出钱，要把同事当作自己的家人一样对待。二是教师不快乐，很大一部分来自工作。特别是学生犯了错误后，老师狠狠地训斥批评，气得脸红脖子粗，这是最不明智的做法，你没有必要生气。我们应该有这样的认识，出错是学生成长的必然，也是学生的权力。学生犯错，恰恰是教育他们最好的机会，面对学生的问题，教师的第一反应应该是觉得正常，第二反应是怎么帮助学生解决问题，而不是发火。思考问题的方式不同，处理问题的方法不同，人的心情和感觉就不同，如果我们换一个方式去思考问题，心态就会平静，就会摆脱问题带来的困扰，思考怎么解决问题。问题解决了，心情也随之快乐了。三是正确处理同事之间的矛盾。同事之间包括和学校领导之间的交往，难免会出现一些矛盾和冲突，同在一所学校，同在一个屋檐下，稍微不注意，一句话一个眼神，或许就会产生矛盾。遇到这种问题要善于沟通，善于谅解，用一颗宽容的心对待。要珍视在一起工作的这种缘分。同事之间关系处理好了，团队和谐了，心情自然就好了。要有点追求，有点梦想，有

点目标,有点情操。当你的梦想和目标实现了,就是最开心的时刻。我们的领导也是普普通通的人,人际关系非常简单。我们没有将主要精力放在应酬上,也没有将主要心思放在整治下属上,更没有把时间浪费在玩弄权术、牟取私利上。

有追求、有梦想的人生是幸福的。我们要不断超越自己,包括心灵,人格和事业等各个方面的超越。在超越中,人最终达到一种和谐的心灵境界,从而产生幸福的感受。

2012.2.24

## 九、专业发展无止境　生命质量有区分

### 随笔七

目前，我校教学成绩提高基本上还是靠教师拼时间和体力来换取，中老年教师的职业倦怠情绪制约了教育再发展。部分优秀教师没有再提高、再发展的愿望，在一个水平上徘徊不前。究其原因，高职评上了，再没有什么追求了；课也不作了，课题也不再研究了。只限于维持现状，年复一年，教学生活非常痛苦，有的敷衍了事，直至退休。

这似乎是一种职业病，大部分优秀教师到了45岁以后，精力与体力逐渐下降。拼体力和精力已没有优势了，导致成绩逐渐下降，再也创造不出昔日的辉煌，体验不到成功的喜悦。要想改变这一状况，必须注重自身持续不断发展。

教师不断发展，既是提高教育质量、保证学生全面发展的需要，更是教师享受职业生活、提高生命质量的需要。教师只有在不断地成长之中，才能体验到自身的价值和人格的尊严，才能不断提升其精神境界，才能在不断地成功中实现生命的价值。所以，教师发展是教师精神生活的动力和职业幸福的源泉，人活着就是为了生命价值的实现。

一个教师成长有几个阶段。第一阶段，青年教师。这一阶段是学习适应阶段，以学习模仿他人为主，边教边学边积累经验，逐步站稳课堂，逐步熟悉了本学段知识体系结构、各知识点的教学价值、大纲和考纲的要求。这个阶段一般需要3～4年的功夫和磨炼。第二阶段，熟练型教师。一般工作在4年以上，对所任学科的教学体系、结构

层次有了较深的把握;对学生在学习中常见的问题有了较为准确的预见;对本学科的问题结构,考试规律有良好的把握,能够独立有效地完成本学科的教学任务,学生认可,同事信任。第三阶段,思考研究型教师。这一类教师是从部分熟练型教师中产生的,对本学科的教材能有自己的看法和观点,对教育现象能有深入的思考,对教法、学法有一定的研究,并形成自己独特的教学风格,在某一区域有一定知名度,社会和学生认可度高。第四阶段,也是最高阶段,专家型教师,能在每一节课追求学科的韵味和课堂魅力,教学水平高。在本学科内有一定的权威性,具有较高的科研能力,有学术报告和文章,能培训教师,全市著名、全省有名。

教师自身,从专业发展应努力的方向:①要不断学习,读书。应读一些教育类专著,读书应成为习惯,成为日常生活的一部分。通过读书,教师能从狭隘自闭的经验中走出来,用新的教育思想和理论武装自己。读了书,明了理,效率就会高。②要养成反思的习惯,讲完课反思,听他人课反思,对课堂现象反思。反思后能做记录,能做对比,并做改进,解决不了的问题请教他人。③要有研究的习惯。研究本学科的内容、结构、次序,研究本学科的问题、考试规律,研究学生常出现的问题,研究本学科的意味和魅力,研究学生学习知识的能力与规律等。④要将自己的教学智慧沉淀下来。只教不想的人会处于混沌状态;只想不写的,经验是只言片语、零碎的;写给别人看,能促使自己对特定问题深入思考和研究,是最高形式的沉淀。

从学校来讲,要尽量为教师的成长与发展提供机会,搭建平台,创造条件,努力使学校成为教师的精神家园。要丰富教师的精神生活,开展有益于教师身心健康的娱乐、体育活动等。

2012.5.10

## 十、分类别设立奖项 求新意立足教师

### 在校务会上

今天开会的主要议题是关于如何召开开学表彰大会。这次开学典礼表彰，我们要标新立异，开出水平。二中发展到今天，也该对我们的师资进行一次展示、一次盘点了。我们的一线老师在学校发展中起了非常重要的作用，二中能有今天，他们功不可没，我们该很好地表彰一下了。这次表彰，我们只考虑一线教师，行政领导不在表彰范围。因为学校自身的表彰，要体现以教师为本的原则。表彰共设6个奖项，每个奖项根据它的轻重确定表彰人数。

第一个奖项：评选最具魅力教师。这是最高的一个奖项，入选教师应该是教学的典范、学术的权威、师德的表率，学生信任指数高，深受家长和学生爱戴，在市、县颇有名气，有较高的社会影响力。表彰3～5人。

第二个奖项：评选最具实力教师。这些教师基本上是我校的骨干与脊梁，他们师德修养高，教学各具风格，对教材和学生能有深入的思考。教学成绩突出，学生认可，同事信任，有一定的社会知名度和认可度，有能力也最具实力。这一类教师评选12～15人。

第三个奖项：评选最具潜力教师。这些教师是我校的年轻教师，他们是后起之秀。他们虚心向老教师学习，努力提高自己的师德修养和教学水平，对学科教学有良好的把握，能够独立有效地完成本学科教学任务，效果显著，备受学生喜爱。并有强烈的成长意识，很有

潜力，很有培养前途，经过努力将成为我校的骨干。这样的教师评选12～15人。

第四个奖项：最佳管理奖。这些教师工作认真，方法灵活，在教育教学管理的某一方面有独到之处，有较高的管理水平和较强的管理能力。在学校开展的各项活动中都能取得好成绩。领导信任、同事佩服，成效明显。这一类教师评选12～15人。

第五个奖项：辛勤耕耘奖。这些教师也是我校的有功之臣。他们默默奋战在第一线，勤勤恳恳，任劳任怨，从不计较个人得失，为学校的进步和发展付出了辛苦的劳动。他们的年龄一般在40岁以上。表彰12～15人。

第六个奖项：奉献二中奖。这些教师从参加工作到现在，没离开过二中，一干就是30多年。他们以校为家，以仁者的博爱之心，把真诚的爱和毕生的精力都奉献给了二中。在二中发展的不同时期都做出过贡献。他们见证了二中的发展壮大，二中取得的辉煌成就他们功不可没。只要符合上述条件的老教师都可以入选。

评选方法，今天我们行政会先酝酿提名。大家认真琢磨，反复考虑，对每个教师逐一筛选。人选确定后交教代会讨论通过，最后确定结果。

2012.8.30

# 十一、教和学更新方式　师与生转换角色

## 随笔八

学生在校的主要时间在课堂，掌握知识、提高能力也主要在课堂，所以提高课堂效率、优化课堂结构，是每一位教师必须高度关注的事情。

### (一)提高成绩不能只靠拼体力、拼时间取得，要在教学能力、教学方法上下功夫，转变教的方式

心理学家研究表明，不同的教学方式会产生不同的教学效果，如学生对所教内容的平均回忆率：①教师讲授5%。②学生阅读10%。比较视、听记忆效果，看过的比听过的多了5%。③视听并用20%。④教师示范30%。⑤学生讨论50%。⑥学生实践75%。⑦学生教别人90%。教师太相信只有声音的灌输学生才能学会，其实学生的参与胜过生硬的说教。上面的数据也说明，使用感官越多的课堂越高效，这就是教师为什么要少讲的理论依据。

### (二)不可否认，学生的学习成绩有一个基础问题，但如果学生能够有一个积极向上、努力学好的心态，那么每一个学生都可以学好

如何调动学生的积极性，引导学生主动学，激发他的内驱力，挖出他的潜力，培养他的学习习惯、学习能力，这是课堂教学改革始终恪守的一条主线，是根本，也是一个很有价值的研究课题。比如：如

何增进师生之间亲和力，激发学生兴趣，让学生产生自信，如何赏识学生，需要教师在理论层面、技术层面做文章，这是教师的真功。学会了调动学生，你的教学效果一定会事半功倍。

## （三）课堂中的一些现象

1. 同一教学内容，学生自己阅读思考或通过教师讲都能学会。教师一般要讲。

2. 小卷的学习目标、重、难点，学生都能读懂，教师要安排同学读一读，或教师读学生看。

3. 课堂上老师提问叫答，只是表现一位同学活动，成为师生私下交谈，其他同学好像与己无关，没有听，即使听也没有思考。

4. 学生完成练习后，教师只给出了正确答案，没有让同桌或小组交流。

5. 教师打断学生的思考，①要求学生看书，思考问题，教师不断地提醒、解释。②学生回答中，教师不断地插话，甚至打断。③出示材料后，尤其是有些难度的问题，学生一边看，教师一边不停地提醒，不断地解释。

以上种种现象，表明教师没有充分照顾全体学生，不关注学情，没有认真思考每一环节都应让更多的人动起来。

## （四）必须明确我们的课堂是谁的课堂？课堂是什么？

课堂是师生共同的课堂，是师生共同成长的平台，不是教师表演的舞台。教师上课也在学，教书也是在进修。

课堂是生命的课堂，是提升师生生命质量并持续发展的课堂；是生活的课堂,是学会生活、服务于生活的课堂;是师生交流的课堂,是交换知识、交流思想的课堂;是对话的课堂,是敢说、能说、会说的课堂;是培养思维方式和思考习惯的课堂;是兴趣的课堂,是激发、培养、保护兴趣的课堂。

2012.9.15

# 十二、在细上能下功夫　于教中肯花力气

在期中考试考务会上

## (一)先谈这次考试

我们的期中考试十分重要。今年的试卷来源更为复杂,因为各地的教材不统一,都想使用高质量的试卷,非常费劲,试卷有唐山的,有石家庄的,有张家口的。前几天,我们冒着大雪去唐山取回试卷,非常不容易。我们这样做的目的,就是向省级名校靠拢,与省级名校直接交流,把我校向省级名校的方向不断推进。所以这次考试一定要引起大家的高度重视,做到规范、公平、有序,不能出现任何问题。考试以后要反思、总结教学中的得失,提出改进措施,使我们的教学更加科学、有效。

## (二)关于教学

整体讲,我们教学还是停留在一个水平上。教改搞了这么几年,但从理论到实践,还是没有一套完整的东西,教改的模式还不十分明朗清楚。课堂上仍存在一些问题,多数学生还没有学会学习,教师包办、代替得多。学生的学习兴趣激发不起来,学生的积极性调动不起来。教师不会调动学生,无能为力,这说明我们教育学、心理学知识还很缺乏。我们总认为,讲得越多,学生就越会。只是关注自己的讲,不关注学生的学,不让学生主动体验,不让学生主动说,归根结底

还是观念问题。于丹说过一句话："连动物都知道，生完幼崽让它早点离开。可人贵为高级动物，都不明白这个道理。"可见，我们一定要学会放手。

有的教师备课不充分，理解教材不够，课显得单调，小卷也研究得不够。

还有的教师情感投入不够，上课兴奋不起来，无精打采，眼中无神。

有的老师时间把握得不好，先松后紧，本来有 5 分钟的时间就可以完成的任务，却用十分钟，结果完不成教学任务，只好拖堂。

有的课缺乏让学生思考的机会，学生集体回答的多，独立思考回答的少，人云亦云。有的老师不判作业，对学生的错误缺乏了解，作业讲评无效率。

上述种种问题，其实都出在我们教师身上。大家一定要有这样的概念，每一节课的每一细节，一定要心中有数，目的明确，千万不能做无效劳动，一定要反思效果。思考是教师必备的能力，必须做一个有思想的教师。下学期开学后，在我们校举办全市同课异构活动，希望再精炼我们的教学过程，提高课堂效果，让张北二中的课堂教学改革走在全市的前列。

**(三)管理**

管理也一定要关注细节，细节最能反映一个学校的管理水平、组织程度和学生的精神风貌。我们抓卫生、抓上操、抓自行车摆放、抓仪表发型、抓学生使用手机、抓索要学生钱物的不良行为等，都是在抓细节。细节抓不好，管理一定上不去。学校所安排的一切工作，我们认为都是重要工作，副主任安排工作也是代表学校。这两次清扫大雪,也最能反映二中的凝聚力和战斗力。学校领导、班主任和大部分任课教师不畏寒冷,不怕冰冻,亲力亲为,热火朝天,干劲十足。老天下得紧,我们清理得紧;老天下得多,我们清理得多。我估计,我们校在全县各单位中,是清扫最彻底、最干净的。这两场大雪,考验了每个教师的认识水平和思想觉悟,考验了我们是不是把学校当成我们自己的家,考验了我们学校的凝聚力和战斗力。只有极个别同志在清雪的过程没有组织过一次学生,没有铲过一铲雪,他们应该感到羞愧。

我们的学生大多数还是好孩子,星期天下午386班的几个同学清扫停车场的积雪表现相当不错。小手和小脸冻得通红,还在坚持。教育学生还是以正面说服教育为主,触动了心灵的教育才是最有效的。我们的理念是,为学生的终身发展奠基。所以考虑问题要为学生的一生负责。我过去就讲过,一个人回想起他的中学时代,老师讲了些什么知识,可能一点也没有记忆了,但是老师对学生的态度、老师的负责精神以及老师的言谈举止、处理问题的公平程度会影响他们的一生。所以我们注意对学生一生的影响,要光明磊落、真心实意,平等对待学生。

对宿舍管理,班主任要格外地关注。要了解情况,多过问,每周至少得去你班的宿舍转一转。要严格请假制度,明确责任。住宿生还存在一些问题,我们要了解清楚给予解决。

总之,我们要多干、实干,要有责任心,不惜花费自己的力气,为学校多做贡献。

2012.11.13

## 十三、说教空洞效益微　起点降低收获丰

随笔九

“德育为首”，到目前为止仍然是一句空洞的口号，苍白无力的德育教育仍是各学校的通病。搞形式、赶时髦、喊口号成了德育的主要方式。要想提升德育地位，起到应有的作用，必须降低起点，针对现实，触动学生的心灵，还要把重心放在强化学生做人的基本道德和培养良好习惯上。

在做人的基本道德方面，需从“对父母感恩，对自己负责”开始。现在的不少学生不懂感恩，不知报答。首先，表现在不知感恩父母上。百善孝为先，连对父母都不懂感恩，将来怎么能孝敬父母？“孝”是儒家的核心思想，所以感恩首先要从父母开始。其次，很多学生不负责的现象非常严重，不要说对家庭、对社会负责，连对自己负责都做不到。放纵行为，虚度青春，荒废学业，污染心灵，这样的学生将来能有担当吗？所以，学会负责先从对自己负责开始。诸如感恩教育、责任教育、理想教育、人生设计教育、捍卫青春尊严教育等，都是最基本的德育内容。

在培养良好的行为习惯方面，要从不说脏话、不随地吐痰、不乱扔纸屑包装袋、不乱倒脏水、考试不作弊、自习能安静、对人讲礼貌、吃饭自觉排队、值日积极主动、开门不用脚踢、骑车右行不闯红灯等日常小事做起。解决这些问题就是严于律己，完善自我，这些方面做到了，学生就具备了追求卓越的条件。“荣家报国”就不是一句空话。

"伟大出于平凡，卓越源于细微"，要想成为了不起的大人物，成为国家栋梁、民族柱石，就必须从完善自我开始。

目前，有一种不好的东西，有意无意抵消着教师对学生的正面教育，如贪图享乐、崇尚暴力和盲目追星的思想，不辨是非的"哥儿们"义气，以低俗为荣、放纵为乐的错误观点等，在不少学生身上存在，在非正式学生群体中蔓延。我们在学生中要提出："助我成才者是我友，引我放纵者是我贼，激我奋进者是我恩人，拉我下水者是我仇寇"。要让这四句话成为学生的主流价值观。

学生管理问题，越来越成为困扰教师职业幸福的首要问题，学生越来越难管。学生主体意识、法律意识不断增强。时代的发展，后喻文化时代的到来，动摇了老师的权威地位。教师管理能力的提升没有跟上学生思想发展的步伐，我们承认现在的学生难管，但不是不能管，而是没管对。所以我们要及时转变管理观念，创新管理方法。

1. 变被动为主动。学生管理与教学工作相比较明显被动，缺乏前期准备。

2. 变人治为法治，师生共同协商，完善班级规章制度。

3. 变"不许"为"许"，变强硬禁止不干什么为鼓励多干什么。

4. 变"要他做"为"他要做"，教育学生要学会等待而不是迫不及待。

5. 变"否定"为"接纳"。应就事论事，不要动不动就上纲上线，要把问题学生看作病人，需要老师治愈。

倘若做到这些，德育工作就会有起色。

2012.12.6

## 十四、不辜负人民厚望　再谱写绚丽华章

在新学期开学教工会上

40天的假期一晃而过，周而复始的学校生活又开始了。

假期中我翻开笔记本，一件件往事历历在目，我们既定的目标都已逐步实现。从2004年2月份到今天，学校由小变大，从八轨发展到了二十轨。由弱到强，从一个在县内没有优势的初中，变成了一个真正的市级名校。教学成绩由中考全县前十名中一名也没有，提升稳定到6～8名，而且考入公费重点高中人数逐年刷新，2006年153人、2007年169人、2008年228人、2009年238人、2010年302人、2011年364人、2012年387人，逐年提高，成绩喜人。今年我们预计会突破500人大关。同时，我们的毕业生发展潜力大、后劲足，倍受各重点高中欢迎，每年升入本一、本二的学生比例大。现在，我们在全市的教育系统可以说很有影响了。九年多来，我们也是摸着石头过河，不断创新管理，由不成熟到成熟。大家同我一道同心同德、同舟共济。向着同一个方向共同努力，突破了一个又一个目标，把学校一步步地推向了高峰。回想起来，多少次把二中推到了风口浪尖，多少次人们把二中看作“另类”。领导班子重组，第一个提出分层教学，电脑配对分班抓阄，因我们让全县小学生择校严重，私人公寓的出现，赴唐山、石家庄、下洋思，课堂教学改革；等等，每一次的举措都受到社会的格外关注，逐渐地被群众普遍认可，赢得社会的广泛赞誉。每一点成绩的取得，都是二中人用智慧和心血换来的。走到今天，形成这样一种

局面非常不容易。

创业难，守业更难。平稳就会萎缩，不前进就会倒退。按照我县科级干部任职年龄规定，明年我就该离岗了。现在，摆在我们面前的问题是：我们该停止不前，还是继续前进？岗位是短暂的，事业是永久的，现在需要大家共同回答的问题是，为校长而干，还是为事业而干？

二中现在也远远没有达到顶峰，事业从来就没有顶峰，我们还有很多梦想。应该把我们共同经营发展起来的二中再推向一个高度，成为省级名校、全国名校，让二中这块品牌永久不衰，永立潮头，是我最大的心愿。

为此，确定本学期的基本思路和工作要点。

1. 继续体现我们的教育理念：文化引领，质量立校。继续贯穿我们的办学思想：为学生发展奠基，为教师成长搭台，为社会进步服务。这是我们考虑工作的出发点和落脚点。

2. 进一步加强学校文化建设，巩固健康文化，摒弃低级文化，丰富文化内涵。让良好健康的学校文化在每一个人的头脑中扎根落户。

3. 坚持课改，所有教师进一步认识课改的重要性，完善课改制度，体验课改过程，享受课改成果。

4. 在管理上还要抓细节，抓亮点，以点促面，以强补弱。

5. 研究各年级每学期学生的成长规律。

比如七年级下学期，学生的学习方式基本定型，我们称之为“学习上成型期”，要继续研究他们的学习类型，然后分门别类的给予指导。再如八年级处于“事故发生的危险阶段”，“分化期”，“生理早熟心理不成熟期”，这个时期学生很注意自己在别人心中的形象，在意面子，往往有心理矛盾，有叛逆对抗情绪，对异性产生朦胧兴趣等现象。针对这些特点采取相应的教育方法。

6. 要关注每一位同学，不能歧视任何一位同学。

为什么今天再提这个话题，这既是教育本质的要求，又是形势和社会发展的要求。在我国现有国情下，考试仍是选拔人才的主要方式，要想让学生上一个好的高中或大学，必须得有很好的成绩。所以分数的重要意义不言而喻。但由于我国教育资源的缺乏，我们的学生有一半走高考这条路走不通。但是这部分人都要走向社会，都要成家立业，如果他们没有一个好品行，好心态，没有一个正确的人生观，他们走向社会肯定会失败，我们作为老师一定要关注这批人。

这一部分人毕业后大都在本地，为本地服务，生活在本地境内，经常会与我们相遇，你对他的好和不好他都记得。千万别让这些人在今后当面或背后指责我们。

学生的自卑心理，往往都是因为老师的看不起、歧视形成的，好多学生由自卑到自弃，最后到仇视老师，仇视同学，仇视社会，给家庭和社会造成危害。

现在的家长维权意识特别强，如果你对他的孩子管理不当或造成伤害，家长是绝对不让的。轻则和你吵闹，重则上访或用法律的武器和你说事，最后给你本人和学校造成很不好的影响。所以我们必须要认真对待这些学生，一要关爱，平等对待。为什么我们自己的孩子发生错误能够原谅，因为我们爱自己的孩子。二要严格管理，敢于管理，但要把惩戒与侮辱区别开来。三要多加鼓励和赏识。给这些孩子推荐好书，让他们阅读经典，从阅读中改变人生。

明天就要进行开学跟踪检测考试，希望大家以饱满的激情、昂扬的斗志进入新的学期。堂堂正正做事，扎扎实实教学，愉愉快快工作，健健康康成长。

2013.02.26

# 十五、提升素质有渠道　课堂改革再完善

在全体教师会上

为了二中的持续发展，进入省级名校行列，实现我们的梦想，还必须练强内功，提升素质，深化和规范课改。今天，占用大家一些时间，想把我的一些观点和想法与大家交流一下，让我们共勉。

## （一）仍要保持职业操守和对职业的虔诚

我们的工作对象是人，不同于工作对象是事和物的，也不同于工作对象虽然是人，但工作性质是传达、执行、服务等简单的人际关系。我们的工作是培养人、塑造人。这就决定了我们的工作难度，我们的工作做对了，做好了，可能一个人就成功了。反之，我们的工作做错了，做偏了，很可能就会毁掉一个人。所以我们时时要感到我们工作的重要和伟大。

我们选择了在黑板前站立，就选择了一种永恒的姿势，就选择了一种使命和责任。决不能把我们的职业当谋生饭碗。不是我们有多么高尚，而是这个职业需要我们有起码的良知，不能因为我们而误人子弟。凡是能用金钱弥补的损失和问题，都不是大问题，而学生的十三四岁只有一次，如果让我们浪费掉，它是用多少金钱也买不回来的，这是最大的问题，也是我们工作的重要价值。

学校发展到今天，有成功的地方，有失败的教训，整体上群众满意、社会认可，这说明我们一直在努力。它应该越来越成熟，越来越

完美，如果我们今天做得还不如过去，那是对我们的自我否定，也是自我糟蹋。

我们的工作是教书育人，教书是手段，育人是目的，育人是要讲究方法、策略和艺术的。育人是一种影响，一种感染，一种心灵的启迪。往往教师的一个眼神，一个手势，不经意的一句话，可能会影响学生的一生。尤其是侮辱性的、轻视性的、论断性的语言，学生会记住一辈子。所以对学生教育要注意它的长远影响。

我们并不是只有在上课、开班会才是对学生进行教育。我们的一举一动，一言一行，校内校外都是在对学生实施教育，身教重于言教。教师一定要牢记：一两重的身教胜过一吨重的言教。道德的教育绝不是道德知识的传授，而是一种精神、一种品格、一种灵魂的传承，所以教师必须“行为世范”。

我们每个教师在学生心目中都留有一种形象。我们要试图改变自身形象，让它趋于完美。实际上学生身上存在的问题，大多数是家长的问题，社会的问题，也有我们教师自身的问题。我们要善于研究这些问题，要通过教师的熏陶和影响改变学生身上的问题。

只要我们每个人不断地完善自我，守住宁静和底线，符合我们二中的主流文化，教育才会有效果，学生才能成功，学校就会长久不衰。

### (二)改变自己，从阅读开始

全国政协副秘书长、民进中央副主席、中国教育学会副会长、苏州大学教授、博导朱永新先生有四句名言：一个人的精神发展史就是他的阅读史，一个民族的精神境界取决于这个民族的阅读水平，一个没有阅读的学校永远不可能有真正的教育，一个书香充盈的城市必然是一个美丽的城市。

非常精辟。我这几年给大家讲得最多的是转变观念，可是有多少同志更新了观念，即使转变了也未必完全。我想，根本原因还是大家读的书少。我为什么始终提倡大家阅读？因为：

1. 书籍是人的精神食粮，阅读是精神发育的重要载体。人类最伟大的智慧、最伟大的思想都没有办法从父母那里遗传，而是深藏在那些伟大的书籍之中。任何一位大师、名家，无一不是进行了大量的阅读，吸纳了大量民族文化精髓，而得以成名成家。

2. 阅读是一种生活方式，是一种有品位的生活方式。它是通向内心安宁的一条通道，能给心灵以慰藉。电视以肤浅的影像让人感观历史和文化，这是很不够的。电视给人的影响往往不如书籍深刻，电视是为不愿意思考的人服务的。所以我们应该少看一些电视，多加一些阅读；少一些烟酒味，多一些书卷气。要让阅读成为一种生活需要。

3. 阅读可以在有限的生命当中，欣赏无限美景，体验精彩人生。阅读不一定让我们更富有，但一定可以让我们变得更有智慧。阅读经典就是与大师对话，与学者交流，与高尚的人谈话。尤其要阅读教育类名著，因为人类几千年的教育活动积累下来的好的理念和经验是不变的，读这样的书可以少走弯路。从现在开始要扎扎实实地多读一些书，要让阅读成为改变自己的重要途径。

4. 阅读之于教师的意义，一方面是自身成长的需要；一方面是教育学生的需要。我们因为缺乏对教育规律的理解，缺乏对学生成长规律的理解，才使我们走了很多弯路，费力大成效低，甚至对教育工作失去兴趣。要想成为一个有作为的教师，必须去阅读。教师的成长离不开阅读。读什么，在很大程度上就会影响我们会成为什么。

从学生的层面上说，中小学是阅读的黄金时期，孩子在这个时期内阅读会为他们一生的幸福奠基。儿童在不同的时期，需要阅读不同的作品，一旦错过了关键期，精神上的缺乏是难以弥补的。美国心理学家研究，有44%的天才男童，46%的天才女童，是在5岁以前开始阅读的。所以对孩子来说，阅读是一种全方位、多维度的智力体操，它能够使孩子的头脑逐渐变得灵活、敏捷，心智得到全面的发展。要培养学生的阅读习惯，教师首先要有良好的阅读习惯。就是要通过我们师生共同阅读，营造书香校园，师生共同成长，从而实现真正的教育。

## (三)提升学校品质，还需进一步改善课堂

这几年我们进行课堂教学改革，基本形成了一个模式，整体上讲效果是不错的，培养了学生的自学能力，调动好学生的主动性。而且毕业生很有后劲。但组与组之间、教师与教师之间的发展还是不太均衡的。后来，我们又在九年级实行了分层教学，半个多学期的试验还是不太成功的。这不是说我们的课改没有成效，而是说没有完全成功。我们与洋思比，缺乏一个很大的环节就是：堂堂清，日日清，周周清。因为他们全部是住宿生，我们不能完全学来。究竟该如何完善我们的课改，受天津中学张素兰老师合学教育的启发，我们应该：分组，兵教兵。简单地说，在原有模式基础上，增加一个小组讨论环节。自学之后，两人一个小组先互相讲解。让会了的教不会的，都会的互相讲解，互相启发。为了统一规范，我们把新课堂的模式概括为十个字，即："导学案引领，六环节教学"。"导学案"是贯穿课堂的一条主线，在这条主线的引领下，课堂的基本流程分为六个环节：引、学、议、导、练、结。下面我详细的阐述一下：

1. 基本流程。

第一步:“引”。

“引”是课堂的起点,是新课的引入。它回答的是“我们要带学生去哪里”。教师通过创设情境,让学生快速进入状态,不拖泥带水,直奔教学主题。在情景设置上要充分引起学生的兴趣,激发学生的好奇心,要吊足胃口使学生的注意力集中,学习欲望在情境中陡然提升。然后,揭示本节课的学习目标,有效地指导学生自学,必须做到四明确:即明确内容、明确时间、明确方法、明确要求。教师尤其要特别提出自学的注意事项,思考哪些问题等。

这个环节,根据学情和新课的需要,在引入课题前有时要进行旧知识的回顾。

第二步:“学”。

“学”就是学生自主独立学习,围绕学习目标和设置的问题,细读导学案,认真完成教师布置的任务。先自读课文,看注释、看例题、做标记、初步记忆等,做到基本理解教材内容,然后独立完成导学案上的自学检测题,同时找出疑难问题,作为下个环节合作探究内容。

落实好这一环节,关键在于教师对教材进行再加工,即“知识问题化,问题具体化”,把教材内容转化为发人深思的高质量问题,有的展现在导学案上,有的问题在教师心中。问题的设置一定要富有启发性、层次性,要便于引导学生自学,易于学生层层深入地自己解决问题。

第三步:“议”。

“议”就是小组讨论,有时两人一组,有时四人一组,因内容而异。这一步是我们以前没有的。四人小组讨论时要相对站立,讨论声音不要太大,互相听见即可,不能影响别组。这一环节要求学生在独立自学完成任务的基础上回到小组中去，回答老师自学要求中的思考题，互相问答，补充，查漏，纠错。并且将自学时标记的疑难问题及生成的新问题在组内交流，最后达成一致意见。当小组内有人有理解不会的地方，组长要主动帮教。

在议的过程中，同学间的质疑、讲解要占有一定时间，所以教学进度会放慢，这时教师不要着急。我们的策略是步步为营，慢中求快。如果教师内心浮躁，唯恐时间不够用，就会在事实上走过场，就会在后续的“夹生饭”蒸煮中消耗大量时间。因此，老师不仅注意学生合作小组的真实讨论，还要关注合作小组的互助和督查作用，逐步培养学生合作学习的习惯，提高合作学习效能。让学生交流学习成果，以各种方式表达自己的理解和感悟，进行知识的迁移和运用，达到穿插巩固、展现提升的目的。

第四步：“导”。

“导”包括学生讲和教师讲，可按如下步骤完成操作。

(1)各小组根据讨论结果，选派代表上讲台给全班同学讲解或板演，具体回答自学中的问题，或对检测题讲思路、讲方法。一般一个小组回答一个问题或解答一道题，轮不上的小组下节课再展示。各组代表要轮流，一节课一换，要形成人人是代表，人人都发言的良好氛围。小组代表既能展示本小组的学习成果，又能把本组在交流中遇到的问题提交上来，求得帮助。

(2)在小组展示的时候，教师要在重点知识上留下足够的停顿，对学生进行反问、追问或质疑补充，引导学生认真思考；对学生课上出错的典型错误，要帮助学生剖析错误原因；对于易忘的知识点，教师要指导学生现场记忆，然后由本组或大组内相互纠正、相互核实。展示过程中，既要重视学生对知识的归纳、总结，还要关注学生的语言、神态、动作、情感、书写等。

学生讲解展示完后，教师结合教材的重点、难点再次进行拓展性、提高性的讲解，对难度较大的问题学生不能完成或理解不够深刻的知识，教师要进行点拨精讲；主要讲规律，讲方法，讲线索，强调注意事项，教师的讲是点睛，是结论，讲解要透彻到位，不说废话空话。

第五步："练"。

"练"就是内化反思，是针对性、巩固性、检测性的训练。

(1)巩固训练。就是针对所学内容的对应练习，学什么练什么，要限时限量，要求学生快速高效、独立完成，每节课当作考试来对待。同时让学生板演，暴露问题，老师巡视督查，注意对学困生的检查，提醒纠正不良习惯和做法。有时老师手拿红笔有目的地现场批改，及时反馈纠正练习中的问题。练习题要扣住本堂课的重点、难点、易错、易混、易漏点、中考焦点，巩固本堂课所学的基础知识、基本技能。教师要在这个环节注意安排价值含量高的题目，使学生印象深刻，记忆久远。板演同学完成后，集体订对，应尽量让座位上的同学指出毛病，上黑板用红粉笔圈出错误，给予纠正。

(2)达标测试。是为了查看本节课学生的学习效果，教师设计达标检测既要注意面向全体学生，又要有拓展性、提高性的训练，对学生要求可设必做题、选做题。在选题时，要精心选择那些最能代表本节学习内容的各个层次(特别是重点与难点)的经典例题，要尽量做到让学生通过题目能举一反三、闻一知十。在课堂完不成的，放在课下进行，它是课堂的补充和延升，是掌握知识的必然过程。

第六步："结"。

"结"是指师生对所学内容进行归纳总结，形成系统的认知、方法等。以学生自我总结为主，在下课前安排两三分钟，学生自我总结本节课所得的收获。包括三个方面，一是是否完成学习目标；二是通过本节课的学习有什么收获；三是通过本节课的学习还有哪些需要注意的地方。总结不应只是简单地复述一节课的主要内容，而是学生的一种极好自我反思，形式应该灵活多样，长期引导学生进行自我归纳总结，就会逐步培养起学生自省的习惯和概括的能力。

2. 应注意的问题。

(1)改变课堂要从改变自己开始，从改变观念开始。六环节教学法各环节所用的时间因课而异，因科而异，因班而异，不是固定不变的，教师要根据学情灵活的掌握。教学的程序也不是固定不变的，要根据教学内容，有先练后讲，有时一学一讲，有时几学几讲。

(2)充分发挥学生自主学习的主观能动性，挖掘每一位学生的学习潜力，这是课堂的核心。让不同层次的学生都有参与学习活动的机会。尤其要更多地创造机会让学困生参加活动。

(3)课堂上过不了关的部分学困生，要通过小组合作“1＋1”帮教结对，通过“兵教兵”来解决，要求学生当日问题当日清，要养成“今日事今日毕”的良好习惯。

(4)要科学分组，充分发挥组长的作用，并不是所有的内容都需要小组合作，小组合作切记不能形式化。小组合作讨论的关键是“问题的质量”，让高质量的问题去引领学生。所以设置有价值、有水平，能启发学生思考的问题是备课的重点。

(5)没有议就没有高效。同学间相互讲解时，应该学会先讲思路后讲方法，它的语言格式是：这个问题应该怎样想？为什么要这样想？还有没有别的思路？思路理清了，再讲具体做法。

(6)对学生的激励评价要贯穿课堂始终。教师要尊重赏识每一位学生，把微笑带进课堂。无论学生回答与讲解正确与否，只要学生敢于参与、敢于展示，都要给予精神上的鼓励；要把关心送给学生，把微笑和信任的眼光洒向每一位学生，以饱满的精神、无比的激情、温暖关心的话语赢得学生的爱戴。

(7)组长不愿意帮助别人怎么办？

引导他们充分认识到：合作是平等的，效果是双赢的。表面看是“一帮一”，实质上双方互惠的。帮助别人的过程，也是发现自己、表露自己、反思与沉淀自己的机会；是训练思维能力与表达能力的机会；发现别人的错误也是给自己“注射疫苗”避免犯同类错误的机会。给别人讲的过程，也是发现自己问题的过程，是自身反思、提炼、查漏补缺、巩固知识的过程。学会的最高境界是讲明白，给别人真正讲明白，可以减少自己的反复练习和重复浪费，合作的伙伴就是免费听众。

2013 年 5 月 12 日

# 第四章

# 燃烧激情

教育就是唤醒学生沉睡的心灵，就是激发他们学习的兴趣，就是点燃他们生命的激情。没有教育不好的学生，如果我们对孩子们多一点信任和理解，多一点宽容和期待，多一点赏识和鼓励，教育就会变得灵巧而有效，就会产生一股神奇的力量，就会如一团火焰点燃他们年轻的生命，那该是一部多么令人神往的教育童话。

## 一、初上任首次演讲　新学期三点要求

二中任职后第一次学生大会讲话

同学们：

大家好！

新学期开始，我很荣幸出任二中校长，希望大家能喜欢我。我曾做过两所中学的校长，也振兴了那两所中学，现在由小学调到中学，是对我人生的又一次挑战。来二中做中学校长，我会加倍努力，做好自己的角色。

当好一个中学校长是我多年的愿望，办好张北二中是我现在的决心。我有信心把我们二中办成全市一流的中学。上任后考虑最多的就是大家的学业和前途。如何让大家成为对社会有用的人，是整个学校工作的根本。为了大家将来有出息，我们的老师也付出很多，但离开你们自己的努力是不行的。今天我们第一次见面，我还是得给大家提三点小小的要求。

### （一）能正视自己

我认为每一个同学身上都有闪光点，每一个同学都有远大的理想，但不可否认每一个同学或多或少有一些缺点。能看到自己的优点，正视自己的缺点，那说明我们成熟了；能用自己的优点克服缺点，那说明我们进步了；如果能战胜自己，增强自信心，那么你就一定会成功！

### （二）养成良好的习惯

中小学教育的落脚点就是培养学生的良好习惯。《中学生日常行为规范》的五个方面 40 条讲得就是规范大家行为。在学校、在家里，对自己、对他人该如何做，讲得很清楚。它就是我们的行为准则，我们只要严格按规范要求自己，就会养成良好的行为习惯。一旦养成良好的习惯，你就会受益终身。

### （三）要痛改恶习

一些同学身上染上了一些坏习惯、坏毛病，如进网吧、说脏话、打群架等，这不要紧，要紧的是能不能改掉。谁也难免犯错误，犯了错误改了就是好同学。有了改掉恶习的决心就已经改掉了一半，再调动自己的内在意志，自觉地与自己的不良行为持之以恒斗争到底，那你就改掉了，就成了一个好学生。

同学们，新学年，新气象，新变化，每个同学也要有新的打算。我希望大家振作起来，再接再厉，扬长避短，为实现我校的宏伟目标，实现你自己远大的抱负，我们共同努力吧！

2004.3.9

# 二、成功秘诀必掌握　辉煌人生须奠基

春季开学动员讲话

同学们：

新学期好！

在漫长的假期里，同学们得到了足够的休息，玩得很开心，有的同学甚至养成了一些懒散的习惯。开学了，该静下心来想一想：如何度过我人生宝贵的也是唯一的14岁、15岁、16岁。再低下头来问一问：我美好的13岁、14岁、15岁是不是虚度了，浪费了？不要悔恨，不要悲哀，勤奋从今日开始，现在努力还为时不晚。光有好好干的想法还不行，还需要有顽强的意志、言行一致的行动。只有知、情、意的统一才能实现你美好的愿望。新学期开始，我有三点成功的秘诀要告诉大家。

一是有自信。什么是自信，自信就是无论做什么，都要做到最好，做到最棒，做到自我满意，相信只要把我自身的实力体现出来就会成功，这就是自信。自己不糊弄自己，自己不欺骗自己。学习差并不等于一切都差，更不必垂头丧气。你并不笨，别人学习比你好，只不过他比你勤奋罢了。如果你像别人那样勤奋，定会赶上他们、超过他们。重要的是你是否真的勤奋、真的自信了，做到最好最棒了。

二是学做人。人本来就是人，为什么还要学做人。猪本来就是猪，它是不必学会做猪的。我跟踪调查过我过去的一些学生，一些有成就的人学习不一定都很优秀，但有一个共同的特点是有良好的品德。学做人就是要做一个诚实的人，正直的人，善良的人，有爱心、有责任心的人，一个对家庭对社会有用的人。在中学阶段学会做人，就为他的终身幸福奠定了基础。

三是善思考。思考在学习中非常重要，老师讲课你听课，讲完后问你懂不懂。实际上这种“懂”是肤浅的，懂不等于是会，会不等于通。只有经过独立的思考，你才对知识真正理解、弄懂了。所以说，不会思考就不会学习，不去思考就得不到发展，没有思考就没有创新。这个题没见过，不会做，我想根本的原因就是缺乏真正的思考。所以我建议大家，在学了新课后，在做完有难度的习题后，都要进行思考。

同学们，过去的一年，大家的表现还是不错的，我认为绝大多数同学都是合法好公民，相当一部分同学是遵纪好学生，有的已成为品学兼优的标兵。“没有最好，只有更好”，是我们二中人永恒的追求。现实需要我们向更正确的方向、更高的目标迈进。今年的中考我校一定要创辉煌，3～5 年我校要进入全市的先进行列，成为张家口市的名校。目前距我们的目标还有一定距离，希望全体师生还要脚踏实地，再接再厉，要经得起时间的考验。人人要有坚定的信念：我要成功，我会成功。不能因一时的失败而心灰意冷，不能说我不行。要看到自己的优点和闪光点，不怕吃苦、不怕磨难、不怕失败，成绩完全是用辛苦和汗水换来的。你最大的竞争对手就是你自己，只有战胜了自己，超越了自己，才能够不断实现你内心深处想要实现的愿望。

新学期希望每个同学把我讲的这三条建议付诸实践，为你们的终身发展，为我们张北二中的辉煌，继续努力！

2005.3.6

## 三、乘风破浪正当时 直挂云帆跻名校

### 在秋季开学典礼上的讲话

尊敬的各位老师、亲爱的同学们：

大家下午好！

金秋九月，我们又迎来一个崭新的学年。让我们大家再一次以热烈的掌声对荣获上学年的先进集体和先进个人表示祝贺！希望你们戒骄戒躁，再接再厉，在新的学年再创新的佳绩！

新的学年，又有700名初一新生走进了二中的校园。他们积极向上，充满活力，让我们大家用掌声欢迎他们成为张北二中这个大家庭的新成员，愿我们的校园因为你们的加入而更加精彩！

过去的一个学年里，在学校领导班子的带领下，全体教师精诚团结，克服重重困难，树立团队意识，发扬敬业奉献精神，经过不懈地努力，学校的教育教学再次取得骄人的成绩，在张北二中的校史上写下了新的纪录。

如今，我们张北二中得到社会的普遍认可，得到了各级领导、老百姓的广泛赞誉。他们认为，张北二中校风正、质量高、收费低，是我们老百姓自己的学校。这正是我们所追求的目标——办好人民满意的教育。

过去的两年，经过治理整顿，我们的校风大大好转，良好风气正在形成，或者说正气在上升，歪风在消失。没有好的学风，没有好的学习环境，怎么能够保证我们的教学质量？怎么能够获得大面积的

丰收？好的风气是一所学校的宝贵财富。我们这两年成绩不错，与好的风气有很大的关系。我举一个例子，我们送走的前两届初三学生情绪非常稳定，在中考前夕，没有一个人动摇，转到张家口的学校考试，也没有一个人被私立学校花重金买走，我很佩服他们的眼光。他们很清醒地认识到，我们这个大环境是不会耽误他们的。在张家口想实现的愿望，到我们张北二中照样能实现，而且会更好。为什么他们没有选择走？是我们的大环境留下了他们，是我们老师感化了他们，是同学们比学赶帮超的风气凝聚了他们。

同学们，虽然我们二中取得了优异的成绩，但还没有达到我们的目标。当今世界各个方面都飞速地发展，国家对人才质量要求越来越高，对学校教育要求也越来越高。虽然我们取得了一些成绩，但是与全市的一些示范性学校相比，与飞速发展的形势需要相比，我们还存在着一定差距。为此我们需要再次创业，第二次创业。第二次创业就是不能满足现有的成绩，要树立从零开始的思想。第二次创业就是高起点的创业，使学校的管理水平，教育教学方法和教学质量从现有的水平再提一个新高度，再上一个新档次，真正使我校跻身于全市品牌学校的行列。为达到这个目标，借开学之际我还要向大家提几点希望和要求。

### （一）必须继续发扬我校初步形成的好传统

近两年来，我们形成了教师间团结协作、集体研究、取长补短、敬业奉献的好教风；在同学间形成了勤奋刻苦、你追我赶、肯动脑、善思考的好学风；形成了制度完善、认真实施、规范严格的管理模式。我们只有继续发扬、不断完善我们的好做法、好传统，二中才能够前进，才能够发展。同学们选择了二中就意味着选择了拼搏，走进了二中不等于就能成才。只有你不断适应这个大环境，不断进取，才能实现心中的理想。初一同学要看看初二、初三的好学生是怎样学习的，卫生是如何打扫和保持的，为什么他们不迟到、不早退，模范地遵守校规校纪。初二、初三的同学要做表率，你们的一举一动，初一同学都看在眼里，记在心上。要给你们的学弟、学妹们做出样子。你们做好了，他们就学会了，他们就会欣赏你们，敬佩你们。只有这样，才能保证张北二中一届比一届好，成绩一届比一届高，让良好的风气永驻校园。

### (二)学会做人，让自己成为一个品格健全的人

作为一个人，首要的是要有一个好品德。要学会做人，这个人就是你自己理想中的那个人，一个全新的人；这个人是一个诚实的人、守信的人、自信的人、富有同情和爱心的人，是一个有道德的人。大成者在德，一些有成就的人共同的特点就是拥有良好的品德。他们不论做什么，都要做到最好、最棒。这些人都在中学阶段品德形成的关键时期，夯实了基础，学会了做人，致使终身幸福。

如果品行不好，将来走向社会是很危险的。轻者会受到社会的指责，重者受到法律的制裁，再有本事最后也得失败，而且能力越大，对社会的危害越大。前几年教育界有这样一种说法：德才兼备才是精品，学习不好是次品，身体不好是废品，品德不好是危险品。所以我希望同学们在人生这个黄金时代养成良好的习惯、良好的品格。你现在身上有一些小毛病、坏习惯不要紧，要紧的是从现在开始痛改前非，改一点就是一次进步。决心从今日开始，一切还为时不晚，关键是立大志、立长志。持之以恒，不要天天立志。

我经常在校园里听到不文明的语言，骂脏话的声音，也偶尔看到

我们的一些学生和一些社会无业青年勾勾搭搭，甚至以他们为帮凶结伙打群架。还听说有些同学甚至是好同学和别的同学索要钱物，或过生日强迫同学花钱参加；也听家长说孩子和家长要钱进网吧，甚至夜不归宿。虽然我列举的这些现象是个别的，发生在极少数学生身上，但是它大大地败坏了我们二中的声誉，给我们学校抹了黑，丢了脸。我们 1 700 多名在校生发生一点这样的事也不值得大惊小怪，问题的关键是你做了错事认识到没有，有没有闭门思——是不是还不以为耻，反以为荣，荣辱不分。如果是这样，那你是很危险的，将来会给社会、家庭带来危害。一个人不可能十全十美，犯一次错误，有一些坏习惯、坏毛病并不要紧，要紧的是犯错知错，知错能改，痛下决心，改了就是好同学。今天我们表彰了行为习惯逐步好转的学生，说明缺点是可以改掉的。我不怀疑任何一个学生都有进步的要求。也相信任何一个学生通过努力、自律，会成为一个品质没有缺陷的人。学校还是以教育为主的，让那些问题学生尽快回到正确的人生道路上吧！

### （三）每个人都要有理想，有目标

新的学期有新目标，既有短期目标，又有长远目标。目标就是动力，目标就是方向。

初三的同学，很快将面临人生中第一次重要考验。这最后的一年是具有决定意义的一年，希望你们努力拼搏，分秒必争。每个同学都要充满信心，不管是在哪个班，都要有竞争意识。过去的两年证明，不在于你在哪个班，主要在自己。因为我们二中这个大环境中同头同学科的老师都是集体备课，给大家讲的内容、留的作业、课外补充都是一样的。所以主要靠自己。首先，初三的学生要有自己的主见，要学会思考，要会利用时间，会利用老师，会自己总结问题。一句话就是知道自己该干什么。其次，需要吃苦，需要磨炼，研究几年来中考成绩优异的同学。他们并非比别人聪明，他们的共同特点就是很好学，很能学，很会学，他们有一种精神，有一种毅力。你们现在还不够扎实，不够踏实，有的同学心浮气躁，这是初三同学中考前的大敌。按理讲，你们这一届初三同学是我亲手招的第一届学生。知识基础好，生源不错，赶上或超过市里的学校完全有可能。如果说，前两届同学为二中的发展奠定了基础。那么，二中的腾飞跨越的重任就落在你们这一届身上了。所以，希望你们找出差距，更加努力，争做张北二中近年来最优秀的毕业生。

初二的同学，要认真总结上一年的经验和教训，也要明确奋斗目标。在初二关键的一年里，更加严格要求自己，防止出现学习和思想品德上的两极分化。过去的一年，你们表现得很不错，八个班齐头并进，均衡发展，形势非常乐观。我个人认为，这三届学生一年比一年招得多。生源一年比一年好，各小学基础好的学生一年比一年来得多。初三学生肩负二中腾飞跨越的重任，你们这一届该怎么办？我想答案不言而喻。

初一的同学，要做好小学到初中的过渡，要开好头，良好的开端等于成功的一半。小学和初中的学习模式完全不同。希望你们在二中这个大集体中养成良好的学习习惯，生活习惯。建立良好的学风班风，珍惜初中这个学段，珍惜来二中就读的机会，从一开始就不要落后。亲爱的新同学们，我校对你们又祝贺又欢迎，而更多的还是期待！

同学们，我校修建的高标准的操场很快就能使用，为你们的体育锻炼、健康成长提供了更好的条件。明年我们的教学大楼开始启动，初一,初二的同学会享受到宽敞、美丽的现代化大楼。

同学们,未来需要自己去把握,奇迹需要你们去创造。让我们全体师生员工齐心协力,努力实现我们的梦想。把张北二中打造成教育上的一个奇迹!

谢谢大家!

2006.9.8

## 四、教学楼落成可喜　环境区维护堪虑

### 旧校区教学楼落成使用前讲话

老师们、同学们：

大家好！

现在，我站在新大楼前讲话，心情无比喜悦和激动。

仅仅用了五个多月的时间，一幢雄伟挺拔的大楼就屹立在二中校园。今天大楼正式投入使用了。

多少年来，几代二中人都梦想拥有自己的教学楼，为的是让他们的学生像大城市的孩子一样，有良好的条件接受教育，今天我们终于梦想成真。这是我们全体二中人可贺可喜的事情。所以，让我们以饱含真情的掌声庆贺教学楼的落成、使用！

党和政府为我们改善办学条件，目的是为了让我们培养更多更好的人才。我想，我们二中人一定会不负重托，不辱使命，把二中办好，走在张北教育的前列，走向张家口名校的行列。

有专家说：环境能够育人。我们坐在明亮的教室里，走在宽敞的走廊里，和过去的小平房差别很大。我希望我们的新大楼对大家应该是一个熏陶和感染，我们每位同学也应该以新的面貌迎接新的挑战。

为住好新大楼，我提十二个字：心想一处，做到两点，注意三项。

心想一处，就是把学校当作是我们的家，每个人人都要爱护我们的这个大家庭，爱我们这个大家庭是做好一切事情的保证。做到两

点：一要做到在楼道走廊内不大声喧哗，不追着奔跑，不嘻嘻打闹，要轻声慢步，上操和放学下楼，各班要按序行走；二要做好卫生，各班所包楼道环境区不能有一片废纸废袋，过道和墙壁不能有污物。注意三项：一要注意不能乱动室内的暖气和消防设施；二要注意别擅自上窗台开关窗户，擦玻璃，别从窗户向外抛废弃物；三要注意轻轻挪动桌凳声音要小，否则影响临近班级和楼下教室。这是我们住好大楼的保证。过去我们一直住在小平房，一下子住进大楼有些不习惯，今后我们 2 000 多名师生生活在这幢大楼里，只有我们人人按十二字方针执行，才能保证我们的学习生活，才能享受住新大楼的美好感觉。

2007.11.5

## 五、高中低各有起点 优良差都有目标

中考百日会战誓师大会上的讲话

老师们，同学们：

大家早上好！

今天我们召开中考百日会战誓师大会，这样的会在我校还是头一次。今年为什么要开？前三年的中考我校在全市已经排上了位，挂上了号，进入了全市初中学校的前列。正是这一届的老师2005年为我校打了翻身仗。后来的2006年、2007年两年更是一年比一年好。今年正好又是新一轮的开始，我们准备用三年时间让我校的教育教学质量再上新台阶，真正成为全市的一流学校。九年级的同学们，珍惜100天，实现你们一生的理想，拼搏100天，给母校续写荣光。

首要的问题是心态问题，心态决定成绩。

每个人都要有一个好心态，整天嘻嘻哈哈不思进取不叫好心态；没有紧迫感，没有压力也不是好心态。好心态的关键是自信。自信就是相信我能成功，我会成功。自信就是无论我做什么都要做到最好，把我自身的潜力充分地挖掘出来。不论学习程度如何都要有信心。一个人最大的敌人往往是自己，必须想办法战胜自己，调整自己的心态，调整心态就能改变现状、提高成绩。

到目前为止，每个同学对每一学科的知识都已经掌握到了一定程度。反过来说，不会的知识相对是一个常数，离中考的考试时间也是一个常数，我们学习的目的就是解决这两个常数，就是在离中考越

来越近的过程中把不会的知识这个常数消灭到最小。学习过程中每个人都不可避免地会遇到一些问题，遇到的问题就是学习中的漏洞，一旦发现漏洞就应认真思考，我究竟是因为什么错了，然后把漏洞补上。现在补上的漏洞越多，中考时遇到的问题就越少。不要一遇到问题或一次考试不利，就觉得自己不行，怀疑自己。这种心态是考不出好成绩的。

其次，要树立目标。

要想适应竞争环境，必须制定自己的目标。竞争是压力，也是生命的动力。如果有了自己的目标，你就会把命运掌握在自己手里。当然这个目标要适合你，不要太高，太高了高不可攀，一旦摔下来，会把你的自信摔掉。也不要太低，太低了会让你失去拼搏的斗志，你要根据自己现在这个位置给自己定一个能够实现的目标。

目标确定以后，你就埋头努力，把中考的大目标分解成若干个小目标，再把这些小目标分解到每一天，然后把它做好。逐步完成了一个个小目标，你就会觉得不难了，轻松了，有成就感了。目标越具体你就越清楚现在该做什么，怎样做才更好。

具体说，你计划考一所好高中，比如宣化一中。定了这个大目标以后，我中考要拿多少分，假如我定到550分，根据自己的情况，分别定语文拿105分，数学拿115，理综拿110分，文综拿105分，外语拿115分。这个定位是根据自己各科的实力定出来的。找准自己的定位以后，你就对重点目标实行逐个突击。如数学我定下的最低目标是115分，那好了，你就要得到115分。怎样才能得到呢？你要算一算哪些地方你能得分。哪些地方把握大，你就知道平时功夫应该放在什么地方。

中考数学一般是26道题，前面18个题，都是简单的填空选择题，只要细心一点，问题不大。后边的几个题一般都比较固定。第一个大题一般都是分式运算，如果第一大题就出错误，就很难拿到115分。第二大题是统计，如果你统计不太过关，那就得拿出几天时间抓紧突破。一次函数和二次函数是必考大题，如果有问题，也需要定点突破，规律探索有问题你就多找一些这方面的题突破。依此类推，各科都是这样，当你分阶段逐个突破后，你就可以满怀信心，实现你的目标。

再次，每位同学都应该找到自己努力的方向。

判断一个人的成功，重要的不是和别人比做得怎么样，而是和自己的潜能比做得怎么样。我说的成功不是指每个同学都能考上重点高中，而是指通过这几天的努力，为终身的发展、终身的幸福奠定扎实的基础。过去流传一种说法，前十名搞学术，中间学生当干部，后十名都成暴发户。当然这种说法不一定准确科学，但它能说明每个人将来在社会上都是有用的。前提是在学校时要打下一个坚实的基础，更要有一个良好的品质。

每个同学现在的排位是客观存在的。这个位置就是你现在的起点，你就要在现在这个起点上想办法，挖掘自己的潜能。我们每个人的成绩不会是一样的，是有差异的，不同成绩的同学要有不同的目标。

成绩优秀的同学，眼光要远一些，理想要高一点，就是要考入市一中、宣化一中、石家庄二中、衡水一中、唐山一中等学校。每年我校都有不少人能以优异的成绩考取到这些学校。只要中考考出好成绩，选择的余地很大，你们现在的任务是了解每一所高中的情况，和家长一道选择一所理想高中，一所适合自己发展的高中。

学习中等的同学，一定要加把劲，争取考入我县私立一中和张北一中，什么学校最好？适合你的就是最好的。

学习成绩较差的同学，甚至是班里倒数第一的同学也不要惧怕。只要你认真地苦战100天，同样会有用武之地。我想没有一个同学一点也不会，因为我们没有考零分的。只要从现在开始，你们以积极的心态去对待，能学一点是一点，难做的大题不会做就放弃，做最基础的题、做选择填空题、做课本上的题，从基础做起，一点点地攻克。拼搏100天把以前落下的弥补、追赶一下。只要把一些最基础的东西学会了，就可以选择职业学校，将来考高职，高专学校。张北职中学生可以参加天津市的春季高考，那是相对容易考一所学校的。所以，成绩暂时落后的同学也要奋起直追，不要坐等毕业。

任何同学成绩的取得都是用勤奋和汗水换来的，数理化取得好成绩是做题做出来的，英语取得好成绩是背单词、背课文背出来的，语文取得好成绩是多读、多写、练出来的。大家的学习环境一样，人和人的智商不是差很多，最大的差距就在于习惯和方法上，是不是努力了，是不是刻苦了。

我们每个人都有路可走，只要认清自己，剖析自己，管住自己，每个人的路都可以走好。我知道大家很累，但这是人生必经之路，必须咬紧牙关坚持。人往往很奇怪：有些事是他想干的，有些事是他该干的，要命的是，该干的往往不想干，想干的往往又不该干，怎么办？唯一的办法就是管住自己，想办法把想干的纳入该干的范围，把该干的干好。网络游戏很好玩，很爽，但是现在一时爽，将来一生就不爽了。你不能被它控制，陷在里边。如果有的同学连这点最基本的要求都做不到，整天瞎混，扰乱别人的学习，这是我们不允许的。

同学们！人生是本难读的教科书，几个月后大家将分布在社会的各个角落，我希望大家在人生这部大书中寻求更丰富的营养，实现自我的价值。你们风华正茂，勤奋当从今日开始，青春还为时不晚。只要脚踏实地奋战 100 天，你就会阔步走向中考考场，走出一条闪光的人生之路。

最后，希望每一个同学都能以优异的成绩回报母校，让母校成为你们终身留恋的地方！

2008.3.10

## 六、初中生优势特长　独生子劣处极短

国旗下的讲话

老师们，同学们：

早上好！

我是看着大家在二中这三年成长的，初一一入学不大一点，初三毕业时就长成了小伙子、大姑娘了。初中三年是一个人成长的关键时期。不论是知识还是身体，变化都很大，尤其最近几年的学生更为明显。你们是幸运的一代，赶上了好社会、好时期，吃穿不愁，念书不用花钱，吃得胖胖的，打扮得花枝招展，应该说你们的童年是幸福的。可是，能不能保证你们成年后也是幸福的呢？将来能不能承担起建设家园和服务社会的重任呢？这是我经常思考的一个问题。我研究了各类不同的学生，新时期的初中生有这样几个特点：

### （一）聪明

现在的独生子女家长都讲究优生优育，营养也好，所以孩子都很聪明，有的表现在学习上，有的表现在别的方面。没有不聪明的，没有迟钝的，这也是社会进步的表现。

### （二）能学

现在的大多数孩子要比过去的学生能学、肯学得多，面临这样一个竞争激烈的社会，高考、中考的竞争越来越激烈。大学的招生人数

是有限的，就录取那么多人，你挤不进去，别人就挤进去了。在中考、高考的压力下，在大学生就业难的现实下，可以说你们这一代负担很重。

### (三)信息量大

现在学生知道的比老师多，比家长多，已不足为奇了。因为现代科技为信息的传播开辟了广阔的天地，每个人能通过多种渠道获得信息。当然接收到的信息有好的，也有对成长不利的。

这三条算是你们的优势和长处，2000 年以前的中学生没有这个优势，这是你们有利的一面。

我再列举一下你们不好的一面：

第一，任性和自私。

随着独生子女的增多，每个家庭几乎都以孩子为中心。爷爷奶奶、姥姥姥爷、父母，等等，这些亲人对你关爱有加，呵护过度。在爱的光环下造成了你的任性和自私，要星星不敢给月亮，要名牌不能给非名牌；今天想要的东西明天给都不行；你的东西别人不能动；损害你的一点利益，就闹不消停。这样的人将来走上社会怎么与人相处？谁又愿意和这样的人交往共事？

第二，自尊心极强，受不得一点委屈。

自尊心强本来是个好事情，维护做人的一个基本尊严是对的。但强得过度，强得唯我独尊，那就适得其反。别人碰不得你半点，也不能说你一点，吃不得一点苦，受不得一点挫折，更受不得半点委屈，稍微受一点管制，小则闹情绪，大则伺机报复。你今天碰我一下，我明天一定对付你一下。甚至找帮凶出气，找本班的、外班的，甚至社会上的，帮我打一顿，出口气！本来很小的一点事，双方完全能够沟通解决，结果越闹越大。你们想，这样的人将来怎能承担起重任？怎么能为社会进步服务呢？我们且不说发生了这样的事情学校该怎么处理，就这件事本身在你一生中是永远忘不掉的。它可能就是你将来走入歧途的萌芽。要学会用和平的方式解决问题。

第三，独立生存能力差。

现在大多数同学，在家里几乎什么也不干，家长不让他干，也不希望他干。在这种过度的保护下，孩子的惰性和依赖性越来越明显，无法学会独立生存所需要的技能。从来就没有做过一次饭，从来就没有自己洗过一次衣服，就连星期一早晨穿什么衣服都要问父母。在学校的表现就是不会劳动，不会使用铁锹、扫把。前几年，我国和日本的中学生夏令营活动比赛输给了日本。我看现在再赛一次可能差距更大。照这样下去如何与世界竞争？怎么振兴民族？

第四，有霸气、霸道的行为。

有一少部分同学，放任自流，无人管教，养成了很多坏的习惯。有的迷恋于网吧，上了瘾，有的夜不归宿。上网吧要花钱，没有钱就要想歪主意，不是骗就是索要。一个初中生就会和别人要钱，如果恶性不改，长大以后会不会去抢劫？这是不是强盗呢？这样的人不会幸福，就连他的亲人都要跟着遭殃。还有一种怪现象，有的同学动不动就过生日，一年过好几次，每次都要请同学，让同学花钱，这在前几年是没有的。这种行为我看和索要相比只是方式温和了点。当然这种现象是极少的，但在你们同学中出现了。

以上是我对大家的特点进行了归纳。当然不是每个人身上都有，也不是我们列举的在你身上一点边也不沾。要重新认识一下自己，进行自我教育。人什么时候能说服自己，能教育自己，那他就长大了。如果你找到了自己的弱点和软肋，确实认识到自己的错误，在哪方面有问题，并力图做好，持之以恒改掉，你就会有幸福的人生，成功的人生。

同学们，新学年已经开始，这一年要比往年少上一个月的课，希望你们珍惜分分秒秒，无悔你的初一、初二年青春年华。

人和人是有差异的，每个人都有自己的长处和闪光点。天生我材必有用，这几句话我是很赞赏的，你就是你，要尊重客观现实，要在自己的起点上想点办法。只要尽力了，就行！

初三的同学离中考还有97天，已经到了最后冲刺阶段，希望你们合理安排复习时间，紧跟老师，再坚持一下，再努力一把！我相信，只要我们全体师生共同努力，完全有条件、有理由改写二中的历史，创造新的纪录、新的辉煌！

2009.3.16

## 七、齐心协力创未来 众志成城铸辉煌

### 在开学典礼表彰大会上的讲话

尊敬的各位老师、亲爱的同学们！

大家下午好！

金秋九月，硕果飘香。在这个美丽如画的收获季节，我们又迎来了一个崭新的学年，迎来了726名朝气蓬勃的新同学，迎来了30多名新教师。你们的加入，使我们这个大家庭更加强大，更加充满生机和活力，我代表学校全体师生对你们表示由衷的欢迎！对在上个学年各方面取得优异成绩的老师和同学们表示热烈的祝贺！

新的学年，孕育着新的希望和憧憬，我们每一位老师与同学经过暑假的短暂休息与调整之后，又满怀信心站在了新学年的起跑线上，为实现一生的目标全身心地投入到工作和学习中。在此，我们祝愿并相信全体师生都能在新学年的工作与学习中绘制出美丽的蓝图！

过去的一学年，在全体师生的共同努力下，我校顺利完成了各项工作的预定目标，教育教学再次取得骄人的成绩。今年中考我们又上了一个新的台阶。全县前10名，我们占6名，全县的状元、榜眼和探花均出自二中；全县的前100名，二中占37名；考入公费高中的人数达到了238人，创造了我校历史最高水平。中考之前，张家口市一中、宣化一中就和我校的60多名同学签约。中考之后，这些同学都如愿以偿地升入了他们理想的学校。七、八年级在全县的统考中成绩也十分优异。平均分、及格率和优秀率在全县也遥遥领先。

为什么从 2005 年以来我校一年比一年好呢？靠的是我们的理念，靠的是我们的精神，靠的是我们的风气，靠的是我们的学校文化，靠的是二中学生认准道路、超越自我的精神，还靠的是二中教师团结协作、凝聚实干。他们已经不是把教书当作一种职业，而是当作一生的事业来经营。在这里我需要特别指出的是二中学生的眼光。这几年每逢中考前，都有私立学校或张家口的一些学校来挖我们的学生，但几年来没有一个优秀学生被他们买走或挖走。究竟是一种什么力量吸引着他们？是因为环境、老师，还是因为同学？我明确地告诉大家，是二中的文化。

过去的几年里，我们虽然取得了一些成绩，但与省市的一些名校相比，距离飞速发展的教育形势的要求还有一些差距。我们的总目标——真正成为全市的品牌学校，还没有完全实现。为使我校再上一个档次，再提一个高度，真正进入全市名校的行列，在新学期开学之际，我向大家提出以下几点希望和要求。

**(一)全校教职员工要树立“品牌”意识，打造“省市名校”**

张北二中在全市已经有了一定影响，全省的一些名高中，(石市二中，唐山一中，衡水一中，)都有我们的毕业生，说明我们的学生有潜力。张北二中在老百姓的心目中很有分量，它是全县小学生向往的地方。但它的名气还不够大，“品牌”还不够硬，我们每一位师生员工都要从发展的高度、以名校的水平，高标准，严要求，维护学校形象。每个人都必须恪尽职守，严于自律，爱校如家，追求内在修养与外在形象的统一。每个人都是二中的一个缩影，在各种场合要注意自己的言行。对学校负责，爱护学校声誉，为学校增光添彩，不给学校丢脸抹黑。

(二)要先学做人,再做学问

先成人再成才,这早已是人们的一个共识。学习知识固然重要,但比知识更重要的是能力,比能力更重要的是品德。一个人活在这个世上首先应该有一个好品德。一个人如果品行好,不管他将来干什么,他都能成为一个对社会有用的人。一个人如果品行不好,伤天害理,作恶多端,那他走向社会是非常危险的。他躲过今天也躲不过明天,最终也会受到法律的制裁。我们的校训是:厚德至善,博学致远。它的含义就是:一个人有了良好的个性品德,才能达到至臻至善的境界。有了广博精深的学问,才能达到最大最远的目标。品行好最基本的要求是:诚实守信,谦虚公道,有善心和爱心,有礼貌讲卫生,有责任感。好的品质需要修养,需要锻炼。

(三)要严明纪律,挽救问题学生

我们近 2 500 名学生生活在一栋楼内,如果没有统一的步调、铁的纪律,什么事也干不成。你们既然选择了二中,就得适应二中。二中要求学生严格自律,遵守校规。二中反对那些无组织、无纪律、不道德、低趣味的不良行为。我们校园内存在一些不和谐的现象,如骂脏话的,楼道内打闹的,穿奇装异服的,顶撞老师的,进网吧夜不归宿的,索要钱物的,与社会青年“勾勾搭搭,来来往往”的,找帮凶乱讲哥们义气、结伙打群架的,这些现象虽然发生在极少数人身上,但它极大地损坏了学校的声誉。一个人不可能十全十美,犯一次错误、干一次坏事、有一些坏习惯和坏毛病并不要紧,重要的是犯错知错,知错能改。从小养成的坏毛病要想改掉是一件十分困难的事,需要决心,需要毅力。改了就是好学生,改了一点就是一次进步。我不怀疑任何一个有问题的学生都有想学好的心理，也相信任何一个有毛病的学生通过自己的努力都能够变好。人什么时候能说服自己，自己教育自己，那他就离正确的人生轨道不远了。

## （四）仍然要以提高教学质量为中心

狠抓教学质量是学校工作的永恒主题，它合民心，顺民意，学生欢迎，家长高兴。只有每一个同学珍惜时光，珍惜青春，教学质量才能提高。只有每一个同学积极主动，勤记忆、善思考，才能够天天有收获，日日有长进。只有每一个同学积极配合老师，请教老师，有问题意识，顽强拼搏，我们的教学质量才一定能够再提高。现在二中的教师队伍最强大、最整齐。多年来，形成的合作、敬业、进取、敢为人先的团队精神，是我们二中的宝贵财富。这是一支拉得出、用得上、打得赢的队伍。只要同学们按我以上讲的三个“只有”去做。你一定会考取高一级的理想学校，为幸福的人生打下坚实的基础。

## （五）目标要正确，信念要坚定

新学期，新气象，新目标。目标一旦确定你就要义无反顾，不惜代价去实现。

七年级是人生成长阶段的重要转折点，成功地迈好这一步十分重要。走进张北二中就等于把握了一次机遇，就看你怎么把握。同时走进了张北二中，你就意味着奋斗和拼搏，从一开始就要紧紧跟上，尤其要体会初中阶段的学习方法。我相信经过你们坚持不懈地努力，一定会拥有最后的成功和喜悦。

八年级的同学们，你们已经进入了知识和能力大幅度提升的关键时刻，在认真总结上一年经验和教训的基础上要平稳过渡。每个同学都要有新目标，在原来的名次上想办法进步。要经得起前进征途中的困难和挫折，每个人必须对自己充满信心。有信心的人可以化渺小为伟大，化平庸为神奇。我希望你们用目标作桨，用信心作帆，在老师的指导下驾驶着知识的小舟到达成功的彼岸。

九年级的同学们，此时你们身上汇集了学校和老师更多关切的目光，倾注了家长更多的心血。你们将担负着全校的希望，开始最后一个学年的冲刺。人生能有几回搏，这是你们人生关键的一搏。几年来中考成绩优异的同学，他们的共同特点是：基本功扎实，心理素质好。有主见，知道自己该干什么。希望你们稳扎稳打，一步一个脚印。实事求是，会就是会，不会不能装会，不会要把它弄懂。每个人都要正视自己，找到自己的软肋，把它突破。你们这一届生源好，人数多，如果说 2005 年以来，我校的教学质量逐年提高，一年上一个台阶。那么，让二中提升一个更高的层次，在全市有名有响，这个历史重任就落到你们肩上了，我相信大家一定能够实现，也坚信我的预见！

老师们，同学们！人生没有彩排，每一天都是现场直播。希望我们珍惜今天，把握明天。命运靠自己把握，奇迹靠你们创造，让我们全体师生员工以满腔热情，昂扬的精神，高度的责任感投入到新学期的工作、学习中去，以实干的精神，顽强的斗志创造二中新的辉煌！

最后，祝愿我们全体师生快乐地生活每一天！

让二中成为你们终生怀念和留恋的地方！

2009.9.8

## 八、民族精神要发扬 崇高理想靠努力

### 国旗下的讲话

同学们：

大家新学期好！

过了年，我们每个人年龄都增加了一岁，个头都长高了一截，那我们的知识、能力、思想是不是也有长进呢？今天我针对当前大多数学生身上存在的问题，讲讲学生的精神。一个成功的中学生，有三种精神不可缺少：一是必须有科学的求学精神；二是必须具有坚强的人格和百折不回的精神；三是必须具有自立自强的独立精神。

先讲科学的求学精神。初中阶段我们开设了好多个课程，我们不论研究什么学科，都要看个明白，想个透彻，多发些疑问，切不可武断盲从。"知之为知之，不知为不知"。学习需要实事求是的态度，多想多问，就是科学精神。因为自己知道自己不知道的地方，就还有能够知道的一日。倘若不知而以为知，那不知道的终究没有知道的日子。可以说这是自己断送了自己的求学机会。有的同学和我讲，我学的东西多数是不知道的，我说这不可怕，可怕的是你没有学好的愿望和动机。我教你一个办法：你选取有一定基础、最容易突破的地方，真正使自己学懂一回，学会一次。通过短时间的努力获得成功，你就会尝到成功的喜悦。无疑也增强了自信心，如果你真有了自信心，就不愁学习搞不上去。

再讲坚强的人格和百折不回的精神。我们在任何时候，任何环

境里，必须有坚强的人格和百折不回的精神。尤其在关键时刻，更不可动摇，要输得起，经得起失败挫折。人生在世，不可能事事如意，样样称心。我们可以把失败看作是在前进道路上的一次教训，不气馁、不抱怨，继续前进。要能吃得了苦，受得了委屈。吃亏是福，"忍"字为高。作为一个大丈夫要经得起磨炼，受了委屈要学会忍，忍的过程就是磨炼的过程，成功的过程、如果吃了一点亏，受了一点苦，就要伺机报复，请帮凶出气。我说有这样想法的同学，你把人生的路走偏了，这样会越走越黑，这样的行为是可耻的，后果是严重的。将来别说担当大任，就连幸福生活也不会拥有。不管到了什么时候，必须要有"富贵不能淫，贫贱不能移，威武不能屈"的气概，这才算一个真正的大丈夫。

最后要有自立自强的精神。有些人到了成年还很不成熟，遇事没有主见，我说这是从小缺乏自立意识和独立思想所造成的，这样的人不是一个完整的人。当今的社会环境、家庭条件可能造就你们这一代人缺乏这种精神，一切让父母操心，一切让父母包办。可能家庭条件越好，自立与独立能力越差，这是很令人担忧的事情。再过十年、二十年，你们正值年富力强，如果分布到社会各个角落，能不能成为那个部门和单位的骨干和中坚力量？如果现在没有这种精神，我看将来也难说。我从网上看，日本人扬言，再过 15 年，中国的这一代不如他们。这虽然是他们的一面之词，但他们的这个说法也是有些根据的。十几年前中日中学生夏令营比赛，我们惨败给了日本。他们就认为我们的这一代人缺乏顽强拼搏的精神，才有了这种狂言。而这种精神正是从小需要养成的自强和独立精神。我国的围棋大师聂卫平，在 20 世纪 80 年代，中日围棋擂台赛，以他高超的棋艺和顽强的毅力，连斩日本十员大将，让中国扬眉吐气，大大的长了中国人的志气。我们要学习聂卫平大师的这种精神。

为了祖国的强盛和民族的复兴，我们必须从现在起磨炼自己，培养自强、顽强、独立的精神，我以一首打油诗与大家共勉：

“流自己的汗，吃自己的饭。

自己的事，自己干。

靠人、靠天、靠父母，都不算好汉。”

我希望我们的同学都应该具备这三种精神，这也是我开学初给大家送的三个礼物。如果你们通过我的讲话，明白了一些，醒悟了一点，并从现在起磨炼自己，如果在你们身上具备了这三种精神，那么，你的人生将是幸福的人生，祖国的繁荣和强盛也是完全可以实现的。

2010.3.6

## 九、安全意识常挂怀 课堂效率铭记心

在晨会上的讲话

老师们，同学们：

大家早上好！

今天是新学期的第一次集会，我们二中的广场上有史以来第一次站着这么多的人。新学年，我们新招初一新生 1 130 人，合并农村四所学校七、八年级学生 530 多人，全校学生的总人数达到 3 240 多人。我首先由衷地欢迎这些新成员加入到我们这个大家庭，愿你们的加入使张北二中的校园更加精彩！

你们来自全县的城镇和乡村，为了实现人生的目标走到了一起，新学年一定要满怀信心与斗志，全身心地投入到学校生活中来。在此，我祝愿并相信你们在新的学年中绘下美丽的蓝图。

大家都想来二中，说明二中具有一定的吸引力。学生都向往一所学校，这是一所好学校的标志之一。确实，我们张北二中已经进入了全市的名校行列。在今年教师节全市十大名校评选中，我们张北二中是其中之一，成为张北县乃至坝上唯一一所市级名校。这是我们的殊荣，这是我们的骄傲！这更是我们的动力，它鞭策和激励我们再创辉煌，向更高的台阶和更大的目标迈进！

二中是名校，这个称号名副其实，这块品牌货真价实。我们每一位二中人就像爱自己一样爱我们的学校。在开学之际，我特向大家提三点希望和要求。

## (一)步调要统一,纪律要严明

我们3 400多名师生生活在这个校园内,人均占地面积仅有7米$^{2}$,严重的超负荷,典型的人稠地窄。在这种情况下,更需要我们步调一致、纪律严明。我建议各个班认真学习和重温一下二中的校规校纪:如张北二中校规、张北二中学生一日正规、课堂常规、班级公约、卫生条例、公物赔偿制度、升旗制度、集会要求,等等。只有我们每个人了解和熟悉规矩,才有可能做好。只有我们每个人严格地遵守校规校纪,我们的校园才会美丽。同学们,爱我们的学校吧,你作为二中的一个学生应该感到自豪!二中的学生就应该各方面都优秀,二中的学生就应该与众不同。应该做一个端端正正、大大方方、文文雅雅、活泼可爱的二中人。

## (二)要保护好自己,安全第一

现在是一个非常时期,这么多的人挤在这么一点地方,每个同学要学会保护自己,不受到伤害、不发生事故是第一位的。人多空间小,不注意自己的行为发生意外伤害是很容易的。我们的第一要求是:不准在楼道内奔跑,谁要跑就是违纪了,违纪就要停课,就要反思。我们三个年级轮流上操,上的上,下的下,如果不轻声慢步,相互的碰撞就会增多。一旦有人摔倒在楼梯,就可能发生踩踏事件,后果不堪设想。我们放学是错开时间的,如果不按时、及时离校,就会影响后边的同学,那将会使校园更加拥挤,道路更加拥堵。七年级的学生占用了多年不用的平房,房屋和围墙都有些老化。我们只有远离危房、危墙,才不会发生事故。所以,我们每个同学只有处处小心,处处留意,严格规范自己的行为,我们的校园才会平安无事。

### (三)要主动参与学习,高效地利用课堂

我们每天主要时间在课堂,只有高效地利用好课堂,成绩才会提高。去年以来,我校开始教改,变“以教为主”为“以学为主”。我们大多数教师已经参与教改。今年中考我校成绩喜人,有一半的同学考上公费高中。不仅A等的、B上等的优秀学生多,而且D等学生明显减少,只有68名同学考了D等,也就是说,成绩较差的学生只占总考生的1/10。这充分说明了我们教改的成果。所以,我希望大家在课堂上积极主动,认真参与。不管你学习程度好坏,都要最大限度地发挥自己的潜力。学习本来就是自己的事情,课堂中不是被动地听讲,要脑动、手动。自己琢磨到的东西比老师教给的知识更有趣,更有一种成功的喜悦。一个学生要成功,主要有两点:一是有强大的学习动力;二是有正确的方法和策略。动力最为重要,将来不论做什么,都需要读书。现在的知识与将来的工作都是有关联的,可能直接用不上,但拓展了你的思维,激发了你的灵感。方法因人而异,但共同的方法是在课堂上高效率地利用自己,减少低效和无效时间。

同学们,新学年孕育着新的希望。我很喜欢的一句话是:人生没有彩排,每一分钟都是现场直播。只要同学们珍惜今天,把握明天,就会走出一条闪光的人生之路。希望大家站在新学年的起跑线上,向我们更高更远的目标冲刺前进!

2010.9.8

# 十、整装待发上战场 志在必得夺桂冠

## 初三毕业典礼致辞

各位领导、各位来宾、老师们、同学们：

大家好！

今天，我校隆重举行2011届毕业典礼。在这个举校欢庆的日子，站在这里，我要代表你们的老师、父母及所有关心关注你们的人，先把祝福献给你们。并祝贺你们圆满完成了初中学业，进入青年时代！

此时此刻，我相信我们在场的每一个人都触景生情、百感交集，都有千言万语、万语千言在心头，太多的心里话不知从何说起！

三年前，为了梦想我们走到了一起，手拉手，心连心，我们成为一家人。三年时光，弹指一挥间。不知不觉地将成为美好的记忆。但是，许多生动的细节、美好的片段，早已刻写在母校的校园和你我的心田。诗人汪国真写过这样一段话："过去的岁月不能忘怀，是因为我们付出了爱；过去的岁月不能忘怀，是因为我们自己走过来。纵使那脚步稚嫩，回首也感亲切，因为那是真实；纵使走过的路上没有鲜花开放，回想也感到留恋，因为那上面覆盖着自己生命的步履。"

同学们，此时此刻，我请你们闭上眼睛，用心地最后一次把自己的老师、同学、母校的每一角落，深深地印在心里、脑海里，让我们彼此铭记，彼此祝福吧！

同学们，你们是我校实施课改的第一届毕业生，为我校成功地进行课堂教学改革做出了贡献。课改不但让你们学会了学习、增长了能力，更使你们的学业成绩大幅度地提高。每当我徜徉在校园里，每当我走进教室里，每当我陪着你们一起跑步的时候，我便会产生一种莫名的感动。和你们坐在一起听课便使我浑身充满了活力，每当我看到你们奋力拼搏、孜孜以求、生龙活虎的场景时，我便感到肩上担子的分量。当你们顽皮地把一张张纸条塞进我的办公室，请求我：校长给我们休息一天吧！我深深体会到了你们学习的辛苦。我真的感谢你们，是你们让我保持了那份童心。可是，从你们一踏进二中校园的时候就注定了今天的分别，因为你们还有更长的路要走。但是，你们的精神、意志、品质将会留在我们每一位老师和未毕业同学的心中，它将会在二中的校园里传递和传承！

同学们！在初中的几年里，你们每个人的个子都长高了，知识都长进了，世界观和人生观也逐渐形成。这个突破性的变化离不开你们的老师。你们的每一点进步都会使他们高兴，你们的每一点失误也常常会使他们寝食难安。虽然他们有时过于严格，有时也会说一些不中听的话。但是，他们日夜操劳，为你们付出了他们生命中的三年，每个同学的身上无不倾注着老师的心血和汗水。我可以毫无愧色地说：我们二中的老师都是优秀的，都是敬业的，他们默默无闻、苦中求乐，值得我们尊敬和感谢。试问，世上哪有没有血缘却又胜似血缘、没有血脉却又血脉相连的真爱呢？这就是师生大爱，母校情深。它超越时空，血脉相传！在这个充满喜悦和丰收的时刻，让我们以最崇敬的心情，向我们的老师真诚地道一声：谢谢！谢谢老师！

再过几天，你们就要走进中考考场。面对人生的第一次大考，你有没有英雄气概？敢不敢挑战自我？超越自我？让火红的六月，青春无悔？我们早就等待这一天的到来。我想告诉大家的是：越是在大战将临的时候，越需要一颗平常心，以冷静的心理、稳定的心态沉着应对。因为，经过三年的苦思勤学，经过二中这块“风水宝地”的熏陶，经过几次的模拟训练，知识和智慧早已像血液一样，流淌在你们生命中的每一寸肌肤里。只要你们平心静气地感受，身定神凝地倾听，思维的灵感一定会引领你到一个柳暗花明的境界。所以，请大家记住：千万不要一味想着考试的结果，而要认真地对待每一场考试、每一道题目。好像平时模拟一样，胆要大，心要细。不管结果怎样，只要我努力了、拼搏了，我就应无怨无悔！这几天就不要加班太晚了，开始放松休息。每次考前都要昂首挺胸，信步走向考场。请相信自己，你是优秀的，你能成功！我们也有理由相信大家！几次的模拟已经证明了你们的实力，中考的桂冠等你们摘取！二中的辉煌靠你们去续写！

同学们，初中毕业，只是漫漫人生道路上的一个驿站。毕业，我们从这里起航，将走向遥远的地方，好儿女总是要走向远方。以后，你们无论走到哪里，老师们永远期待你们不断成功，母校都会一如既往地关心你们的进步和成长，母校永远是你们的精神家园和坚强后盾，母校永远是你们的家。希望你们常回家看看，快乐时回来看看，痛苦时回来看看，成功时回来看看，失意时回来看看，母校永远会惦记着你们，母校永远会祝福你们！

亲爱的同学们，人生本来就充满挑战，因此老师们真的不能期望你们今后的生活一帆风顺，事事顺利！期望你们永远都有勇气，当面临困难和挑战时，永远都有面对它、改变它的能力，因为这才是你人生中最宝贵的财富。同时，要勇敢地承担起人生的责任。余秋雨先生说：“责任感是人的第一魅力”。我们来到这个世界上就要承担责任，承担起对自己、对他人、对社会的责任。微笑面对生活，一步一步地去努力实现自己的人生目标。

同学们！你们已整装待发，即将踏上新的征途。愿你们用自己青春的热血和汗水，铺开一条闪光的人生之路！母校真诚地盼望着在不久的将来，能听到你们成功的喜讯！

最后，祝同学们中考顺利，取得优异成绩！

2011.6.18

# 十一、迁新校区立宏愿　树高姿态创佳绩

## 新校区落成庆典上的讲话

各位领导、各位来宾，老师们、同学们：

大家好！

今天，我们欢聚在这里，隆重举行张北二中新校区落成庆典。首先，请允许我代表二中全体师生，向各位领导、各位来宾表示最热烈的欢迎和最诚挚的感谢！感谢各位领导对二中的关心与厚爱，感谢各位朋友，对二中的帮助与支持！

县委、县政府高瞻远瞩，把教育放在了优先发展的战略地位。近三年，在教育上投入多达12亿，先后新建或扩建14所学校。张北二中的建成，不仅有效地解决了人民群众对优质教育的需求，也为我校全面提升办学竞争实力、打造名校品牌提供了更加广阔的空间。

工作和生活在这里，是我们每一个二中人的幸福和骄傲。我们深切地感到，没有县委、县政府的英明决策和正确领导，就没有二中的今天；没有社会各界朋友的鼎力相助，就没有二中的今天！

请允许我再次真诚地感谢各位领导和各位朋友，谢谢大家！

新校区，新起点，就要实现新跨越。二中人，必将紧紧抓住新二中搬迁的有利契机，实干抓机遇，凝聚谋跨越。我们会全面关注每一个学生的发展，为每一位学生的终生幸福奠基。为全体教师、全体同学，营造和谐、幸福的生活时空！勇于创新，敢于领先，永夺第一，是我们二中的精神。机遇加精神，张北二中一定会以强劲的发展势头

向更高更远的目标迈进！

壮志在心头，扬鞭在脚下。此时此刻，站在这崭新而美丽的校园，我们对未来充满信心。请县委县政府放心，请全县父老乡亲放心，我们一定不负众望，以更好的姿态更优异的成绩，向全县人民交上一份满意的答卷。

最后，再一次向百忙之中参加我们剪彩仪式的领导和来宾，表示最诚挚的敬意和最衷心的感谢！

谢谢大家！

2011.7.18

# 十二、表彰会精彩点评　成才路奋勇登攀

## 开学典礼点评

今年的开学典礼暨表彰大会，不同以往，别具一格。每组的受奖代表发言之后，我做简短的点评，不再做长篇报告，实践后效果很好。下面是我的点评。

### (一)优秀教师奖

我们张北二中在发展，在壮大，办学水平和教学质量逐年提高。自2005年以来，中考成绩年年实现新跨越，一年一个新台阶，连续七年位居全县乃至全市前列。靠的是什么？靠的是我们的理念，靠的是我们的精神，靠的是我们的文化，靠的是我们团结奉献、精诚合作的教师团队。刚才两位老师只是其中的代表，他们是那样讲的也是那样做的。通过几年的优良传统的传承和积淀，我们造就了这支坚强的队伍。

他们能吃苦，肯敬业，真奉献；他们讲团结，讲合作，讲大局，个人英雄不算英雄，携手团结、互助共勉，教师个个是英雄才是真正的英雄。他们以教书育人为己任，满怀爱心，不断学习，勇于创新，都有成为最好的教师的愿望与追求。不管外面发生什么，都改变不了这个队伍的意志和凝聚力。正是有这样一支队伍，我们才无往而不胜！

今年开学，我们又有27位教师调入我校，这些教师大多数年轻、活泼、有朝气，给我们学校注入了新鲜血液。我非常希望这些教师尽

快融入这个团队,尽快熟悉二中点点滴滴的规则规矩,尽快感受和接纳二中文化。我相信,只要大家用心,很快就能成为一个合格的二中教师。

### (二)学习优秀奖

学习是你们主要的任务,追求好的成绩应该是每个同学的目标,但每个年级,每个班级的第一名只有一个,不可能都考第一名。不是第一,没有受表彰的,不等于没有学好,但怎么样就算学好了?在你的起点上,有了办法,进步了,名次前进了,就算学好了;只要你努力了,拼搏了,没有虚度时光,就算学好了。

在这里,我也提醒大家要注意这么几点:一要心态好,心态决定成绩。人与人之间存在差别,成功很大程度上取决于你的心态。二要有毅力。三要方法对,怎么学效果好就怎么学,会学比学会更重要。我们课改以后的毕业生都很有后劲。

### (三)品德品行奖

品行,其实一个人的品行比学习更重要。温家宝总理今年在张北给教师的讲话中说:增强学生的纯朴善良之心比教给知识更重要。一个人活在这个世界上首先应该有一个好的品德,没有一个好的品德,将来无论干什么都要失败。哄人骗人迟早会露馅,偷盗和抢劫必然要坐牢;损人利己,投机取巧,一定会受到谴责;欺软怕硬,欺小怕大,那是汉奸的行为;阳奉阴违、两面三刀那叫小人。作为人要诚实一点,正直一点,公道一点,要有善心,有爱心,有责任心,做一个对家庭、对社会有用的人。

好的品德的形成与家庭、学校、老师、环境有关。有些东西是我们无法选择，但至少要学会把握自己，要逐渐学会辨别是非，判断自己行为对错。“不因善小而不为，不因恶小而为之。”

## (四)优秀班干部奖

学生干部就是为同学服务的，为大家创造一个融洽和谐的环境。他们牺牲了自己的时间，为大家做事；他们耽误了自己的学习，为班内操心，他们是高尚的。这些同学都明白一个大道理：为别人服务的时候，也锻炼了自己。学生时代的学生干部，走向社会也是组织能力强的人，往往都是群众中的领袖。我建议每个同学都应该尝试担任学生干部，体会一下为别人服务的快乐，也体会一下为别人操劳的艰辛。

## (五)小卫士奖

我们的小卫士太少了，不知道是没有发现还是大多数同学做得不够多。张利军同学是我们很好的榜样……为什么这个同学能有这样的境界？我想这个同学必有一颗善良的心、爱美的心，有一双睿智的眼睛、一双勤快的手。全体同学都应该像他一样。如果大家都向他学习，我们的校园能有一块废纸吗？

我们从小学就抓这个事，小学培养了六年，这个习惯也没养成，这不得不说是教育的失败和你们的悲哀！今后，我们要在校园里推崇一种：“丢垃圾可耻，捡垃圾光荣”的风尚。办法只有一个，谁要是在校园里、楼道内随意丢弃垃圾，一经发现，让你做一周的值日生，惩罚你不尊重别人的劳动成果的行为。大家要互相监督，一有发现及时报告。

一个人，如果不注重个人卫生、环境卫生，他一定不是一个全面的人;一所学校,如果连卫生也做不好,其他工作也好不到哪里去。卫生,对个人而言,代表一个人的精神状态;对单位而言,代表一个单位的精神风貌。希望每个同学做好卫生,保持好的卫生。

**(六)文体活动奖**

因为中考的压力,学校的活动不多,有数的几次活动,有这方面天赋的同学不参加实在是太可惜了。因为活动的过程是发现与培养的过程,更是受教育的过程,也是激励人心的过程,所以有活动时同学们要积极参加。

有的同学担心参加学校活动会耽搁学习。其实每次活动也没有影响同学们学习;相反,当活动把你引到了兴奋状态之时,可能做作业更有灵感,效率会更高。

有体育、艺术特长的人走上工作岗位也好处多多,他们容易被别人发现与认同,也容易与人交流。整天又唱又跳的人有利于身心健康。所以,有活动要参加,有特长要施展。

老师们、同学们!新的学年孕育着新的希望,我们每一位老师和同学又站在了新学年的起跑线上,为实现我们人生的目标,开始了全身心的投入。让我们全体师生共同携手动起来,以更加满腔的热情、昂扬的斗志、高度的责任感,进入新的学年。为张北二中成为新的省市名校做出我们的努力,为张北二中让更多的小学生向往、更多家长放心再做贡献!

最后,祝愿并相信全体师生都能在新的学年绘出更美的蓝图!

2011.9.9

## 十三、跑操文化更丰厚　坚强意志须磨砺

### 早操前的讲话

我今天要谈的话题是跑操。最近两周，七、八年级的同学全部集中到操场，四十个班2 500多人同时起跑。那种大场面、高密度的跑操队形，那种此起彼伏、响彻云霄的口号声，那种气势真让人兴奋，用“铁流滚滚，气吞山河”来形容也不为过。

操场上，同学们队列严整，步伐有力，满载激情地开始了新的一天。所以我说，这不仅仅是一种体育锻炼，更是培养我们团队意识、进取精神的重要途径。

这象征着我们二中朝气蓬勃，也预示任何困难也阻挡不了我们前进的步伐。所以跑操要作为我们二中的一张名片，让它越擦越亮，越跑越好。但是，我们的场面与我想象的还有一定差距，还得给大家提点要求。

1. 一听到上操铃声，同学们要立即离开教室，跑步到你班的指定位置，这个过程要迅速、时间要短，做到安静、有序。

2. 听到口令，所有同学同时起跑，班与班距离保持一致，要精力集中，互相照顾，保持队伍整齐，口号坚定有力。各班要想跑齐，全班同学必须心齐，注意力要集中，步调要统一，要互相关照，这就需要大家有合作意识、团结精神。

3. 各班要有各班的口号，口号要新，有特点，有感染力。声音要洪亮而有力，响彻云霄，气贯长虹。它能充分显示我们青春的活力，

展现了班威班风。它更能培养人的集体观念和团队精神。

4. 队伍跑齐了，精神也就上来了，心情也就舒畅了，每个同学满怀激情地开始新的一天，要让我们的跑操成为我们二中的一道风景，成为县城的一道风景。要通过跑操强化我们的纪律，磨炼我们的意志，振奋我们的精神。要让跑操的精神迁移到日常的学习生活各个方面，展现我们"二中人"那种大气、那种自信和那种风范。

愿我们二中每一个学子能够同步快速起跑，为赢得未来奠定基础。

2011.9.25

# 十四、新起点精益求精　新学期高瞻远瞩

2012年春季开学讲话

同学们：

大家新学期好！

阳春三月，万物复苏！我们又迈着坚定的步伐向新的学期走来，希望大家以无比的激情和全新的姿态迎接新的一年。

我们3 600多名在校生，每个人都各自不同，在这个世界上你是独一无二的。如果人人有一个积极进取、发奋向上的好心态，每个人都可以成功。有专家讲，如果一个人的内驱力被激发出来，心灵深处的潜力被唤醒，由被动变为主动，每个学生都可以学好。什么叫优秀，努力就是优秀；什么算成功，进步就是成功。每次考试以后不要看自己分数的高低、名次前后；而要看自己是否有了进步，是否超越了自我，超越了他人，只要有一点进步，就是一次成功。

为了人人成功，个个优秀，我提几点要求。

第一，要完善自我。完善自我就要有良好的行为习惯，改掉小毛病，要做到不说脏话，不随地吐痰，不乱扔垃圾，不欺负同学，考试不作弊，自己能安静学习，对人讲礼貌，值日肯主动，开门不用脚踢，骑车不闯红灯，等等。要从这些最小的事做起，解决这些问题就是完善自我。只有完善自我，才具备优秀和卓越的条件。只有完善自我，"荣家报国"才不是一句空话，我们要想成为了不起的大人物，成为祖国的栋梁，必须从完善自我开始。

第二，要对自己负责。一个人活着，要对自己负责。如果连对自己负责都做不到，就不要说对家庭、对社会负责了。对自己负责就要努力捍卫自己的青春尊严，珍惜青春生命。贪图享乐，崇尚暴力，盲目追星，不辨是非的“哥儿们义气”，以低俗为荣、以放纵为乐的思想，这都是典型的对自己不负责任的表现。表面看是追求时尚，实质上是最无知、最不懂尊严的表现。能够不断进步的学生，才是值得敬重的学生，才是拥有青春尊严的学生。我送给大家几句话，以辨别方向：激我奋进者是我友，引我放纵者是我贼，助我成才者是我恩人，拉我下水者是我仇寇。

第三，要跑好操。跑操是我们校园生活的一小部分，是一个细节，环境卫生、自行车摆放都是细节。细节最能反映一个学校的管理水平和精神风貌。

跑操，不仅仅是为了跑操，更重要的是其中蕴含着二中的一种文化。

首先，声震四野的口号，可以增强每个同学的自信心。口号是每个班自己创作的，这些口号喊出来，能反映本班同学的心声，特别催人奋进。久而久之，就把口号内化为一种精神，特别能起到自我激励的作用，同学们一边跑一边喊，还能增加肺活量。

其次，有助于发泄情绪，缓解压力。跑操时高喊口号，非常有利于同学发泄心中淤积的不愉快情绪，能有效地打开心扉，变压力为动力，以更好的心态迎接全新的一天。

再次，跑操可以跑出班级的凝聚力和战斗力。整齐划一的步伐，形成了排列有序的方阵。大家跑得越整齐就越有气势，更能激发集体荣誉感和自尊心。

各班还得认真策划，还存在什么问题，什么样的口号适合你班的班情，谁领操更为合适，争取我们的操越跑越好。

同学们，在这新的学年，我只提这三点小小的要求，高不高？希望我们同学的每一天都能紧张而愉快地度过。让二中成为你们终生难忘与留恋的地方，为赢得未来奠定坚实的基础！

2012.3.5

## 十五、命运成就于性格　性格培养在习惯

2012年春季开学第二次讲话

我开学初的第一次讲话，主要有三个要点：一是自我完善；二是对自己负责；三是再强调跑好早操。

通过一个多月的观察，我认为我讲的要求对一些同学没有产生多大作用，几乎是白讲。完善自我就是让每一位同学改掉身上的小毛病，从小事做起，可是有一些同学身上的毛病不仅没有改掉，反而变本加厉，出现了更为严重的问题。大致有三类：第一类是充当“帮凶”，为了一点小事，为个帮助某个同学出气，充当“不辨是非”的“帮凶”；第二类是同学之间相互玩耍行为失当，不看前后，不顾深浅，不考虑后果，有的甚至动用小刀，使同学受伤；第三类同学，以损坏别人的东西为乐。同学的电动车放在那儿不碍你什么事，却要把它损坏，干一些损人不利己的事情。第一类同学表面看是帮助别的同学，实质上是被别人利用了，被别人拉下水。拉我下水者是我仇寇。这一类人最没头脑，认识不到危害，长期下去后果非常严重，这样的行为是黑社会性质的萌芽状态。我奉劝这些同学，赶快认清危害，悬崖勒马。第二类同学，是典型的对自己不负责，不懂得珍惜生命。一个对自己不负责的人，就是一个对社会无用的人，甚至是有害的人。一个同学不懂得珍惜自己的生命，就不会懂得珍惜别人的生命，这些同学需要深刻自省。学一学、看一看好同学的行为举止，努力捍卫自己的青春尊严。第三类以害人为乐的人，这些学生在品质上出现了问题。

一个学生犯错，我们应该分清习惯上的问题还是品质上的问题，是轻还是重。这些同学应该从感恩社会、奉献爱心做起，学会宽容与忍让，以恩报德，以恩解怨。多一点真、善、美，要有一颗善心，多拍拍胸脯，问问良心。彻底改掉那些以害人为乐、以损人为荣的扭曲心理。如果一个人品质上出了问题，将来走向社会会出大事。

学校就是教育人的地方，"立德树人"是教育的根本任务。学校也是训练能力、培养意志的地方。是完善自我、不断成长的地方。你们成长在学校，完善自我也必须在学校。在学校犯了错不改好，或者说没有彻底改正，走向社会就很难改正。在学校，老师和同学发现你身上的问题，给你指出来，改正还是需要靠自己。人只有自己教育自己，自己说服自己才是最有效的。

你们这代人，大多是独生子女，条件优越，不知艰苦。身上有很多优点，但也有致命弱点，吃不了苦，受不了委屈，不能碰，更不能动你的东西。而这些恰是一个人经历中最常见也最能体现品质的东西。温室里的花朵是经不起风吹雨打的，不经过磨炼的人，是难以担当重任的。我现在最担忧的是，再过二十年、三十年，当你们正值年富力强的时候，可能因一点事就把你打败了，受到一点挫折整个人就会垮掉。如果从小没受过磨炼，长大以后很可能就是这样的结果。

吃亏是福，受些委曲能使人成熟。"成人不自在，自在不成人"，要有忍耐谦让之举，要有善良仁爱之心，要有宽宏大量之度。

孟子曰：天将降大任于斯人也，必先苦其心志，劳其筋骨，饿其体肤……。要想明白这些道理，请同学们多读一读《论语》吧！

为了你幸福的人生，为了承担家庭的责任，为了成为一个对社会有用的人，多受些磨炼，忍耐些吧！吃些苦吧！

2012. 4. 16

## 十六、再接再厉攀高峰　越战越勇争上游

在表彰会上的讲话

各位老师、全体同学：

大家好！

今天的表彰大会振兴人心，催人奋进！在二中的发展史上有划时代的意义。其目的在于承前启后，在于再接再厉、再攀高峰！

刚才对58名教师，从不同的角度进行了表彰，实质上是我们走到今天，对我校师资的一次盘点，一次展示。这些教师在二中的发展上、教学质量的提高上，发挥了至关重要的作用，做出了巨大的贡献。他们的动人事迹，他们的从教之道，二中不会忘记，张北人民不会忘记！

我们还有一大批辛勤奋战在第一线，工作也是兢兢业业、任劳任怨的优秀教师。由于受表彰名额的限制，他们没有受到学校表彰。但他们也是二中的有功之臣。在这里我提议，我们把最热烈的掌声送给他们。

事实上，在二中这个大环境的感染熏陶下，在二中这种文化的引领下，我们的老师几乎没有弱兵。二中能够发展得这么快、这么好，跟我们有一支敬业实干，吃苦奉献的教师队伍是分不开的。

我们还从各层面表彰了380名优秀同学。表彰你们就是希望你们做得更好，希望你们继续给同学们做出表率，做出示范，他们的身上透射出二中学生的形象与风采。全体同学都要向他们学习，榜样

就在身边，你只要努力，相信大家都能做到。

新学期，我们又有 1 262 名新同学升入七年级，很多同学都有切身的体会，你们来二中就读是多么不容易。还有多少同学想来二中却因为名额限制而进不来。你来了就占据了一个座位，你占了别人就进不来，所以我希望七年级每一个新同学都要珍惜你那个座位，把握好走进二中的这个机会！

新学期，要有新气象、新起点。我简单向大家提三点希望。

### (一)要继续传承二中文化，进一步塑造和完善二中这块品牌

几年来，我们已形成了张北二中的独特文化。如我们的精神文化、理念文化，团结协作文化，敬业奉献文化，求真求实文化，公平竞争超越自我的文化，卫生文化、上操文化等。这些好的文化要保持，要在二中的每一位师生头脑中扎根落户，永远传承。

学校文化是二中发展的基石和核心。因为它重要，所以与它相悖的东西、不好的文化就要加以改造。比如，开学初我们反复强调的带手机问题，仪表发型问题，群体打架、索要财物问题，这些都是坏文化，坏的东西不消失，好的文化就不会产生。所以，这些坏文化必须彻底改造。

### (二)要做好自己

有人说，人最大的敌人是自己。我想说，人最好的老师也是自己。挑再好的学校、选再好的教师，也都没有多大用。最重要的是自己管好自己，把该做的事变成想做的事。一个人做他想做的事，他就会用心，就能做好。我们抓课改的实质，就是充分挖掘每个学生的潜力，充分发挥每个人的主体性，就是要把该做的事变成想做的事。如

果把念书变成每个人最想做的事，我们每个同学都可以考上高中，每个人都可以成功！那每个人就做好自己了。

## （三）要有理想，有目标

一个人有理想和目标，他做事才有方向，有动力。一个没有理想和目标的人，他做起事来总是马马虎虎，得过且过。为师，我要成为什么样的老师，应该有追求、有目标。为学生，将来我要成为什么样的人，更要有想法、有目标。要想适应竞争的环境，必须制定自己的目标。先确定长远目标，再确定近期若干小目标，然后逐个突破和实现。目标越具体，你就越清楚每天该做什么、怎么做才更好。如果有了自己的目标，你就会把命运掌握在自己手里。

无须多讲，“行胜于言，言行一致”是我校的一条重要理念。让我们以实际行动，站在新学期的起跑线上，以创建省级名校为目标，以更加强劲的发展势头，以更加精细和完美的工作作风，向更高更远的方向前进！

2012.9.6

# 十七、主动学习力求通　接受教育益终身

## 国旗下的讲话

同学们：

大家早上好！

我今天再明确地给大家讲一下：学生的基本任务。在我的印象中，一些同学勤奋上进，充满信心，热爱学校，奋发有为。而另一些同学精神麻木，不思进取，瞒天混日，道德缺失，懵懵懂懂。为什么有这样的差别？除了养成的习惯外，主要原因就是不明确自己的基本任务。

今天，我进一步告诉大家，你们来学校到底要干什么，怎么去干。简单地说，我们每个人来学校的基本任务有两个：一是学习知识；二是学习做人。我一说你们都明白，可一做就有了差别。

先说学习知识，你们人人都知道念书就是为了学知识，可麻烦的是你们在求知的路上，一些人是不愿学，一些人是不会学。

想学的可暂时学不会的，他总有学会的时候；可是厌学的不学的，永远也没有学会的日子，这部分学生很令我担忧。

社会需要各种层次的人才，考大学是以分数论英雄。任何一个家长都希望自己的孩子考一个好大学，目的就是让你们在以后的人生中一马平川。可中国人口众多，优质教育资源非常稀缺，不可能人人都去念大学，但我们中的每一个人都要走向社会，从事各种各样的职业。任何职业都需要知识和技术，我们今天所学的知识就是明天

所用知识和技术的基础。如果今天你一点也没学会，明天你就一点也学不来。所以我说，不愿学，不想学令人担忧。

不会学也不行。首先大家都要知道这样一种理念："知识是靠自己学会的，不是靠老师教会的"。这就告诉大家学习知识第一要务就是主动，不等不靠。在课堂上积极自学，有疑惑的地方要记下来，老师讲的时候你就会引起注意，认真去听，高效率利用老师。做作业要独立完成，不会的要努力思考，再不会的通过老师或同学解决。做作业的目的不是为了得出标准答案，而是要学会解题的思路和发现问题，然后总结方法和规律。

学习知识有三个层面：一是懂，二是会，三是通。懂就是能听懂，会是能把题做下来，通是不仅自己会做，还能给别人讲出来。懂不等于会，会不等于通。通是最高境界，给别人讲的过程，就是训练自己思维和能力的过程，是提炼知识、巩固知识的过程。给别人真正讲明白，可以减少自己的反复练习和重复浪费。这是高效率，不是耽误时间。

简单地说：会学包括主动、善思、会问、会讲。

再说学习做人，大家来学校接受教育，就是要成为社会的一个合格公民。这要通过老师说教，教材启迪，制度约束，环境熏陶等渠道实施。从教育过程和效果来看，大致可分为三类：一类同学不用管。这些同学非常自觉，有良好的家庭教育，能把学校和老师的要求内化到自己的行动中。他们能从老师的手势和眼神中领会精神，自觉遵守，并形成习惯。二类同学服从管。这类同学也经常发生问题，但出错以后在老师的教育下，能够认识错误，改正错误。学生就是受教育的人群，在你们的学习生活中出错是正常的。问题的关键是出了错能知错改错，在以后的实践中真正行动起来，真修实练，逐渐使自己成为一个没有毛病或毛病少的人，成为一个人。三类同学是不服管，这类同学是老虎的屁股摸不得，听不得批评，软硬不吃，刀枪不入，我行我素，老子天下第一。这些同学虽然极少数，但后果严重，危害极大。今天在这里我衷心地奉劝你们，赶快悬崖勒马走入正道，否则在今后的人生中你会忽然跌倒，甚至会付出沉痛的代价。

同学们，你们大多是独生子女，受到父母、爷爷奶奶、姥姥姥爷过分的爱护，家长的共同想法是：要穷只能穷自己，再苦不能苦孩子。其实这种溺爱给你们造成了灾难。家里什么活也不让你们干，结果你们不会劳动。家里满足了你们的一切欲望，结果导致你们自我奋斗的精神萎缩；家里以你们为中心，结果导致你们唯我独尊，责任感淡薄。在你们身上缺乏了应有的品质。前些年，中日学生夏令营的较量，中国的学生输得很惨，就是最好的佐证。我今天提出来，要引起独生子女们的深思！

还有，现在的社会，让你们过早懂得现实，过早地面对世俗的丑恶，过早地学会世故，导致你们不辨是非，这也是很可怕的事。你们只懂眼前利益，缺乏理想，缺乏信念，缺乏追求，太多的缺乏。盲目攀比，哥儿们义气，贪图享乐，过早地堕入情网。更为严重的是，你们这样想、这样做还不知道后果！同学们，我们到了觉醒的时候了！

人什么都可以没有，但决不能没有道德。人最终的竞争是道德的竞争，道德是做人的根本。金庸在《倚天屠龙记》中写道："仁者无敌"。真正无敌的不是屠龙刀，也不是倚天剑，而是仁，一种无形的道德境界。大家都知道《水浒》，宋江武功不行，却能领导梁山是靠道德的力量。好多的同学崇尚暴力，这是天大的错误。

同学们，道理通过别人讲就能明白，道德只有靠自身不断地感悟，不断地修炼才能铸成。我希望大家在我今天讲了以后受到启发，要深刻的反思。从今日开始还为时不晚，努力把真、善、美的东西内化到自己的思想中，落实在行动上，不断完善自我，力争使自己成为一个有道德的合格公民，为自己、为家庭、为社会敢于担当。

2013.3.2

# 十八、二中人与众不同 好形象追求卓越

根据我平时的观察和研究,我校的多数同学在思想、学习、生活等方面表现出了良好的素养。“愉快而刻苦,合作而竞争,自由而约束”,你们表现出的良好形象和青春活力让我时时感动。经过我认真观察和仔细琢磨,从11个方面、用88个字概括了张北二中学生形象。虽然这些良好的品质不是全部集中在一个学生身上,但它大致反映了我校学生现状的主流。现在我朗读给大家。

张北二中学生形象:

目标明确,理想远大。(理想)

主动会学,善思会讲。(学习)

活泼大方,乐观坚强。(性格)

诚实守信,宽容忍让。(做人)

遵规守纪,举止端庄。(习惯)

求真向善,感恩奉献。(美德)

立场坚定,是非分明。(辩证)

不怕失败,百折不回。(精神)

回报社会,勇于担当。(责任)

爱国爱校,一如既往。(爱国)

心理健康,体魄健壮。(体质)

下面我简单解释一下不太好理解的句子:

理想是基础，目标是方向，理想是一个人对未来的向往和追求，更是一种精神支柱和强大动力。会学是未来的生存概念，未来的文盲不是不识字的人，而是没有学会自学的人；会讲是学会的最高境界，能把所学的知识给别人明白地讲出来，才算真正的学会了。活泼大方是指活泼而不失稳重，无论是装饰发型还是内在的气质，都表现出得体庄重。诚实守信是做人的第一要务，“人无信不立”，宽容忍让需要有气量、不计较、胸怀宽广。求真向善应该崇尚真、善、美，有爱心、有正义感。是非分明是指能区别美与丑、善与恶、好与坏，能分清敌友。百折不回就是在困难面前、挫折以后不退缩，目标和意志不会改变。勇于担当就是要有责任感，对自己负责，对家庭负责，对社会负责。

大家只要牢记这88个字，并且不断向这88个字靠拢努力，那么你将会是一个不断进步的学生，是一个值得敬重的学生，你才真正拥有了青春尊严；如果能够做到这88个字，你一定是一个健康向上、品学兼优的完美的初中生，将来一定会成为一个了不起的人物，一定会成为祖国的栋梁、民族的柱石。每一位同学在今后的学习生活中，不论遇到什么困难，发生了什么问题，都要想一想自己到底偏离了哪个方面，怎样去做才能及时回归到正确的轨道。每一位同学，如果都能靠近或做到这88个字，那么张北二中成为全省一流、全国一流的学校就不是一句空话。

2013.4.8

## 十九、家庭教育有学问　家校合一托太阳

### 在家长学校培训会上的讲话

各位家长：

大家好！

首先非常感谢大家在百忙之中参加今天的会议，同时感谢广大家长几年来对我校工作的关心、理解和支持。

今天我着重谈一谈家庭教育问题。其实，家庭教育是一门学问，是一个很大的课题。我校以至全国的各类学校这一块都是一个短板。好多发达国家，像日本、俄罗斯，很注重家长培训。定期上课，分不同的组别。现实中我们家长的层次不同，受教育程度不同，对教育孩子的认识和理解就不同，所以导致了不同的效果。

我们先分析一下学生和家长各自的特点：现在我们每家大多是一个孩子，父母以孩子为中心，对孩子关爱、呵护，甚至包办代替。在爱的光环下，孩子做事的时候，往往失去了选择的机会和自我选择的能力，表现出来的是任性、自私，自理能力差自尊心却很强，受不了一点挫折。现在的网络、游戏对孩子的诱惑又那么大，在这种情况下，家长如果没有一个正确的教育观点，孩子可能就会偏离人生方向。一些家长望子成龙成凤心切，总喜欢回头看孩子小学时的排名，总是给孩子定一个高高在上的目标。孩子们向目标奋斗的过程就是一个遭受挫折的过程，最后孩子连一点自信都没有了，你们的教育结果肯定是失败的。你们用一个不正确的尺度衡量孩子，得出错误的结

论——孩子不行。孩子也认为自己不行而失去了信心，结果越来越差。另一些家长认为，儿孙自有儿孙福，我自己小时候父母就不怎么过问。其实，孩子想什么、需要什么，家长并不了解孩子的内心，孩子和谁交朋友家长也不清楚，对孩子过分宽容，甚至放任自流。还有一些家长，在他眼里孩子身上全是缺点，有时候甚至气得大骂：我怎么就生了你这么个孩子。不知这些家长想过没有，为什么孩子身上会有这样那样的问题？这些问题从何而来？我们有没有反思过自己，是不是因为我们自己造成了孩子满身的问题。以上这些现象在我们的家庭时有存在。当然，当好家长、做好家庭教育不是通过讲一次话、开一次会就能做到的，我就一些最主要、最基本的问题和大家交流一下。

### (一)教育孩子是学校的责任，也是家长的责任

我反对班主任随便叫家长，但更不赞成家长把孩子送到学校，全部依赖学校，什么也不管。也许我们在社会充当的角色、专业知识、性格修养等方面都不一样，但有一点是共同的，那就是有共同的使命——教育。教育孩子不能仅靠学校，是学校和家长的共同责任。实际上，家长在孩子的个性发展和人格培养等方面起着十分重要的作用，家长的这个影响作用，学校是无法代替的。当家长的一定要关注孩子成长的每一个环节。社会上的各种不良风气无时无刻不在侵蚀我们的孩子，光靠老师是不能避免不良风气影响的。家长如果还是旧观念，把孩子养大就行了，把教育孩子的责任全部交给学校，这肯定是不行的。孩子能否成功，关键是家长、学校、社会能否相互配合。但是社会环境的好坏，你是左右不了的，唯一能把握的就是自己，只要你的教育方法正确，你的孩子无论遇到什么样的环境，都不

会出现问题。我衷心地希望家长,要主动承担起教育孩子的责任。

### (二)教育子女主要靠影响和示范

父母是孩子的第一任老师,家长潜移默化地影响子女,家长的言行举止,待人接物、为人处事的方式处处影响着子女。让孩子讲真话家长就不要说假话;让孩子诚实守信,家长就得实实在在;不让孩子去网吧,家长就不要打麻将、去歌厅。总之,你没有这样那样的缺点,你的说教孩子才信服。家长的话不一定很多,必须说到做到。你的缺点可以向孩子保证改掉,给孩子起一个带头作用。我想这一点大多数家长都能做到,为了孩子家长应克制一点,忍耐一点。

我记得给家长发过一封信,这封信中引用了著名教育家马卡连柯的一段话,今天我再读给大家“你们自身的行为在教育上具有决定意义,不要以为只有你们同儿童谈话,或教导儿童、嘱咐儿童的时候,才教育儿童。在你所生活的每一瞬间,甚至当你们不在家的时候,都教育着儿童。你们怎么穿衣,怎么跟别人谈话,怎样谈论其他人;你们怎么表示欢欣和不快,怎么对待朋友和仇人,怎么哭,怎样回报,等等,所有这一切都有很大意义。父母对自己的要求,父母对自己家庭的尊敬,父母对自己一举一动,这是首要的和基本的教育方法”。

大家听了这段话后仔细地想一想,为什么自己孩子身上出现了这样那样的问题,问题从何而来,这都应该引起我们的深思。

一个人可能骗得了别人,但骗不了自己的孩子。教育孩子不是一句口号,靠的是看得见的行动。一个好的家长要尊重孩子,要言传身教,指出孩子的错误要以理服人。要善于有分寸地夸奖孩子,好孩子是夸出来的,但对孩子的无理取闹、自私行为,家长丝毫不能让步。有的家长发现,孩子上了初中以后,很难管教,孩子不听话是家长最头痛的事。这个问题怎么解决？首先，我们要分析一下，孩子不听话有其主观上的原因，也有客观上的原因。根子还是早期教育不到位造成的，到了中学阶段解决孩子不听话的问题，实际上已经是再教育的问题了。

一般来说，孩子的不听话大致有以下几个原因。

一是家长溺爱孩子，无限制地满足孩子的一切愿望，造成孩子任性；二是家庭成员对孩子的教育方式、态度不一致，要求不统一，使孩子无所适从，结果造成谁的话也不听；三是对孩子的要求缺乏一贯性，高兴时孩子怎么都行，不高兴时就数落孩子没完没了；四是对孩子要求不适当，过分严厉，禁令太多；五是由中学生的心理决定的，孩子们的成人感和独立意识要求摆脱家长的监督和约束，强烈地要求得到尊重、平等，于是产生了种种逆反心理和行为。

面对这种情况，家长们仍然用以前的口吻对孩子讲话，用以前的办法管理孩子，孩子自然接受不了，往往顶撞家长。如果家长的态度不冷静靠压服解决问题，往往会激化矛盾。正确解决这个矛盾的途径，就是家长要放下架子，把逐渐成年的孩子当成家庭一员，有事与他商量，尊重他的意见，满足孩子的正当需求。允许孩子犯错误，但必须讲明情况，家长了解清楚后让孩子吸取教训。根本的一条是必须让孩子讲真话，启发和诱导孩子加强自我教育。

总之，先管好自己，再教育孩子。把培养孩子看成是自己的人生事业。一个成功人士最重要的标志就是培养出一个成功的孩子。

### (三)要承认孩子的差异，尊重客观现实

人和人是不一样的，人和人来到这个世界上的时候就有区别。先天的差异源于种族还有出生前的若干因素。人的智力是娘给的，

他的习性、人格受父亲影响比较多。人的性情、健康状况生下来就不一样，这是改变不了的事实。孩子已进入初中，你能改变了吗？所以，做家长的要尊重这个客观现实。这么多学生不可能人人考上大学，但他们都要长大成人。将来不论干什么，都要让孩子做一个对社会、对家庭负责的人。不要把自己的孩子和别人的孩子乱比，要根据孩子现在的实际情况，帮助孩子确定一个适当的奋斗目标。这个目标不要定得太高，太高了高不可攀，一旦摔下来会摔掉他的自信。可也不要太低，太低会让他们失去拼搏的斗志。要在孩子现在的这个名次上想办法，充分发掘孩子的潜能，每天进步一点点，一学期就是一大步。对品行不良的孩子，家长要引起高度注意，想让他彻底改掉不良的品行已不是一件容易的事情。但并不是无能为力，改变不了，这需要家长更多地付出、更多的爱和耐心。要长期坚持不懈，要与老师很好地配合。第一，家长要管好自己，再教育孩子。第二，改变家庭不和谐、对孩子意见不一致的现状。第三，对孩子要“严”得得当，不能以暴制暴。第四，对孩子要尊重和信任，要理解孩子的心理，满足孩子的正当要求，增加他们的自信心。对孩子要充满信任，不要伤害孩子的自尊心和自信心。一个完完全全失去自尊心的人是很难通过教育挽救的。第五，要善于观察发现孩子的优点和长处，用优点克服缺点，责子十过不如奖子一功。总之，不论孩子将来干什么，都不能让他走到歪道上去。

### （四）多和孩子沟通，少和孩子发脾气

孩子在初中这个年龄段，情绪浮躁，逆反心理强，再加上学习的压力，孩子实在很辛苦。这个时候，家长更应理解和尊重孩子，要营造和谐的家庭氛围，多关心孩子的正当需求，既不能宽容无度，也不

能严格过分。要走进孩子的内心，真正地与孩子沟通，这要比说教、打骂强一百倍。只有触动孩子的心灵，教育才是管用的。家长工作、做生意再忙，也要多陪陪孩子，多和孩子沟通，多和老师联系。如果你经常说："我很忙，没时间"，那么，我说你凭什么要拥有"父母"这个神圣的身份？你挣钱再多，也买不来孩子的健康成长。如果你因为忙，孩子没人管，学坏了，你挣再多的钱也快乐不起来。

不能跟孩子发脾气，训斥孩子。不能用粗暴和压制对待孩子，这是解决不了问题的。在孩子的学习上，切不能心急。考好了，和孩子共同总结经验；考不好，共同分析原因，经常地、诚恳地鼓励孩子，不要和别的孩子乱攀比。让孩子永远有信心，永远有自信，让孩子感到父母永远在期待着他，鼓励着他。任何时候，都不要对孩子表示失望，要有足够的信心和耐心。对身上有些毛病孩子，家长更应成倍地付出。再淘气的孩子也是你们的希望。我看到一些家长，为了防止孩子跟别人学坏，家长天天接送，这是很负责的家长，但也不要一切包办代替。

### （五）要严格监管孩子的日常生活

比如，放学按时回家，一学期争取不迟到一次。每天晚上坚持学习到10:00，中午必须休息（尽量保证孩子一回到家就能吃饭）。在家的这一段时间安排要紧凑、合理。孩子想玩游戏、看电视，帮孩子克制一下。培养孩子的自控能力，是今后孩子成功的基础。家长一定要清楚学校的作息时间，早晨几点到校，中午几点放学，下午几点上课，晚上几点回家。要估算一下孩子从家到学校大约得多长时间，几点从家里出发合适。不要太早也不要迟到。太早了，影响孩子的休息，休息不好，就不会上好课。特别是有一些同学早早地来到学校，是为了抄作业。各年级各个班到校的时间不一致。学校的晨读时间是6:40,有的班要求6:20,有的班是6∶30。班主任今天一定要给家长讲清你班的到校、离校时间。如果你的孩子没有及时回家,就要求他说明理由。

回家后,要注意观察孩子是怎样学习的,有没有做作业,做到几点,有没有反常行为。有反常行为,就要和班主任联系。孩子在家里的活动也要管理,具体说就是看电视、玩电脑和玩手机。我的观点是电视要少看、电脑要少玩、手机就别开。过度商业化的电视节目,没有几个适合初中生看的,要看也应选择一些适当的节目。家长可付出一些时间和心思与孩子一起看,一起讨论。据我了解,学生玩电脑,绝大多数是玩游戏和聊天。玩是孩子的天性,玩物丧志,无节制地玩就要影响学习。我建议,平时就不要开电脑,孩子确实需要查一些资料,那也应该父母知道,查完资料立即关掉。如果孩子实在想玩,也应规定一周在周六或周日只能玩一次,而且时间不能太长。

手机更允许孩子用。手机是很好的通信工具,但和学生的生活没有多大关系,家长不要给孩子配手机。给孩子配手机,无疑是干扰了他们的学习精力。带上手机,孩子随时都在关注手机,接收和发送短信,上课和写作业心不在焉。更有甚者,同学之间发生一些小摩擦,一个电话找来一伙帮凶,把很小的事给闹大。我们学校规定:学生在校是不准带手机的,一旦发现,老师就要收起来,等毕业的时候再还给你。部分乡下住公寓的学生,失去了父母的监管,问题也很严重。你辛辛苦苦挣来的血汗钱,孩子要多少给多少,殊不知孩子在这里乱花钱,真是可怜天下父母心。这次家长会你们一定要了解清楚你孩子的情况,看他有没有住公寓自理自制的能力。

### (六)培养孩子的自理能力,家长不能包办、代替一切

孩子做作业家长陪着,甚至不会的题家长帮孩子解出来。吃水果、喝水也得家长管,洗脸洗头也得家长催。星期一把换洗的衣服准备好,一次准备不好,孩子就不知道怎么办。要让孩子做自己的事,做一些力所能及的家务,不然的话上了高中一旦住了校什么也不会,将来走向社会也是一个书呆子。培养孩子的自理能力,在初中阶段很重要。

现在的孩子差异很大,不仅是智力的差异,更明显的是习惯的差异。我们仔细地想一想,大部分孩子是独生子女,比较任性,比较娇惯,在爱的光环下长大,甚至在溺爱的环境中成长。不同的环境长大的孩子,习惯就截然不同。(举丢废弃物的例子)

在这种现实情况下,家长如果没有正确的教育观点,孩子可能就会偏离成长方向。本来孩子做错了事却不冷静对待,不从自己孩子身上找原因,一味错怪别人。比如有些家长,同学之间发生了矛盾,一听说自己孩子受了委屈,挨了打,就火冒三丈,鼓励孩子暴力解决,甚至纠结人痛打发生矛盾的学生。不分析原因,不通过正常渠道解决,在这样的教育方法中长大的孩子,将来遇到什么事都会怪别人,从不找自身的原因,不改进自己。有这种思维习惯的孩子,他能成功吗?

凡事怪别人的人,都是被动者。因为他总是受到别人的制约,这样的人注定要失败。凡事主动的人都会主动找自己的问题,他能够把握自己,所以他能成功。为什么很多孩子的毛病总是改不了,就是因为在他们的内心深处从不认为是自己的错,所以他改不了。所以要解决孩子的问题,首先就要改变凡事都怪别人的思维习惯。哪个

家长把这个问题处理好了，你的孩子就有成功的希望。

### (七)帮助孩子调适心理，调整心态

每一位家长都希望自己的孩子长大以后成龙成凤，或成为专家学者，但事实上，不可能人人考上大学，但他们当中的每个人都要长大成人，成家立业。所以我们家长教育的重点应放在品德教育上。学习好不等于将来有作为，学习不好不等于将来没出息，不要一提家庭教育就是辅导孩子的功课，能辅导孩子功课的家长固然好，但解决不了孩子学习上的问题，孩子会通过问老师、问同学等途径解决。没文化的家长、农民的孩子也会考上重点大学。所以，家长要教孩子真善美的东西，要教孩子实事求是的东西，要教孩子做人的道理。任何一个家长都不会放弃自己的孩子，谁也不能预料他将来会干什么。

帮助孩子调适心理。调整心态比督促作业、辅导重要得多。如果孩子在什么时候都充满自信，以积极的心态对待每一天，以进取的心对待每一件事，我说这样的家庭教育就是成功的。

要想帮助孩子调整好心态，必须走进孩子的内心世界。孩子高兴为什么高兴，孩子苦恼因为什么苦恼，家长对此能及时了解能适时正确开导、引导，这是最重要的。调整心态的方式不同，话语不一样，但只要效果好、达到目的就行。帮助孩子走出困境，走出阴影，脑筋转过弯来，这就是调整心态。改变了心态，就能改变成绩。

以上的一些观点和看法不一定正确，仅供大家参考。

家长同志们：我们的目标是一致的，任务是一样的。愿我们携起手来，齐心协力、相互配合，把我们的学生、您的孩子，培养成品行优良、身体健康、学识广博的优秀人才，为将来升学、就业及整个人生的发展奠定坚实的基础！各位家长，你们让孩子选择了二中，是对我们

的信任，我们感到更多的是压力和责任。我们全体教职工会不懈努力，再接再厉，再上台阶，给家长们一个满意的交代。如今的二中人正以全新的教育理念、顽强的斗志，扬帆奋进。我们应该相信，二中会越办越好，二中将会成为我市教育战线上的一块闪亮的品牌。

最后，再次感谢各位家长对学校工作的支持！

祝大家工作顺利，家庭幸福！

2008.11.20

# 第五章

# 杏坛争鸣

校长这个职务，是对“领导”一词最好的诠释，在思想上引领，在业务上指导，既“领”又“导”，边“领”边“导”。正如苏霍姆林斯基所说：“如果你想让老师的劳动能够给老师带来乐趣，使天天上课不至于变成一种单调乏味的义务，那你就应当引导每一位教师走上从事研究这条幸福的道路上来。”

## 一、谈谈课堂教学中德育的渗透

学生在校的主要时间与精力是投注在课堂教学中的，所以学科教学理所当然地成为学生思想、品德教育的主渠道。如何利用这条渠道实施德育，这是学校德育工作的一个重要研究课题。现就如何在课堂教学中进行德育，谈一些粗浅的看法。

教学大纲中明确指出，在传授知识技能的同时，要对学生进行思想品德教育，这就要求教师教书就必须育人。任何学科任何教师都有这个任务，这是教师的职责。而课堂教学中的德育教育不是孤立的，不是空洞的说教。可是如何同教学糅合在一起呢？我认为应从两个方面进行。

### （一）抓住教材中直接显露的德育内容

教材中的有些德育内容都很明确具体，它告诉学生什么不可以做，什么可以做，怎么去做。这些内容是对学生进行直接的道德教育、理想教育、爱国主义等方面教育的，其特点是在教学中对学生直接灌输。比如语文课，教材中选取了相当一部分文质兼美，适合德育教育的典范文章，能直接落实思想教育的要求，如：通过学习《济南的冬天》、《故宫博物院》、《中国石拱桥》等篇目，结合教参录像，学生可以领略祖国的大好河山，名胜古迹，由此增强学生的爱国之心。通过学习《口技》、《核舟记》等可以了解我国灿烂的古代文化艺术。通过学习《闻一多先生的说和做》、《土地的誓言》、《最后一课》等可以向学生进行言行一致、热爱家乡、热爱祖国、全心全意为人民服务的人生观教育。这类文章可以称为德育教育的直接联系点，在教学中不能以说教来代替德育，而应让学生透过关键传神的语句、段落具体感受其蕴涵着的精神力量，发掘的着眼点在于引起学生的共鸣。

再如，历史和思想品德课，每课几乎都是具体的教育材料。结合知识的传授，使学生认识祖国的壮丽山河和劳动人民的聪明智慧，以及社会主义建设的伟大成就，还有我国历史上涌现出各种各样的杰出人物。所有这些都是我们国家的荣耀、民族的骄傲。这些内容学生容易接受，因为它最真切、最实际，也最感人。这些内容都是在教材中直接显露着的，直接传授，不需挖掘。

### （二）挖掘教材中隐含着的德育因素

教材中隐含着德育因素，可以通过渗透达到教育效果。所谓渗透就是给学生一个知识，通过这个知识教育学生。书上没有现成的答案，需要教师充分挖掘教材的思想性，巧妙自然地渗透到课堂中。渗透内容的确定，视教材的特色和学生的实际而定。比如语文教学中，不是讲一段课文，加一段说教，而是恰到好处地点拨，有效提高学生认识，让学生在不知不觉中受到教育。

如张琼老师讲《走一步再走一步》一课，在结尾时提问学生，文中的"我"是怎样克服困难的？学生讨论后得出：在父亲的指导下，把大困难化整为零，化难为易，走一步，再走一步，最后成功爬下了悬崖。学生得出结论后，到课结束前老师一字一句地说给学生一句话：通过学习这篇课文，请同学们记住，在人生道路上，我们常常会遇到意想不到的困难，我们把大困难化整为零，化难为易，走一步，再走一步，定能战胜一切苦难。到此为止，如果再多说，去联系学生实际，反而效果不佳，把这个结论说出来，让学生自己去领悟。

再如，吴建荣老师讲《登上地球之巅》一课时，是让学生体会屈银华等三人在登着刘连满的肩登上第二台阶时的心理活动，当屈银华看到"刘连满两腿颤抖，呼吸变得沉重……"时，老师问：假如你是屈银华，此时此刻你想对刘连满说些什么呢？这样让学生领会当时屈银华的心理活动，领会屈银华和刘连满的思想境界，学生自己说出来，这种自我教育的作用是很大的。这种通过自己感受英雄人物某时某刻的心理活动，比讲出这是一种什么精神、一种什么主义效果要好。

我们把学生亲身经历、切身体验的人和事引到课堂上来，教育效果就更大了。吕海茹老师针对"过生日请同学好不好"这个话题引导学生展开讨论，让学生的各种认识、各种看法充分亮相，再经过激烈的辩论，最后统一思想，使学生明确俭朴是中华民族的美德，是祖国建设的基石。在优裕的生活环境中,仍需要俭朴的良好品德,借适宜的教材引发学生讨论探索,教师无疑为学生指明了一个个前进的航标。

数学、物理、化学学科虽然没有阶级性,但它是培养辩证唯物主义观点的最好教材,数学教师板演一个例题,每一步有理有据,书写工工整整,几何图形、线段分析准确明了,这种严谨的治学作风使学生在潜移默化中养成一丝不苟、严肃认真的科学态度;计算结果要求学生必须准确,一就是一,二就是二,培养学生实事求是的思想作风;由面对条件解决问题,条件不变,问题改变,逐步培养学生具体问题具体分析的思维品质。理化生实验课中要求学生认真准备材料,正确使用器材,严格按照实验步骤进行,各组成员有分工有合作,能够培养和训练学生良好的习惯、严谨的态度、协作的精神。

总之,课堂教学的德育渗透一定要贴切。对教材蕴涵的德育因素要准确把握,没有挖掘尽十分可惜;生硬联系,借题发挥,难免牵强附会。所以德育因素的确定要视教材的特色和学生的实际而定。视教材的特色就是通过这节课可以对学生进行什么教育,怎样采取有效的办法,取得教育效果。根据学生实际就是考虑这方面的内容以前涉及没有,由此确定详略,掌握尺度。同时,渗透必须自然而然,水到渠成。教学与德育不能机械切割,要注意两者的自然结合,两者的有机统一,要逐渐地体会和琢磨,贵在坚持。

2005.10.15

# 二、教学工作是校长的“生命”

在2006年全县教学经验交流会上

近年来，随着教学改革的发展和新教材的实施，引起了我对教育的重新审视和认识。在教育教学管理的实践中，我深刻地认识到校长走近教师，走进课堂，才有生命，教学质量才能保证，学校才能发展。近三年我把主要精力放在教学上，使我校办学水平和质量有了显著提高，优异的成绩赢得了各级领导的肯定，得到了社会和家长的认可。

我简要谈一下深入课堂抓教学的主要做法和一些粗浅认识体会。

## (一)确立一种先进理念

教育工作者的教育理念，源自对教育的理解和实践。先进的教育理念得靠不断地学习思考。校长走近教师、走进课堂就是一种管理，一种理念。作为一个教学管理者，其才能、管理艺术都来自教学，来自教师，来自课堂。如果校长离开教师不进课堂就无法找到教育的真谛，就会成为教育的“盲人”。同样，教师的品德、人格、知识、创新能力都表现在课堂。一句话：校长的“生命”在教学，教师的价值在课堂。在这种理念的指导下，我坚持听课，从不间断。每学期从开学的第二周开始，就安排听课。在我的带领下，学校领导每天保证听课两节，有时一天多达5节。我和主管校长、教务主任每学期听课都在

130节以上。

听课大致分常规、分类、研讨三种类型。

常规听课促管理。常规听课就是按照年级、分学科，听每一位教师的课，每学期听每个教师至少2～3节课。这种听课有利于教学的管理，便于掌握每个人的教学情况。

分类听课抓培养。教师是一个群体，其经验、能力是有差异的。要让老教师更好地发挥作用，青年教师尽快成长。分类听课就是要使老教师做好传帮带，青年教师通过指导，少走弯路，尽快地成熟起来。现在，我校各学科都有几名带头人，除他们自身努力外，与这种培养是分不开的。

研讨听课促提升。我提倡教师由"经验型"、"功夫型"向"研究型"转变。通过开展示范课、汇报课、过关课、研讨课，促进教师业务水平的提高。例如，在新教材实施中，我一边抓培训，一边抓课题研究。列出12个课堂教学中的小课题通过听课评课来研究，从而达到提高教师的目的。

为了保证听课的质量，我首先做到两点：一是要成为教师中的教师。为了保证这一点，首先自己必须是一个优秀教师，要精通一至两门学科，并坚持不断学习、研究。我个人每学期除了学习专业教育教学理论外，还要学习研究教材编排意图、知识体系、课程标准中的要求。率先垂范，每次考试部分学科试题都要亲自做一下。二是要定好位。听课时我是课堂的研究者、学习者，做到与教师一块研究，与学生一起学习。教师的心态是复杂的，老教师对听课有厌倦、抵触的心理，青年教师有惧怕心理。针对这两种情况，首先要告诉教师，校长与大家同是课堂的研究者、学习者。我们一块研究，共同来提高业务水平和课堂质量，而不是挑毛病、吓唬人。

每天听课做到听单人的评课不过夜，学科评课不过周，每听完一个学科，就及时组织教师集体评课、集体研讨。教师先说课，讲思路、讲得失，我讲理念、提建议、指路子。在评课中，我坚持评课三原则，即激励、肯定的原则；分类指导的原则；建议商讨、共同探究的原则。通过评课要给教师信心，起到激励的作用。同时，对教学中的问题不回避，中肯提出，使教师心服，主动改进。但是我从不贬低教师，从不说教师你这个不行、那个不对的话。使每位教师都树立起上好每节课的信心。

现在，我校听课的气氛很好。基本形成了互相交流、互相学习、共同提高的良好氛围。

**（二）建立一种优质机制**

首先，坚持以人为本，营造民主和谐、政令畅通的管理氛围。近年来，我坚持"四个为本"的办学思想，一是"教育以人为本"，尊重师生人性、人格，注重个性特长；二是"校长以教师为本"，尊重教师，关心教师；三是"教师以学生为本"，一切为了学生的发展；四是"教学以课堂为本"，抓好课堂教学，提高课堂效率。力争做到让教师幸福而快乐地工作，学生健康而愉快地学习。学校既是我们工作学习的地方，又是师生的精神乐园。

其次，抓好"备、讲、批"重点环节。我提倡工夫用在备课上，质量出在课堂上，抓精抓细。引导教师钻研教材、研究教法，注重学法。使每个教师明白，"这法那法，不钻研教材就没法"。备就要精细、到位。不能出现无教案上课，不能出现备讲两张皮，既要适用，又要有特色。我倡导在备课中学习，在备课中提高。对备课提出三点要求，一是不看任何资料钻研教材；二是认真设计过程；三是充分研究学生。拿出一个预案后，再看参考书。不能看着参考书，对着教材备。我认为参考书是别人的，只供参考，自己研究才是有用的、适合的。照着参考书备课永远成不了自己的东西。为了备好课，每学期学校都要给教师购买大量的教学用书，我出差要抽时间去书店看一看，总要给教师购教学适用书。今年，北京教育科学出版社为我校教师赠送了一批新近出版的教学理论实践用书，丰富了教师视野，拓宽了教师思路。在课堂教学中要求教师精讲精练，师生互动，共同发挥积极性，促进课堂教学的提高。规定教师讲授不超25分钟。同时，提倡教师与学生一块合作、探究，营造和谐、民主的课堂气氛。我让每个教师明白一个道理——“师生关系就是教学质量”。在日常听课中，我把握三度，即教师情感精神心理的投入度；学生知识能力的提高度；思考动手的参与度。把课堂教学做实、做细、做到位。为了提高课堂质量，我校每学期都要组织教师到石家庄二十八中、四十三中、唐山九中、张家口市九中、七中等学校听课，还不断请名师到我校讲学作课。

精批细改，严把作业关。我要求教师作业适量，但必须精批，做到有发必收，有收必批，有批必改，有改必纠。从批改中反馈，从批改中反思，及时调整教学计划。为了保证备、讲、批质量，每学期期中、期末两次对每位教师的教案、作业进行检查，并及时通报，个别交谈，建档归案，作为业务考核的重要依据。

### （三）发挥群体优势、打造合作团队

这几年，我校教学质量稳步提高与强化教科研、打造合作团队这一策略是分不开的。新教材的实施，更使我感到教研、合作的重要性。我的理念是单打独斗不会大面积出成绩，没有合作就没有质量。

教学是个体劳动,集体成果,1+1就是大于2,没有球星但能精诚合作的球队,绝对能战胜有球星但合作意识差的球队,要提高质量,必须打造合作团队。

确定教研策略,抓好教学研究。第一,要选好备课组长,学科带头人。第二,固定教研时间。过去是每周一利用一个晚班,全校固定为教研活动时间,但时间短,有时问题不能全部解决。今年我根据学科特点,每周安排半天的时间,集中活动,从时间上得到保证。第三是个人钻研集体备课。充分挖掘个体的潜力,最大限度地发挥集体优势,在个人研究的基础上,同学科的教师对教材目标,重难点、知识、能力达成共识,再共同商定形成一个统一教案、统一练习,做到资源共享,取长补短,共同提高。学校领导都能参与教研活动,同老师们一起研究,一起备课。第四,精选学生练习。在讲完一个章节后,每位教师必须拿出自己的好题,让大家共享。对外来的复习资料决不套用,都要经过精选精改。老师们拿着直尺和小刀,寻觅于书山题海之中,用胶水和糨糊合出一张张精美的练习和试卷,保证发到学生手上的是高质量的资料。我的理念是:宁可教师多费时,不让学生做废题。第五,通过中考奖励方案,激励教师合作。修订了中考奖励方案,变奖励个人为奖励集体为主。过去个人成绩考得好,就能多拿奖。现在是整个学科、全学科考好了,才能多拿奖。全学科考不好,学科内一个人考得再好,也多拿不上奖。在教研中,我坚持开好“三会”,即教师分析会、学生分析会、质量分析会。教师、学生的情况在我心中十分清楚,各年级、各位教师的教学情况心中有数,便于指导、分析、解决存在的问题。

教学研究为教师不断学习、不断充实自我搭建了平台,也为提高教学质量奠定了基础。

我走近教师、走进课堂，使教师感到距离近了。同时我也有了生命的价值，也感受到了教育人生的快乐。“一天没听课就像没工作一样”是我内心的真实感受。教学工作贵在踏实、持之以恒。其实我们没有新的花样，只不过是把传统的东西做得细了一些、深了一些、精了一些。今后我会一如既往地继续深入课堂、走近教师，把我校的教学质量再提一个新水平，再上一个新台阶，为张北教育做出新的贡献。

2006.3.20

# 三、亦谈学校文化建设

在 2007 年河北省中小学校长高研班论文答辩会上

## (一)学校文化的概念及其意义

1. 什么是文化。有关文化的定义有二百多种,但我比较推崇的是捷克前总统哈维尔先生关于文化的定义。他讲“文化从一般意义来说是通过教育能够达到的文明规则,从高层意义上来说,是一个社会心照不宣的精神默契。”这里面主要是精神默契,就是那个文化圈子里的人,对好多问题有一种共识。这个共识有一部分是说出来的,有一部分是说不出来的,只有这个文化圈子里的人心照不宣。这种定义把文化与文化知识、专业知识区分开来,人们往往喜欢讲“这个人没有文化”,前后二者文化的含义是完全不同的。

2. 什么是学校文化。在我们理解了文化概念的基础上,不难理解学校文化。

“学校文化”是学校中大多数人在组织中表现出来的习以为常的做事方式,以及做事方式背后对事情的价值判断。其核心是人们的价值观。这种“做的”价值判断可能是主体意识到的,也可能是主体没有意识到的,是大多数组织成员在做事方式的左右中形成的不约而同的方式和态度。他们相同价值观的形成是自然而然的,这种心照不宣的精神默契才是学校文化的真正内容。

3. 学校文化的意义。在健康的学校文化中,大多数人都具有相同的价值追求，并以相似的方式实现着这种价值追求，使学校能够健康持续发展。譬如：有一所学校，校长非常能干，学校发展不错，过了几年校长调走了，学校就不成样子了；另一所学校，新上任的校长比老校长差远了，几年来质量虽然有所滑坡但一直也还不错；还有一所学校，校长换了好几位，教师们照样工作，学校还照样发展。为什么？那所有些滑坡的学校的教师们说，现在学校发展靠的是惯性、传统，什么时候把惯性给摩擦没了，学校可能就不发展了。后一所学校的教师们说，我们是为了学生发展而工作，真正引领我们的是学校的优秀教师，这是我们学校几十年的传统，多少代人都这样干。

到底是什么使后两所学校仍然发展着，我理解就是学校文化。前一所学校之所以换了校长学校就不成样子，原因是这所学校没有形成一种健康持久的学校文化。一所学校中大多数人在做事中体现出来的独特的做事方式和处世态度是这所学校的生命特征所在。所以，学校文化是学校的生命所在。

### （二）学校文化的建设

既然学校文化是一所学校的生命，那么，如何建设学校文化呢？

1. 校长是学校文化形成与改造的关键。

首先，校长作为学校的管理者，因为其特殊的地位，他的理念、他的行为、他的做事方式和处世态度都在潜移默化地影响着教师，影响着学校文化的形成与转变。人们常说，一位好校长就是一所好学校。好校长的“好”实质是教育理念选择得适合、适应，所以作为校长首要的是要有正确的教育观。校长对教育适应社会的认识，对学校功能的理解，对学校育人取向的传承，对校长社会责任的思考，都是校长教育观的具体内涵。创新是时代发展的客观要求，校长要不断更新观念，与时俱进。正确的教育观、先进的理念哪里来？主要靠学习靠思考。校长要不断学习先进的教育思想和教育理念，结合自己对某些问题的困惑和学校实际有针对性地学习。我认为校长每年至少应该走出去一次，参加有组织的考察学习，在专家的引领下学习外地经验。有的可以拿来我用，有的可以吸取和借鉴精神实质，结合本校的实际消化吸收，让其校本化。让自己学到的先进思想、理念，不断渗透到学校的方方面面，渗透到每一位教师心中。

其次，校长必须有强烈的责任感。一个人做事只有有了高度的责任感，才能产生强大的动力，才有无比的激情，才会全身心地投入。当了校长，不管任期多长，从你上任的第一天开始就要把自己与学校紧密地联系在一起，与学校共命运、共荣辱，就要感到自己肩上的担子，把办好学校作为自己的志趣和追求。选择了校长，就意味着选择了奉献。要有“捧着一颗心来，不带半根草去”的境界。这一颗心就是对教育火热的心，对教育痴迷的心，对教育赤诚的心。有了这颗心，成千上万人的学业前途，成人成才的重任就会觉得有分量，就会勇往直前、义无反顾、死而后已。同时应有“责任是我的，成绩功劳是大家的”气度，校长就应勇于承担责任，成为教师的脊梁和主心骨。校长的责任感是形成健康学校文化的基石。

再次，校长必须树立正气正风。学校文化从某种意义上讲就是学校风气。学校每天都要发生很多事情，作为校长一定要分清哪些是大事，哪些是小事。凡是影响学校文化、学校风气的事就是大事，对这样的事校长一定要认真对待、观点明确、狠抓不放，让教师清楚校长对这件事的态度。学校教师通过多次对校长行为和思想的感悟，就知道什么事该做，什么事不该做，什么事怎么做，自觉不自觉地形成做事的态度和方式，学校文化也就逐渐形成。

2. 教师的行为是学校文化形成的根本

前面提到的后两所学校，校长不怎么样，学校却仍然发展得不错。我认为是学校文化在起作用。学校文化是人们多年来形成的习惯和对某些事的看法与做法，是学校的传统，是教师们在工作中自觉不自觉形成的对待物质、制度、精神等方面的态度和方式。而人们的这种态度和方式是培养出来的，是带出来的，如教师的备课行为就反映着学校文化。

以教师备课为例。我从事校长工作二十年，先后做过一所小学、三所中学的校长。教师的备课不外乎有这么几种情况：一是不备课也能上，能照抄教案就不错了（这一类教师一般认为自己年岁大了，已有丰富的教学经验，无须再深钻教材，备课只是应付学校的检查。——学校对教师的备课要求有错误导向，只注重备课数量，忽视质量）。二是唯教参是听（这一类教师是缺少经验的年轻教师，一味重视教参的提示，在他们的心中，教参就是备课的标准答案。——学校缺乏对年轻教师的引导，没有教给他们怎么备课，怎么上课）。三是把备课当任务（这类教师备讲两张皮，备课是让别人看，讲课是另外一回事，不明确为什么要备课。——学校对备课的真正意义不明确，管理者的备课理念缺乏）。四是少而精，多而次（这类教师认为备一节课，如评优课，能够潜心研究揣摩，如果每节课都细致琢磨，没时间、没精力，除了备课还要批改辅导，所以也就不那样努力了。——教师没有把主次分开，投入与投入的方向有偏差）。五是能够在备课上下功夫。每节课都要认真研究教材和学生，对教材有自己的独特理解，有了自己的设计后，再去看教参，再去看上一轮讲这一课的教案，尤其要看课后记，比较自己与教参、与上次在处理教材上的异同，从中总结经验、吸取教训，努力使自己的备课趋于完美（这类教师认为，认真备课是上好课的前提和基础，是以广泛读书活动为基础的，认真备课是提高教学质量的重要保证，备课的目的既是为了上好每一节课，也是为了提高自己的教育素质。——这是备课的真正意义所在）。

针对教师备课的种种行为，学校对教师的备课应该进行有效管理。首先，组织教师反复讨论，重新认识。结合自己成功的课、满意的课对备课的意义再认识，教师在讨论中形成自己的理解，也形成共同的理解。其次，大家的认识都统一到上述第五类教师的认识上，并且反复强化，让行动落实在教育实践上。其次，学校对备课管理进行改进。同年级同学科的教师可以备不同的教案，学校检查的重点应放在授课的思路上，放在对问题情境设计、调动学生积极思维上。学校领导可以通过听课检查教师备课情况，不让教师有"应付检查"、"完成任务"的态度。再次，学校要想办法加强对教师备课的指导。要引导帮助教师把备课的过程当成自己提高发展学习的过程，从集体备课到个人备课再到上课和课后反思，都要进行认真思考，从而让教师切实体验备好课才能讲好课，教学效果也就明显了。坚持强化一轮下来以后，教师甜头尝到了，习惯也就养成了，自己也越来越会钻研教材了，对备课的做法也就有了大家的共识。这个共识一旦形成，就很难改变。这里关键是让大家达成共识，这个共识形成后，教师们的备课不会因学校检查不检查，谁在当校长而改变他们内心的做法，因为它已形成了学校独特的备课文化。

对教师的评课，教师的学习，人际交往、班级管理、课后反思、分层练习等都要认真谋划并加以改造，并逐渐形成一种文化。每一种文化的形成不是一朝一夕的事情，都需要学校管理者艰辛的付出和真情的带动，需要长久培养、不断追求。最重要的是让学校大多数成员形成的那种共同的做事方式和态度是积极健康的、团结向上的，形成学校自己的独具特色的学校文化。

2007.11.8

## 四、做新时代的好校长还需依托人格魅力

在东北师大校长高研班上

回顾我二十年的教育管理经历，一路走来，承载了多少领导的关心和支持，分享了许多人的智慧与真诚，每每想到这些，我都心存感激，并在感动中实践着一个理想，那就是用心依托人格魅力，努力做一名新时代的好校长。

通过近几天的学习培训，我更觉得当一名校长不难，可是当一名好校长，当一名让大家心悦诚服、交口称赞的好校长却并不容易。回想我调离张北县永义街学校时，教师们那依依不舍的眼神，以及日后提起我时敬佩、感激之情；我深深知道这就是我的成功！一个教育管理者的成功。我更加深刻地认识到这种成功缘于我的人格魅力。

“人无信不立”，做人需要人格魅力，为人师表的教师需要人格魅力，当好一名校长，更需要人格魅力。一个校长在一所学校，能否凝聚人心、打开局面、顺利开展工作，取决于他在师生中的威信。威信的确立一方面有权力的因素，而更重要的是非权力的因素——人格魅力在起作用。学校领导者，尤其是校长，一旦形成特有的魅力，就会对广大师生产生强大的吸引力，进而形成一股强大的合力，推动学校的发展。

在管理工作中，我始终坚持“无欲则刚”、“有容乃大”、带着爱心和激情工作、勤学勤政、注重外在形象，不断提高个人魅力，努力地推进学校工作。

（一）淡泊名利、无欲则刚

古人云“公则四通八达，私则偏向一隅”，校长只有无私欲，无邪念，一身正气，两袖清风，责在人先，利在人后，才能立世有威信，改革有底气，才能团结人，有感召力。我一直注重行为端正，办事公平，心无杂念，淡泊名利，从不计较个人的得失，使我在诸多大事的处理上得心应手，得到教师的大力支持和拥护。我记得曾经有一位老局长对我讲：“你让出的是名，回报你的是心。”正是通过点点滴滴的举动，我赢得了教师们的心。

（二）宽以待人、有容乃大

“海不辞水，故能成其大；山不辞石，故能成其高”。当校长，器量须大，心胸须宽，要记人之功，容人之过，这样才能团结各种性格的人，听得进各种不同的意见，保护好、调动好、发挥好所有人的积极性、主动性和创造性。我在制定执行规章制度时，也有不理解甚至抵触的教师，但我总是晓之以理、动之以情，理解并原谅他们的过激言行，从不打击、报复，而是采取疏导情绪、化解矛盾的方式，始终关心他们的进步和发展，功夫不负有心人，如今，那些曾经对我颇有微词的老师，都成了我的朋友。

（三）关心群众、爱心领航

当校长，要把所有的教职员工作为自己的兄弟姐妹，做到爱群、乐群、利群。所谓爱群，就是热爱你的集体，热爱你的同事；所谓乐群，就是把与同志们共事当作一种缘分，当作一种至高的乐趣；所谓利群，就是敢于并善于为职工排忧解难，为职工谋福利求实惠。

在学校管理工作中，我不是用手中的权力制约人，而是用人格品质去影响人。爱学生、爱教师，爱家长，时时面带微笑，给人带来的总是“慰问、体贴和关怀”。学校的大事、要事我从不独断专行，而是充分听取各方面意见；大的财务支出我总是慎之又慎，集体研究，政府采购；我在可能的情况下给教师考虑更好的福利待遇，给他们创造好的工作、学习环境，让教师安心本职工作；我常怀感恩的心，从心里感激并信任每个教师，因为有了他们才会有学校的良好发展；教师有生活上的困难，我总是及时出现，我知道，雪中送炭强于锦上添花；教师心理上有疙瘩，我总是及时沟通，我知道“亲其师才信其道”！人心难测量，但只要你有一颗为公的心，一颗爱人的心，再冷的心都能够被感动！走到路上教师与家长的亲切问候、我微有小恙时教师的关切眼神、张北二中教育教学成绩的蒸蒸日上，总是让我心里涌动着一种感激和自豪！

**(四)激情满怀、蓬勃向上**

美国著名的心理学博士艾尔森对世界100名各领域的杰出人士做问卷调查，发现61%的成功人士所从事的职业，并非他们内心最喜欢做的，不是心目中最理想的。很多人常常无法改变自己的工作和生活，但完全可以改变对工作和生活的态度。用激情去点燃生命的火种，去创造无悔的人生。

在学校工作的每一天，我总是精神抖擞，神采奕奕，满面春风。很多人问我：“你怎么每天都这么精神？”我总是以微笑作答。那是因为我知道，作为一名校长，我代表的是一个单位的形象，一个学校的精、气、神，我的这种激情可以感染教师，在校园形成蓬勃向上的活力！我还知道，我在那个位置上，那里有我应尽的职责，我要让自己始终处于工作的最佳状态！我更知道，一个面向世界、面向未来、面向现代化的校长，一个想干事、会干事、能干成事的校长，应该是一个充满激情的校长，我必须以一种“在其位，谋其政，成其事”的责任感和事业心，办让人民满意的教育！

**（五）勤学勤政，主动作为**

在全面建设小康社会，构建和谐校园的今天，学习变得尤其重要。作为新时代的校长，只有博闻强记，不断丰富完善自己，才能站得高看得远，带领学校走向辉煌。学习不是死板的学，而是要勤学、好学、会学、善学，通过书本、网络、与人交谈等渠道学习，还要善于思考，不做书本的奴隶，不做别人思想的附庸，不做随声附和者！天文、地理、人文、科技、经济学等都应该有所涉猎；形体、谈话技巧、审美都应该加以锤炼，一个学富五车、才华横溢、侃侃而谈的校长绝对是一个有魅力的校长。所以，无论工作多忙，事情多繁琐，我都坚持每天看两小时书，每月听一次讲座，每学期撰写1～2篇论文，并把处理各种事情的过程当作学习的过程，一步步在勤学中补拙，在勤学中不断地完善着自己！

勤政不是大小事一手抓，校长的“勤政”就是要建立健全各项规章制度，做好牵头抓总；校长的“勤政”就是要果断、及时地处理好重大事情；校长的勤政更主要的是体现在勤于思考上，不断反思自己的管理工作，要经常琢磨事，谋划学校的发展，站得比职工高，看得比教师远，想得比教师周全，这样才能增强自己在教职工心目中的威信，才能促进学校的可持续发展！

**（六）外修形象、彰显魅力**

魅力并非空中楼阁，魅力也依附于一定的载体，无论较浅显易变的衣着服饰、外貌体型，还是较稳定有效的领导方式、行为后果都是魅力可以依附的载体，只要时时注意自己的形象，不断的精心修炼，魅力是可以获得的。校长的人格魅力来自于朴素、舒展、大方、整洁的衣着服饰；校长的人格魅力还来自于明亮坦诚的眼神和圆润清亮的声音。平常，我很注意个人外在形象，做到衣着整洁、端庄大方，举止自然，谈吐文明，待人热情、真诚，在我工作的每一个单位都赢得了老师们的认可和欣赏，愿意同我合作共事，愿意和我谈心交朋友。由于我注重语言表达的训练，在会议讲话和演讲中，总能获得大家的好评，这也增进了我的人格魅力。

当然，校长的人格魅力还来自于良好的个性特征。开朗的个性、幽默的谈吐、开拓的精神、敢于承担责任的魄力！一个有魅力的校长还应该具有精良的专业知识，对社会和孩子的责任感和使命感！

2009.5.10

## 五、咬定青山创辉煌

在我校召开的全县教学工作现场会上

首先，我代表二中的全体师生对各位领导、老师来我校指导工作，表示由衷地欢迎！同时也感谢教育局给我们提供这个学习交流的机会。

刚才，大家分头听了我校三十位老师的课。在课前，我们有一个统一的要求，就是这个课不演练、不作秀，原汁原味地把我们平时的教学呈现给大家，真诚地希望大家提出宝贵意见。

近年来，我校以“创建省市名校”为办学目标，坚持“文化引领、质量立校”的办学理念，围绕“为学生发展奠基，为教师成长搭台，为社会进步服务”的办学思想，秉承“勇于创新、敢于领先、永夺第一”的二中精神。在这些思想的指导下，我校取得了一些成绩，现就一些粗浅认识和主要做法向大家汇报如下。

### （一）建文化，引领发展

几年来，我们努力建设二中的学校文化，营造我们自己独特的文化气息和育人氛围。广大教职工逐渐形成积极健康、团结向上的做事方式和处事态度，并已内化成不约而同的精神默契，为学校的可持续发展奠定了坚实的基础。现在引领二中发展的不仅是靠行政领导，更主要的是靠学校文化，以文化管人，以文化引领工作。举一个简单的例子：近两年，我校先后调入八十多位教师，这些教师很快就能融入我们这个团队。集体备课、课堂改革…… 二中点点滴滴的规则、规矩已自觉不自觉地被新教师接纳。为什么这些来自四面八方的新教师,能够这么快就融入这个新环境?我想,这就是文化引领的作用,是二中的氛围、文化潜移默化地影响了他们,是二中的每一位教师用自己的实际行动带动、感染了他们。

学校文化有一个传递过程,是一部分人逐渐带动另一部分人,再带动更多人的过程;是通过一件事影响人们,再通过另一件事逐渐深入影响人们的过程;是学校在长期的办学过程中形成的共同价值观念和行为方式。而学校文化建设又是一个缓慢的过程,需要自身的努力和历史的积淀,需要学校管理者艰辛的付出和真情的带动,需要精心地培养和不断地追求。其中,校长是学校文化形成的主导者。校长要找准牵一发动全身的突破口,善于出思路,身体力行抓落实,树正风,扬正气。凡是影响学校文化建设的行为一定不能迁就姑息,而要态度鲜明地加以制止,形成正确的舆论导向,这种言传身带潜移默化的影响,人们逐渐就形成了共同的认识和一致的做事方式,健康的学校文化也就逐渐形成。

**(二)进课堂,坚守阵地**

领导听课是一种观念,是一种信息。说它是观念,我认为听课与分析课是学校领导最重要的工作。说它是信息,是因为通过听课告诉人们学校领导的主要精力在抓教学。听课不但是对教学工作的检查和督促,更是对学校文化、学校风气的一种诠释。只有走进课堂,才能了解老师;只有走进课堂,才能把握学校的根本。

领导听课在二中已成常规。每天不论有多么重要的事情,校领导都得在听完两节课以后处理,这已经成为一种习惯。开学以来,我们每位领导已经基本听完了今年新调入的五十多位教师的课。每听一节课都带有很强的目的性和针对性，不为听课而听课。每周一早晨简单开完碰头会后，就一头扎进课堂。有时是为了了解进度，有时是为了让新教师亮相，有时是落实学生反映的问题，有时是教学研讨……而且听课后都要认真地分析和研究，与教师推心置腹地交流。说优点又指出不足，说缺点又满含期待；有的地方“点到为止”，留给教师自己去思索。因为我们本着求实的精神，关心培养的态度，所以，我们的思想和理念很容易被教师接受。我始终认为：在学校不论担任什么行政职务，你首先是一个老师，不是一个行政官员，所以应该放下架子，摆正位置，走近师生，身上不应该带有官僚习气，应该踏踏实实干事。

我个人感受，走进课堂，就浑身充满了活力；和学生坐在一起，就体会到了学生的甘苦；走出教室，就感受到了教师的价值。走进课堂已成为我们学校领导的核心理念。

### （三）育队伍，增技强能

这几年，二中的教学成绩一年比一年好，越来越受到老百姓的认同。而给我们带来的压力也越来越大。为了加强发展后劲，我们更加重视教师队伍的培养与建设，狠抓“四气”。即“正气、底气、人气、锐气”。

正气就是正确的舆论导向，积极向上的工作精神和态度。我经常向老师们讲，教育不只是一种职业，更是一种事业。职业可以讲代价、讲报酬，而事业更多的要讲意义、讲奉献。走进二中教师的办公室，看到的是埋头的备批、是热烈的研讨、是一丝不苟的培优辅差，很少见聊天拉家常的现象。大家真正是任劳任怨、不计得失、默默奉献。

底气就是教师个人过硬的基本功、较高的教学素养。我们一直提倡“二中无弱科，组内无弱兵”，促使每位教师提高认识，自觉学习。学校每年不仅带领部分教师到省市名校进行观摩学习，还邀请专家名师来我校讲学培训。我们更注重岗位练兵，通过各种形式的公开课、比武课，让教师亲自实践，提高自身的教学能力。

人气，即集体中和谐融洽的人际关系。对于一个集体而言，和谐才有团结，和谐才有合作，和谐才有发展，因此我们特别注重构建干群之间、教师之间和谐融洽的同事关系。我们把教师当作兄弟姐妹。本来社会上很多人对教师有一种高于常人的要求，所以学校领导更应该理解教师、关心教师、体贴教师。多些理解，少些指责，让教师有归属感。让他们感到，在这个环境下工作是愉悦的、幸福的。有了这种关系，心情好了，心气儿顺了，效率就高了。对于老师的劳动强度，我们每一个二中人都有切身的体会。但好多老师都说，在二中教书，虽然很累，但心里很高兴；虽然怕落后，但精神不是特别紧张。

锐气就是每一位教师锐意进取的精神。我们鼓励教师在教学上敢于冒尖、敢于领先，创导教师设计自我、完善自我。把骨干、名师作为自己成长追求的目标，让每一位教师始终保持昂扬的斗志与激情。

在抓好教师个体的同时，学校将重点落实教研组的团队建设，选任那些作风正、业务硬、责任感强的同志担任教研组长。因为教研组长的辐射能量，直接影响和作用于每一个教师。这是培养好教师最有效的途径。

## (四)搞研修，群策群力

打造合作团队，发挥集体作战的群体优势，深入开展校本教研是我校的又一特色。

每周一的晚班是我校雷打不动的教研活动时间，此时间教师不接待学生家长，不解答学生问题，专心搞好教研。或教材解读，或学法探讨，或习题精选，或考后反思。每次活动都要切实解决好一两个问题。每位领导到所承包的教研组与老师们一起讨论，共同研究，往往是有领导参与的教研组讨论得更加热烈。

今年改革备课制度，即要求同一备课组的老师分组合作（一般是两人一组）完成一学期的教案，这个教案是一个基础教案，其他教师共同分享这份教案，同头教师利用教研活动时间，各抒已见，集中每个人的智慧，形成一个更加完善的教案。在上课之前，每位教师根据自己的特点、学生的特点再进行开发，大的方向不变，适当做些增减。这样完全可以保证每一位教师的每一节课都可以代表组里的最高水平。但每个人备的那部分都要精雕细刻，都要把最好的、最精彩的、最与众不同的展示给本组教师。通过摸索实践，取得了很好的效果。如今二中教师认为，备课是一种投资，是能力增进的有效途径。

如果说有些教师在二中工作几年水平提高了，那是因为有一群人向同一方向不停地努力而形成的结果。

### （五）开三会，有的放矢

我们坚持开好“三会”，即师生分析会，质量分析会，学生座谈会。

“师生分析会”在领导层召开。由于深入课堂，对师生的情况了如指掌，每一届师生有什么特点心中十分清楚。在这个会上要分析优势和劣势，扬长避短。同时，要反复研究和推敲，综合本届的师资和生源，确立一个切实可行、通过努力能够达到的总目标。从这几年的情况看，我们的目标基本都能实现。目标就是方向，目标就是动力，师生实现目标的过程就是奋斗的过程、凝聚的过程。

"质量分析会",我们是以班召开,学校领导分头参加各年级的分析会。任课老师充分准备,认真发表意见。既分析老师,也分析学生。分析自己的教学得失、授课感受,分析学生的学习习惯、思考习惯、作业习惯等,并提出解决的办法,为教师的后续教学起到了很好的导向作用。对于各班的学困生、偏科生,由任课教师负责帮助提高,落实到人,明确责任。这样的分析更加发挥了教师的主动性,增强了质量分析的效果。这是我校过程控制的方法之一。

"学生座谈会",我们根据需要不定期召开。内容主要有两个:一是帮助学生解决学习、生活难题,解决心理困扰,促进学生的健康成长;二是通过学生了解一些我们看不到、听不到的真实情况。召开学生座谈会,倾听学生心声,了解学生的真实想法和心理需求。对学生的要求合理部分给予及时的解决。

### (六)树榜样,典型引路

每年中考的喜讯传来以后,我们首先召开师生大会,借助骄人的中考成绩进一步鼓舞士气。我对学生讲:中考成绩令人振奋,师哥师姐们给你们做出了表率,状元就出在你们身边,中考前 10 名我校有 6 名,前 100 名我校占 50 名,有一半的同学考上了高中。往前推三年,清华、浙大、北理、南开、天大等名校都有我们张北二中的学子。他们都和你们一样,从刚入二中的空空行囊到今天的硕果累累,除自身的努力外,与我们母校的精心培养是分不开的。师哥师姐们已给母校增光添彩,你们该怎么办……这种一届接一届、一茬又一茬的好传统不停地沿袭和传承,使二中这盏辉煌的灯塔永放光芒。

同时,我们阳光分班,公平竞争。在二中选班确实比来二中念书要困难得多。有人和我讲,让孩子去某某老师班还不是你校长的一句话。我说不是那样的，我们分班是按照学生成绩、性别等均衡分开，由班主任随机抽取，这是原则。良好成绩的取得与这种公平竞争是分不开的。

"雄关漫道真如铁，而今迈步从头越"。在创建省、市级名校的漫漫征途中，我校办学思路日益清晰，办学品位不断提升，近年来取得了一系列可喜的成绩。张北二中，正日益成为学生向往、家长放心、社会满意的学校。但成绩只能代表过去，发展创新才是硬道理。展望未来，我们将继续努力，锁定新的目标，与时俱进，开拓创新，持续发展，再创佳绩。

以上是我们的一些粗浅认识和做法，兄弟学校在很多方面都做得比我们好，我们一定认真学习。我讲得不妥之处，敬请与会领导和各位同仁批评指正。

2010.4.20

# 六、办好一所学校是校长的理想和责任

在张家口市首届校长论坛上

1982年，我揣着献身教育事业的赤子之心走上讲坛；1990年，我又怀着更高的理想走上校长岗位，先后担任过四所学校的校长。二十多年来，我在教育这片沃土上耕耘成长，感到非常幸福。它激励着我用思想、智慧、情感和一生中最旺盛的精力，努力去实现自己的人生价值。我经历了这几所学校的发展、壮大，心中充满了无限快乐。下面，我结合自己的体会，就学校发展中校长应拥有的理念和情怀，谈一谈个人的认识。

## (一)校长的思想决定学校的发展方向

由于校长的特殊地位，他的思想、理念、行为都在潜移默化地影响着教师。一位好校长就能造就一所好学校，好校长的"好"首先是他教育理念选择得适合和适应。多年来，我始终以"创建省市名校"为办学目标，坚持"文化引领、质量立校"的办学理念，围绕"为学生发展奠基、为教师成长搭台、为社会进步服务"的办学思想，并在这些思想的指导下，积极实践，促进了学校的发展。所以，作为校长，首要的是要有先进的教育思想和正确的教育观。对教育的理解，对学校功能的认识，对教师和课堂的评价，对师生成长的思考，都是校长教育思想的具体内涵。在长期的教育实践中，只有不断学习和深入思考，逐步更新观念，才会形成自己独特的教育思想，并且想办法把自己的思想转化为教师的行为。每次出差，我去得最多的地方就是书店，总要把有关教育和教改前沿的书籍给大家带回来，总要到当地的好学校听听课、看看校园，交流取经。每学期我都要认真阅读几本教育理论书，借鉴和吸收先进的理念和经验。在每次教工大会上，我讲得最多的是自己对课堂教学、德育方法、学生评价等方面的认识，并鼓励教师大胆尝试，勇于探索。尤其是在每学期开学的第一次教工大会上，我都要讲新的教育理念，并把它作为全学期的行动指南。然后通过听课、评课、座谈、教研活动等渠道，全面了解老师们对新理念的理解程度和实践情况。实践证明，校长的正确思想是学校工作的先导，是全体教职工的行动指南。

### (二)校长的责任感决定学校的发展动力

一个人当了校长，只有有了高度的责任感，才会有无比的激情，才会全身心地投入。不管他任期多长，都要把自己与学校的命运紧紧地连在一起，与学校荣辱与共。校长还应该是一个为了学校前途和师生利益敢作敢为、勇于担当责任的人，要把办好学校作为自己的志趣和追求。选择了校长，就等于选择了辛苦，要有“捧着一颗心来，不带半根草去”的奉献精神。这是一颗对教育挚爱的心、痴迷的心、赤诚的心。有了这颗心，就会感觉到培养成千上万学子这副担子的分量，就会勇往直前、义无反顾。多少年来，我每天坚持早 6:00 前到校，直到下了晚自习才离校；50 多个班每天都要走两趟；全校 150 位任课教师，每学期至少听他们的一节课。我整天泡在学校，扎进课堂，引领着教师的成长，谋划着学校的发展，思考着质量的提高。当然，当好一个校长仅靠辛苦是不行的，但没有辛苦更不行。因为我知道，校长是全校师生的主心骨和精神支柱，他的责任感就是学校发展的强大动力。

### (三)校长的价值观决定学校文化的内涵

学校的核心竞争,归根到底是学校文化的竞争。它是仿不了、拿不走、打不破的东西。

学校文化,是根植于师生心灵中的信仰和价值观,是习以为常的行为。它是一个传承、传播的过程,是一部分人影响另一部分人,再带动更多人的过程;是通过一件件事情逐渐影响人们思想和行为的过程。学校文化的形成是缓慢的,需要学校管理者真情带动、精心呵护和不断追求。其中,校长的信仰和价值观是学校文化形成的关键。所以校长要找准牵一发而动全身的突破口,善于创新出思路,身体力行抓落实,树新风,扬正气。凡是影响学校文化建设的事一定要采取有力的措施加以制止,观点要明确,态度要坚决。让教师明确校长对这类事的态度,通过对他思想和行为的感悟,知道什么事该做,什么事不该做,什么事怎么做,逐渐就会形成一致的认识和共同的行为方式,健康的学校文化也就得以形成。

几年来,张北二中逐步形成了自己的学校文化。目前,促进学校发展的不是靠行政手段,而是靠学校文化,靠文化管人,靠文化引领工作。广大教职工形成了一种团结向上、责任与奉献的价值观,并已内化成一种精神默契,为学校的持续发展奠定了坚实的基础。近两年,我校先后调入 80 多位教师,这些来自四面八方的新教师,很快就能够融入我们这个团队。究其原因,是二中许多不成文的习惯和规矩影响了他们,是和谐的工作环境和浓郁的文化氛围改变着他们,是教师们用自己的实际行动带动、感染了新教师,这就是学校文化的作用。

## (四)校长的教学观决定学校的教学质量

在任何情况下,校长也要分清主次,把自己放在业务一把手的位置。校长听课就是一种信息,它告诉人们校长的主要精力在抓教学。听课不但是对教学工作的检查和督促,更是对学校文化的一种诠释。只有走进课堂,才能了解教师;只有走进课堂,才能把握学校的根本。

领导听课在张北二中已成定规。每天不论有多么重要的事情,中层以上领导都得保证听两节课,每听一节课都带有很强的目的性和针对性,不为听课而听课,不论出于哪一种目的听课,都以教改思想为核心去衡量教师。听课后都要及时地分析和研究,与教师推心置腹地交流。说优点指出不足,说缺点又满含期待;有的地方"点到为止",留给教师自己去回味。因为我们本着求实的精神、关心培养的态度,所以我们的思想和建议很容易被教师接受。

只要走进课堂,和学生坐在一起,就体会到了学生的甘苦;就感受到了教师的价值。走进课堂已成为我校培养教师的主要手段,也是提高学校整体教学水平的重要途径。

这几年,我校的教学质量一年上一个新台阶,我们的办学水平、社会声誉和家长的认可度越来越高。张北二中,正以强劲的发展势头,乘着张家口教育对标全国一流的东风,向更高、更远的目标迈进!

我还经常在想:每位校长都有离开岗位的时候,当你离开这个岗位的时候,你给学校留下了什么,如果你的思想、精神、人格魅力,能深深地留在大家的心中,那你这个校长就是成功的。这也许就是做校长的最高境界!

谢谢!

2010.7.20

# 七、团结拼搏创佳绩，继往开来谱新篇

在全市教学经验交流会上

近年来，我校立足本校实际，在实践中不断挖掘、创新和丰富学校文化内涵，锤炼和锻造精良的师资队伍。深化课堂教学改革，按规律求效率，踏踏实实把主要精力放在教学上，使我校的办学水平和教学质量逐步提高。2005 年以来，中考成绩年年实现新跨越，一年一个新台阶，连续七年位居全县乃至全市前列，并且中考状元连年出自我校。下面就如何提高教学质量，谈一下我校的做法。

## (一)构建健康学校文化，培育良好育人氛围

一个注重文化建设的学校，才能成为一个有“魂”的学校，成为一个有凝聚力，可持续发展的学校。几年来，我校努力传承和创新学校文化，逐步形成了自己独特的文化氛围。广大教职工解放思想，开拓进取，敢于想别人没有想过的事，敢于走别人没有走过的路，形成了“勇于创新，敢于争先，永争第一”的张北二中精神。逐渐形成积极健康、团结向上的做事方式和处事态度，并已内化成不约而同的精神默契。这是一个学习型的团队，全校上下都有不断学习、超越自我的愿望和追求，向同一个方向不停地努力。这是一支能吃苦，真敬业，有责任心的队伍。把骨干、名师作为他们成长的追求目标，始终保持昂扬的斗志与激情，求真求实，脚踏实地，实现了在思想观念上的创新和在教育教学模式上的创新。

教学质量是学校的生命。二中每一位教师的质量意识已深入在脑海里,铭刻在心坎上,质量经常念不衰,质量弦紧绷不松。全校上下形成了“一心一意抓质量,聚精会神谋发展”的精神追求。不管外界发生什么,都改变不了这支队伍的意志和凝聚力,不论从哪里调来的教师,都能很快地融入这个团队,这是学校文化熏陶的结果。

### (二)深入课堂教学,了解师情学情

在长期的教育教学实践中,我们深刻地认识到学校领导必须走近教师,必须走进课堂,只有这样,领导才有价值,生命才有意义,质量才能保证。在张北二中,领导听课已成常规,中层以上领导每天都得听两节课,每听一节课都带有很强的目的性和针对性,不为听课而听课。听课后都要认真地分析和研究,尤其是校长、主抓教学的副校长和教务主任,都要与每位教师推心置腹地交流。每学期开学一稳定,学校领导分头深入课堂,每位教师每学期在不同的时段都要接受听课。让青年教师少走弯路,尽快成长,让有经验的教师成为研究型教师。只有深入课堂,才能全面了解教师,了解教师才能正确培养和使用教师。因为我们本着求实的精神,关心培养的态度,所以我们的思想和建议很容易被教师接受。深入课堂已成为我校培养教师的重要途径,也是提高学校整体教学水平的有效手段。

要想达到听课的效果,学校领导必须做到两点,一是要不断学习,不断研究,努力成为教师的教师。二是要准确定位,听课领导就是课堂中的研究者、学习者,教师价值的体会者和感受者。

### (三)推进教学改革,实施有效教学

在校园里有两个主要角色,一个是教师,一个是学生。如何摆正这两个角色的位置,建立一种新的师生关系和育人理念,是提高教育质量的关键。

2009年3月以来,我们尝试课堂教学改革,引导教师转变思想观念,从重教转向重学,充分调动学生的学习积极性,充分挖掘学生的潜能。变传统的师道尊严为现代的良师益友,变以教师为中心的“我教你学”为以学生为主体的“我学你教”,变评价标准“以教论教”为“以学论教”。做到“五放手”,即新知识放手让学生主动探索,课本放手让学生主动去阅读,重点、难点和疑点放手让学生议论,提出问题放手让学生去思考和解答,结论和规律放手让学生寻找。在备课中,尽量多考虑学生的学,如何引导学生自学,带着什么问题阅读教材,成了教师备课的重点。课堂上教师通过质疑、行间巡视、个别询问、学生板演等形式,充分暴露学生的疑难问题,为有效的教做好充分的准备,教什么就有了很强的针对性。我们的课改已进行了两年多,教师的讲由最初不超过25分钟,到今天不超过15分钟,留足学生的思考时间和练习时间,初三的复习课也必须坚持这样上。

我们感觉到:课改后的课堂,气氛明显改善,学生学习兴趣和效果显著提高。去年11月,我们组织有关领导和教研组长一行19人赴江苏省洋思中学考察学习,实地听课122节,听报告3场。返校后,结合我校的课改按学科分别召开了洋思经验借鉴会,每位去洋思中学的领导和教师分别介绍所见、所闻、所感,大家收获很大。同科教师听了都充满信心,为进一步深化课改起到了很好的引领作用。今年

中考，我校生源并没有多大优势，但中考成绩遥遥领先。在小学学习程度相当的同学，升入我校考入了公费高中，而在其他学校没有考入的例子就有很多。目前，我校的课堂教学改革已全面铺开，它将会进一步促进我校教育教学质量的全面提高。

### (四)发挥群体优势，打造合作团队

近几年，我校教学质量稳步提高与强化教科研、打造合作团队这一策略是分不开的，我们越来越感受到教研、合作的重要性。我们的理念是单打独斗不会出成绩，没有合作就没有质量。教学是个体劳动、集体成果，必须打造合作团队，确定教研策略。第一是要选好备课组长，因为组长的引领带动作用直接辐射到每一位教师身上，组长影响着一个组的风气。第二是固定教研时间。每周安排半天和一个晚班为各科固定教研时间，集中活动专心搞好教研。第三是个人钻研集体备课，即要求同一备课组的老师分组合作(一般是两人一组)完成一学期的教案，这个教案是一个基础教案，其他教师共同分享这份教案，同头教师利用教研活动时间，各抒已见，集中每个人的智慧，形成一个更加完善的教案。在上课之前，每位教师根据自己的特点、学生的特点再进行开发，大的方向不变，适当做些增减。这样完全可以保证每一位教师的每一节课都可以代表组里的最高水平。第四是精选作业、精批细改，严把作业关。每位教师必须拿出自己的好题，让大家共享。对外来现成的资料决不套用，都要进行认真地筛选和修改，然后教师们用剪刀和胶水拼合成一张精美的试卷，保证到学生手上的是一份高质量的作业。我们要求作业适量，但必须精批，从批改中反馈，从批改中反思，及时调整教学计划。我们的理念是：宁可教师多费时，不让学生做废题，浓缩的才是精华。

### （五）提升教师水平，培养学生能力

学校为教师的成长搭建平台，一批批年轻教师逐渐发展成为优秀的骨干教师，学校每年都要组织教师外出学习，石家庄、唐山、保定、张家口的一些名校都留下了二中教师的足迹，多次到石家庄二十八中、四十三中、唐山九中、张家口九中、七中听课学习，并且向作课教师虚心请教，研讨交流，取人之长，补己之短。每次外出学习，教师都受益匪浅，对提高他们的教学水平起了重要的作用。每次使用交流来的信息卷，教师都要认真研究：这个卷的质量高不高，好在哪里，不好在哪里，为什么人家想到了我们就没想到。通过学习交流，加强自我反思，反思自己的课，反思自己的学生，教师的成长离不开反思。我们还经常把专家请到学校，与专家面对面地对话、交流，把平时在教学中遇到的困惑向专家提出来，让专家解答，然后自己感悟。所有这些都促进了教师的有效成长。同时，在中考前为学生们解决学习困难，破解生活难题，缓解心理压力是十分必要的。2011 年中考前，我们了解到学生学习压力、心理压力巨大，情绪急躁，精神分散的情况，及时召开了初三学生座谈会，倾听学生的心声，了解学生的真实想法和心理需求后，在初三学生中搞了一次心理陈述，让学生把最想说的话都说出来、写出来，给每个学生一次倾吐与宣泄的机会，释放他们的心理压力，起到了很好的效果。在后来紧张的学习过程中，学生再没有流露出急躁、不满、对抗的情绪，并且一直坚持到中考。一次次的模拟训练，都让学生发挥出了最佳水平，为自己中考充满了必胜信心。

在创建省、市级名校的征途中，我校的办学思路日益清晰，办学品位不断提升。张北二中，正日益成为学生向往、家长放心、社会满

意的学校。展望未来,我们将继续努力,锁定新的目标,与时俱进,开拓创新,持续发展,再创佳绩。

以上是我们的一些认识和做法,好多兄弟学校在很多方面都做得比我们好,我们一定认真学习.我讲得不妥之处,敬请与会领导和各位同仁批评指正。

谢谢大家!

2011.9.12

# 八、发挥校长在教学管理中的积极作用

## 在全市九年级复习研讨会上

我从事教育工作30多年，先是当老师，后来任校长。让我感触最深的是：把学校办好，引领师生在健康的道路上成长，恐怕是所有校长共同期望的。但是，作为一名校长，他的工作千头万绪，如果面面俱到，眉毛胡子一把抓，不仅浪费时间和精力，而且收效甚微。校长到底该抓什么、怎么抓，才能把学校办出特色，形成品牌，这是校长最想办到的，也是最难办到的。今天我们召开的是中考经验交流会，我结合自己的体会，就校长在教学管理和质量提高方面所起的作用，谈一谈个人的认识，供大家参考。

### （一）健康的学校文化是提高质量的前提

一所学校，教师是根本，校长是灵魂，而学校文化又是它赖以生存、发展壮大的基石。校长的办学思想和管理方式对学校文化产生着深刻的影响。因此，他必须用良好的职业道德评判标准和文化视野统领、审视学校的每一管理环节，把学校文化当作学校的核心发展动力。全国都在学洋思、学杜郎口，为什么没有一所学校变成洋思、杜郎口，这是因为学校文化所创造的优势和竞争力是不能模仿和复制的。张北县属于贫困地区，没有太多的优势，但我必须让我的学生享受最优质的教育。所以必须深挖教育资源，丰富学校文化的内涵，把学校教育转化成一种文化行为。虽然学校文化至今也没有一个确切的定义，但是我认为它的隐形义是在学校内部形成的，被大家共同遵循并得到同化的价值观、行为准则和思想作风，是一种有纪律约束而又无须强求执行、有管理者又不必事事监督的精神默契。其显性标志就是师生习以为常的做事方式和表现出来的态度和行为。它应该像春雨一样“润物无声”，又像无声的命令规范着师生行为，熏陶着师生的道德情操和文化修养。它具有强大的管理功能，因为文化会告诉人们该做什么、怎么做。所以，我把它作为创建优质学校最强大的支撑，视为我全部工作的出发点，时时记在心里，牢牢抓在手上，件件落到实处，渗透到教育教学管理的全部过程中。有了这种思想的指导和支配，我的工作才有方向，才有重点，才能把我的教育理念、行为准则、价值观念等，内化为师生的自觉自律的良好行为，逐渐形成独特的二中文化。我校每年毕业班的任课教师在全力打拼的过程中，任劳任怨，自加压力，从来不计得失，不讲条件，不论生源，深入挖掘，追求卓越。大家心往一处想，劲往一处使。这样一届传一届，一年赛一年，拧成一股绳，铆足一股劲，自然而然地成为一种传统习惯和良好作风。我们把它称之为毕业年级教师文化，这是出成绩的前提。

### （二）先进的教育理念是提高质量的捷径

一个校长的思想观念、行为作风，影响着整个学校，影响着每一个教师。所以作为校长，首要的是要有先进的教育思想和正确的教育观。对教育的理解，对学校功能的认识，对教师和课堂的评价，对师生成长的思考，这都是校长教育思想的具体内涵。校长在长期的教育实践中，必须不断学习和深入思考，逐步更新观念，形成自己的教育思想和教育观，并且想办法把自己的思想转化为教师的行为。

为此，我每次出差，去得最多的地方就是书店，买得最多的是图书。每学期我都要认真阅读几本教育理论书，借鉴和吸收先进的理念和精髓。在每次教工大会上，我讲得最多的是自己对课堂教学、德育方法、教师发展、学生成长等方面的认识，并鼓励大家大胆尝试，勇于探索。尤其是在每学期开学的第一次教工大会上，围绕课堂教学改革我都要阐述新的教育理念，并把它作为全学期的行动指南。然后通过听课、评课、座谈、教研活动等渠道，全面了解老师们对新理念的理解程度和实践情况。

近两年，我们主要围绕洋思经验尝试课堂教学改革，打造高效课堂。以学案教学为载体，转变教的方式与学的方式，明确"讲再多再好不管用，主要的是学生会了多少"。彻底转变教师观念，从心底里相信，只要学生的内驱力被激发出来，每个学生都可以学好。所以，如何引导学生主动去学，唤醒学生的潜能，培养学生的学习习惯和学习能力，是我们实践和研究的重点。教什么，什么时机教，教多少，教师心中必须有数。随堂的小卷必须有针对性，点要找准，要小要精。新的理念造就了新的课堂，我校毕业年级的复习课就是以学生总结归纳为主，以学生练习纠错为主，教师只讲易错、易混、易漏的地方。这样复习速度快，节省时间，效果很好。

### (三)校长深入一线是提高质量的保证

学校管理不是靠行政命令，校长要淡化权力意识，靠引领和带动，校长更应该是学术层面的权威和向导。如果他不能指导课堂，那么他的发言就没有分量。我始终把自己放在业务一把手的位置，深入一线，亲力亲为，每个学期开学一就绪，我就先扎入毕业年级。

1. 听课。校长听课是一种导向，是一种信息，它告诉师生校长的主要精力在抓教学。听课不仅是对教学工作的检查和督促，更是对学校文化的一种诠释。只有走进课堂，才能了解教师。了解教师才能正确评价和使用教师。我十几年如一日，每天坚持听课。全校所有任课教师，每学期至少听他们的一节课；全校60个教学班每天都要走两趟。这已成为一种习惯。每听一节课都要认真地分析和研究，然后与教师研讨交流。我个人感受到，只要走进课堂，浑身就充满了活力，和学生在一起就体会到了学生的辛苦；走出教室，就感受到了教师的价值。我听课就是为了培养教师，促进教师专业发展，就是为了提高课堂效率和教学质量。

2. 评课。校长不会是全才，不可能什么都懂，但我什么课都要听，什么课都要评。一堂好课没有绝对的标准，但有一些基本的要求。最基本的要求就是有意义、有效率。学生上课课前和课后是不是有了变化，如果没有变化，就没有意义。有效率就是一节课下来，对全班大多数学生是有效的。如果只对少数学生有效率或整个过程效率较低，这样的课就不能算是好课。我评课既不溢美也不贬低，更不指手画脚、评头论足，而是推心置腹地陈述自己的意见和看法。闪光点评深评透，存在问题因人而异提不同的要求。因为我为人坦诚，心底无私，我和老师们的亲和力很好，所以我的思想和建议很容易被他们接受。

3. 参会。我每周都要参加一至两次教研活动，参加哪个组的活动都有一定的目的性。尤其是九年级的教研活动，我每周都去转一转，然后重点留在一个教研组。事先我都要精心准备，尽量做到有的放矢、心中有数。会上或聆听教师们的见解，或与大家热烈地讨论，或讲自己的意见，互相启发，共同提高。我体会到：校长和教师共同活动，是打造合作团队、凝聚教师的又一举措。质量分析是我校抓教学过程控制的重要手段，每次考试结束后，都要以班为单位召开质量分析会，每个毕业班的会我都要参加，认真听取老师们的诊断分析，一道研究学生存在的问题。因为我对每位教师和各班学生情况了如指掌，所以我的建议就很有指导性和说服力。

4. 学习。这几年我每年都要带领学科组长和骨干教师外出学习。洋思中学、杜郎口中学、唐山九中、石家庄二十八中、九中、四十三中等都有我们考察取经的足迹，都给张北二中的老师留下了美好的回忆。外出学习，能够拓宽视野，切身感受，触动会更大。春风能化解坚冰，真诚能感动人心。我们每次外出都满载而归，兄弟学校都能把他们的经验传授给我们，把他们的信息卷、模拟卷送给我们。每年中考前我还要亲自到本市兄弟学校了解学习，与学校领导交流，和教研组长对话，每次都会受到很大启发。同时，我还要认真学习和研究考试说明，甚至亲自下水做题，只有自己学好了，才知道别人学得怎么样。自己这样做无疑是对教师的巨大鼓舞和鞭策，“行胜于言”是我校的又一条重要理念，校长的行动就是无声的命令。

### (四)校长要努力成为学生的精神领袖

我校 3 600 多名学生，校长不可能叫得出每一个学生的名字，但校长在学生心中是一个什么样的形象对学生的健康成长、提高成绩是十分重要的。没有分数，过不了今天；只有分数，过不了明天。校长要对学生的一生负责，努力成为学生的精神领袖。一要仪表端庄、举止典雅、行动有力，以充满精神和活力的形象展现给学生。二要善于演讲，在任何场合给学生讲话，都要具有鼓动性和激励性，言辞要慷慨激昂，举止有英雄气概，能切中要害，尽量不用讲稿。三要言必行，行必果。言不轻出，出则必信；令不轻下，下则必行。对人对事，坦率公正。学生有过失，以期望的态度宽恕他；学生有善心，以愉快的神情鼓励他。力争成为学生终身敬仰和崇拜的人。

不可否认，张北二中近年来生源充足，但我们招收的学生大都是教育局划拨，基本按照就近入学和分数对等两个原则分配，生源质量并没有明显的优势，更没有倾斜政策。2012 年中考再创佳绩，全县中考前 10 名占有 8 名，前百名占有 49 名，达到 A 等第的优秀学生 224 人，743 名考生有 387 名达到和超过省重点高中的录取分数线，上线率达 52.1%。而且据几所重点高中每年反馈的高考信息，张北二中学生的潜力大，升入大学的人数比例高，张北二中已成为各重点高中备受欢迎的生源基地。

回顾昨天的辉煌，掂量今天的分量，憧憬明天的希望。我始终认为，校长是教师队伍的一分子，是学校发展的引路人。校长是一个岗位，不能看作是一种权力；校长是一种责任，不要把名利看得太重。校长应与学校荣辱与共，把办好学校作为自己的志趣和追求，用心、用情、用智去做教育。只有这样才能不负领导的信任和人民的嘱托，把学校办成社会满意、家长放心的真正名校。

2012. 11. 9

# 九、用激情点亮校园

## 在 2009 年述职报告会上

回首 2009 年的执着和忙碌，我倍感欣慰。因为“执着”，因为“忙碌”，除完成常规的学校管理事务外，教育教学成绩大幅度提高，在庆祝第 25 个教师节大会上，全县共表彰了初中阶段 20 位教学成绩优秀的教师，我校就有 14 名教师受表彰。年内我也被评为张家口市首批“骨干校长”、张家口市首批“魅力校长”。

过去的一年，在县委县政府、县教育局的正确领导下，我校以科学发展观重要思想和“十七大”精神为指导，围绕“为学生发展奠基，为教师成长搭台，为社会进步服务”的办学思想，崇尚“尊重人、赏识人、成就人”的人本理念，秉承“勇于创新，敢于领先”的二中精神，以内涵发展为主题，以提高质量为核心，以教育科研为先导，激发办学活力，创新管理机制，深化教育教学改革，积极探索构建“有效课堂”。在全校教职工的共同努力下，出现了学校管理得心应手，校园面貌日新月异，教育教学质量稳步提高的喜人景象，较好地完成了预定的工作目标。

具体说来，我觉得学校有四个方面的显著变化。

第一是形象日臻美好。

### (一)班子团结有力

10 月 16 日，教育局任命了我校六位新一届中层领导，为学校领导班子注入了新鲜血液，增强了领导班子的活力。领导班子职责明确、分工协作，对于学校的工作，大家都能以强烈的责任心对待，遇事齐心协力，群策群力，一个团结合作、务实高效的领导班子正在形成。

### （二）制度切实可行

"不以规矩无以成方圆"，本年度，学校在广泛征求大家意见的基础上修订完善了《张北县第二中学班级量化考评方案》、《教师师德考核办法》、《中考奖励方案》、《张北二中教职工考勤制度》、《张北二中校规及学生一日正规》等一系列切合学校实际的制度，使学校工作有章可循，有规可依，学校管理逐渐趋于规范化、科学化、制度化。

### （三）联系点真情扶帮

在"学习实践科学发展观"、"干部作风建设年"活动中，我们有效开展每一项活动，以活动促进工作，把活动的每一项措施转化成为人民群众和学校广大师生看得到、摸得着的实实在在的成果。3 月 31 日至 4 月 5 日，校长、书记等一行五人到大西湾乡满德堂村开展蹲点调研。通过 6 天时间的调研（走访农户、干部座谈、群众谈心），发现在今后社会主义新农村建设的进程中，满德堂村还存在很多困难和问题，需要各级党委政府积极、及时、稳妥地去帮助解决和落实。我们对满德堂村今后的发展提出了切实可行的建议，并投资 5 000 元，为满德堂村解决村民饮水问题。到大西湾中学开展送课下乡活动，3 月 24 日我校派 3 名骨干教师到大西湾中学作示范课；3 月 31 日，大西湾中学的 11 名教师来我校听了 17 位教师的公开课，并搞了集体教研活动，达到了预期目的。同时，今年我们成功地承办了组织部的两次招聘考试。

### (四)规范办学行为

学校严格执行课表、作息时间表、值周表,自觉遵守教师职业道德规范,教师无旷课、上课迟到及早退现象。近年来调入与转任学科教师较多,今年九月份一次就调入教师 24 名,新招聘大学生 7 名,他们的教学水平参差不齐,风格不同,落实规范与提高课堂教学能力方面有待加强。为此,学校加大班子成员听推门课力度,采用教学常规检查、课堂巡查、专门督查、推门听课、指导交流、家长评教、学生评教等综合手段,使这些教师很快融入了二中这个强有力的战斗集体。进一步规范了办学行为,落实了科学和谐发展的办学理念。

### (五)民主评议扎实有效

一是自查。我们采取聘请民主评议监督员、发送征求意见表、向社会调查、设立举报电话、召开座谈会等方式,诚心诚意地向社会各界人士征求意见。我校前后共向学生家长发放师德建设家长问卷调查表 920 份、民主评议问卷调查表 1 560 份、征求意见书 720 份,向学生发放评教问卷表 860 份,向教师发放教师行为自查自纠表 140 份。专人负责,专人收回,并对问卷调查进行了认真的统计,写出了分析报告。二是学校组织召开家长座谈会,征求对学校及教师工作的意见或建议。真正做到“上下联动、内外配合、依靠群众、面向社会”的原则。三是发动教师、学生搞自查。一方面组织了 15 名教师代表、36 名学生代表进行了问卷调查与座谈,召开了全体教师会,向师生了解学校存在的问题,征求他们对学校民主评议的意见和建议;另一方面,把民主评议学校和干部作风建设、师德师风联系起来,作为自身作风建设的一面镜子，进行自我对照，各处室和教师个人均认真开展自查，查找问题，反省不足。

我们对调查的结果进行了详细的统计，把反映出的问题分类汇总、认真疏理，根据问题拟定了整改方案，列出解决问题的具体措施，积极整改，真正做到群众有意见，我们有反馈、有落实。

### （六）尊重关心每一位同志，以情感人

"感人心者，莫先乎情"，人本管理的核心是尊重、信任、理解、宽容、赞赏、激励、引导和沟通。管理中尽力体现人性化，能够做到对同志一视同仁，不用固定的眼光看人，遇事经常换位思考，心胸宽广，宽容大度，尽量满足教师的合理要求。注重情感管理，对教师捧出一颗爱心，成为"冬天里的一把火"，让大家感到学校就是家，处处体会到集体的温暖。少一点指责多一点关爱，少一些批评和多一些赏识，谁有了困难大家共同想办法，谁生了病学校领导都要登门看望，竭尽全力帮助他们解决子女入学就业、职称评定、两地分居等实实在在难办的事情。我校的几位大病号，领导班子都给予深切关怀，并动员师生为他们捐款治病。2009 年学校出资为每位教职工进行了体检。教师心暖了，凝聚力、战斗力就强了。实现了"三分制度管理，七分感情管理"。

第二是教学有声有色。

### （一）队伍建设常抓不懈

加强教师的思想教育，树立教师廉洁从教，乐于奉献的精神，提高广大教职工思想认识，使其将奉献精神转化为自觉行动。学校鼓励青年教师通过各种形式和途径提高专业素养。今年有 3 人参加了

省级骨干教师培训，我本人参加了张家口市骨干校长高级研修班培训。进一步开展读书活动，要求每位教师每学期研读一本书。学校把深入开展学习实践科学发展观活动与加强教育教学工作相结合，加大推进“名师工程”力度，安排骨干教师上示范课，辅导青年教师，极大地调动了广大教师教育教学的积极性。各教研组统一进度、统一备课，共同探讨教法，并分批在全校进行观摩，这些活动促进了教师业务素质和教学质量的不断提高。

为了提高课堂教学效率，我们下半年开展了“有效课堂教学研究”活动。11 月 8 日，我校承办了张北县教育局有效教学工作会，11 月 20 日，派 35 位教师参加了县教育局初中语文、数学、英语学科教师课堂有效教学活动。活动中我校有 3 位教师作了研讨课。这次研究活动全员参与，组织有序，绝大多数同志都能认真对待，准备充分，热烈讨论，成效显著。各学科初步研究出了切合本学科实际的教学模式，形成自己的特色，从而消除了课堂教学中的无效劳动，大大提高了教学效益。

### (二)教学研修持之以恒

学校每周一下午是雷打不动的固定教研活动时间，此时间教师不接待学生家长，不解答学生问题，专心搞好教研，或教材解读，或教法探讨、或练习精选，或考后反思。每次活动都要切实解决一两个问题，而且学校领导分头深入各教研组，和老师一起参加活动，同时我们还要求随时教研、随时交流、随时反思，努力做到“在研究中反思，在反思中进步”。

今年我们在初一数学组全面铺开了“变以教为主为以学为主”的课改试验。限定教师的讲课时间，让学生由原来的被动接受到主动的探索，让每个学生在课堂上程度不同地都动，让每个人最大限度发挥自己的潜力。教师通过预设、质疑、巡视、学生板演，充分暴露学生的疑难问题，为有针对性地教做充分准备。教师的教是随机应变的。2009年7月份期末统考，初一数学的成绩与其他学科比有明显的优势，这更坚定了我们课改的信心。

## (三)努力构建有效课堂

学校严格控制学生在校时间和作业量，不死揪蛮干，不搞题海战术。以切实提高课堂效率，向课堂45分钟要质量。我们以“构建有效课堂、提升实践能力”为主题，开展课堂教学大比武活动。2009年11月份以备课组为单位，通过备课组内听课评课，学科组推出一名课堂优秀教师。随后学校组织全校性的公开观摩课，由学校领导和骨干教师作评委，经过认真评选，各科分别评出了学校教学大比武第一、第二、第三名。比武不是目的，目的是让大家人人参与，个个发言，找出一条切实有效的教学模式。通过这次活动，课堂教学出现了改革创新的大好局面，转变了教师一言堂、霸语权观念，形成了学科老师间浓厚的合作意识，增强了集体备课的凝聚力，锤炼和培育了一批课堂教学的优秀教师。

## (四)班级工作细致到位

下半年，初三年级教育教学工作进入关键阶段，科任教师认真备课、上课，勤辅导，严管理，去张家口、下石家庄学习取经，对学生管理抓得紧，对教学工作抠得细。初三年级教学工作千头万绪，要理顺思路，使班级沿着健康良性的轨道进步，就必须靠责任心强、富有爱心的班主任来实现。初三年级班主任老师勇挑重担，耐心做学生的思想工作，关心学生的学习生活，工作量特别大，得到了家长、学生的一致认可。

第三是工作兢兢业业。

### （一）广大教师忠于职守，无私奉献

广大教师不受外界影响，爱岗敬业，起早贪黑，不计名利，全身心地投入到教书育人的崇高事业中。为了上好一节课，教师们翻阅参考书、上网查资料，积极参加集体备课，集中别人的优点确定自己的教学思路，为了学生能更直观地感受所学的知识内容，积极制作课件，准备教具。尝试运用多种教学方法，从学生的实际出发，注意调动学生学习的积极性和创造性思维，使学生有举一反三的能力。课堂上一丝不苟地讲解，照顾到每一位学生。课后认真总结上课中所出现的突发事件、灵感，写好反思。每天精心地挑选作业，留一次作业要从好几种教辅上剪切拼接，然后印发给学生，选择有利于学生能力发展的、发挥主动性和创造性的作业，减轻了学生负担，提高了做作业的效率。为每个学生建立了纠错本，学生将做错的题在纠错本上重做，不明白的教师耐心讲解，及时查漏补缺。所有教师目标明确、工作细致，能够拧成一股绳，劲往一处使，充分发扬团队精神，协调好个人与集体的关系，乐观积极。教学成绩的取得，得益于全体成员的努力。

在我们学校常看到的工作场景是：办公室教师专注备课、批改作业，辅导学生不知疲倦；课堂上教师激情讲授，多媒体教室抢着使用；周一下午教研组认真研讨，不断提高对有效教学规律性的认识；周一升旗、教师例会积极参加，不无故缺席；值周领导、教师尽心尽责，对每一个孩子负责……

## (二)正面宣传,科学指导,扎实有效地做好甲型 H1N1 流感的防控工作

从 9 月份开始,甲型 H1N1 流感在我国北方发病不断增加,流行蔓延速度迅速。面对严峻形势,学校加大了宣传力度,让师生了解流行病知识,同时加强自我防护。我校依据上级指示精神,加强领导,成立了防治甲型 H1N1 流感指挥部,并设立六个防控工作小组:晨午检、消毒通风、吃药督促指导组;请假学生跟踪调查、入院治疗、返校协调督查组;出入校门登记检查组;“一诊三区”安排落实协调组;协调家长居家观察监督组;体育锻炼及不可预见情况组。各工作小组以及全体师生密切配合,群防群控,科学处置,切实做到“早预防、早发现、早报告、早隔离、早治疗”,以对学生的生命安全高度负责的精神,切实做好了甲型 H1N1 流感的防控工作,保障了广大师生的身体健康,促进了教育的发展,努力构建平安和谐校园。

## (三)开源节流,改善条件

加强基础设施建设。今年我校建影壁、植树种草、维护平房、维修教学楼内设施、修篮球架及场地。加大教学设备的投入和建设。加强财务管理,坚持增收节支,充分发挥资金的使用效益,确保教学经费的正常开支。下半年我校扩了两个班,购置学生桌凳 370 套,购置办公桌椅 31 套。为教师电子备课室购置电脑 23 台,购置办公复印机、传真机,教务处、政教处均配备了打印机。

几年来我校收费十分规范,前几年实行“一费制”收费时期,我校的收费是最低的。实行“两免一补”政策后,我校从不向学生收一分钱。有的同志和我说:“某某校又收了多少钱,咱们也收点吧!他们

能收咱们就不能收?”我说:他们收让他们收去,我们不能收! 一是政策不允许;二是我们良心上过不去。学生家庭中还是困难得多,有的家庭生活都困难,学校再乱收费无疑是雪上加霜。学校就是清贫的地方,我们要守住自己的操守。

在经费的使用上,我们精打细算,从不乱花一分钱,过学校的日子就应该像过自己家的日子一样。说我小气也好,抠门也罢,反正不能拿国家的钱慷慨。我先后担任过四所学校的校长,在离任的时候从不欠外债。

张北二中用群体的智慧走在了发展路上,我也一直在扪心自问,你这个校长当得称职不称职,责任尽到没有? 为学生的终身发展奠定了基础没有? 我自己的问答是:我是全心全意尽力了! 在我的办公室挂着一块匾幅,写的是:行正无愧天地,褒贬自有春秋。这是我的座右铭,也是我的做人准则。

第四是环境耳目一新。

### (一)制作标语牌,发挥环境育人的作用

根据学校德育教育的需要,在办公室的具体筹划下,校园多处醒目地方制作了标语牌,让每个学生受到潜移默化的教育。

### (二)学唱革命歌曲

在全县“庆七一红歌会”大合唱比赛中,我校获得了第二名的好成绩。学校于9月20日至10月20日开展了“迎接建国六十周年学唱革命歌曲活动”,各班级在班主任和音乐老师的组织指导下,倾情学唱,活跃了校园文化生活,陶冶了师生情操。

### (三)创建平安校园

“生命不保,何谈教育”。针对我校部分学生思想情绪浮躁、纪律松散、遇事易冲动的现状,学校开展了创建平安校园活动,旨在减少和杜绝不良事件,切实维护校园安全;充分利用晨会、班会、板报对学生进行安全教育,强化学生交通安全、消防安全和大型活动安全管理,让每一名师生感受生命安全的重要;进一步落实安全规章制度,积极进行自查自纠,及时整改落实,责任到人;同公安、城管等部门,抓好学校周边环境的治理,清除无证经营的食品摊点、流动商贩,为学生提供良好的教育环境。加强值班工作,每天有两位领导带班,17位教师轮流值班。成立护校队,消除安全隐患,全力做到防范患于未然。定期组织师生开展如防震、防火、防拥挤踩踏等各种逃生演练活动,培养学生自救自护的能力。平安校园建设活动起到了一定的规范约束作用,学生的不安全事件有所减少,维护了学校的正常秩序,为师生的教和学提供良好的环境。

### (四)拓宽渠道,强化德育

加强思想政治工作,夯实和谐向上的思想基础,把思想教育渗透于课堂,溶入于平时,充分利用班会、大型集会、国旗下讲话、板报、广播等阵地,提高学生的思想认识,帮助他们树立正确的世界观、人生观、价值观。从点滴小事抓起,从完善自我做起,明确对学生提出:努力就是优秀,进步就是成功;每个同学,只有不断完善自我,改掉自己身上的小毛病,才具备了优秀和追求卓越的条件;同时要对自己负责,对自己负责就是用努力捍卫自己的青春尊严,珍惜青春生命。开展丰富多彩的教育活动,形成多管齐下的教育合力。树身边的榜样。

本学期开学初我校召开了开学典礼暨表彰大会，表彰模范班主任 9 名，教学成绩优秀教师 15 名；另外，表彰三好学生 120 名，学习成绩优秀学生 100 名，优秀团干部、学生会干部 12 名，优秀学生干部 24 名，学习进步学生 72 名，品行标兵 72 名。

## (五)努力解决班容量大的问题

近几年来，由于我校办学效益好，生源爆满，班容量一度达到了 80 多人。去年和今年，我们顶着很大的压力，推辞了很多说情的人，大大压缩了班容量。去年初一招生每班不超过 70 人，今年秋季新生招生我校严格执行县教育局关于七年级新生招生工作文件精神，按照学生成绩、性别等平行分班，张榜公布，下大力控制了班容量，每班 60 人，12 个班共规范招收 720 名新生，社会反响良好。

评价一所学校办得是不是好，只要看教师、学生想不想来即可。在这样的学校里，教师有幸福感，学生有自豪感，家长把孩子送到学校有安全感。每年秋季新生入学，城里的学生绝大部分想来二中，找关系、托人说情的应接不暇；很多农村的学生也慕名而来，为了来二中念书，家长付出很大代价为孩子在二中周围租房子、找公寓。2009 年调入城里的教师按考试成绩自由选择学校，各科前几名的教师基本都选择了二中，比如，二中需要三名语文教师，前三名的教师有优先选择权，他们都选择了二中。这是我们办学效果的最好说明。

在竞争日益激烈的今天，要在短期内显著提升一个学校的美誉度是极其艰难的。这不仅需要校长的激情和智慧，还需要一支服务于学校发展，淡泊名利、严谨治学的教师团队，一个支持学校、理解学校的外部环境。当然，一个校长对学校的引领是极其重要的，任何学校在发展过程中，能发展成品牌学校的，往往都是由一个或多个教育家型校长的不懈努力造就的。如北京大学的蔡元培，清华大学的梅贻琦，南开大学的张伯苓，他们是给整个学校确定性格的人。张北二中能在短短的几年内出现如此的局面，我思考本人的努力主要表现在五个方面。

一是激情投入，不舍昼夜。

"教育——充满生命激情的事业"，这是我的信念，也是我的行动准则。只要是事业需要，我都会激情投入，忘却自我。我早出晚归，每天第一个到校，最后一个离校。我坚持读书学习，立志做一个学者型、专家型的领导，做到民主、博学、勤奋、创新。我认为一个校长必须具备这个职业所需要的一切素质，必须有更多的知识和能力。我坚持不懈地吸收哲学、经济学、历史、教育、企业管理、文学艺术等方面的新知识、新思想、新观念，坚持不懈地用自己的笔表达自己的思想，使读书、思考、写作成为我生命中不可缺少的习惯。我坚持深入教学第一线，走进课堂、走进教师，既能了解教学情况、了解学生、更好地主持学校工作，也能够紧跟教育形式，使学校的教育教学工作紧跟时代的步伐。我坚持参加教研活动，与老师们共同进步，共同提高。在繁忙的工作中，我还深入了解学校的整体教学情况，每学期坚持听课100节以上。为了做好这些工作，我很少参加各种各样的应酬活动，放弃了许多休息时间。

二是预设目标，突出重点。

预设好目标、锁定好方向是做好工作的前提。从我来二中任职的第一天起，我就立志办好二中，不负组织和人民的重托。我早已将学校命运与个人命运紧紧联系在一起，与这所学校荣辱与共。在"创办市级名校"的总目标引领下，每学期初在工作计划中，我们预设了工作目标，均能一一贯彻落实。其工作的重点是：有效课堂的研讨和初三质量的监控,阳光体育运动,“自我管理,自我育德”的育人模式。平时在办公会、教师会上不断强化、引领,确保了目标的完成度。

三是敢于碰硬,不畏艰难。

教育是崇高的事业,管理是复杂的工程。要想做一个好校长,首先要有直面问题的勇气。好的方面要传承,不足的地方要超越,对内找问题,对外树形象。因此,对干部、教师身上存在的影响学校风气和发展的原则性问题,决不姑息。紧紧抓住办公会的时机,及时点拨,动之以情,晓之以理。在每次的教工大会上,我都认真准备,指出我校师德师风建设中存在的问题,并要求思考如何整改。平时,能抓住一些原则性问题,及时批评,严格教育,规范言行,纯洁队伍。

四是容人助人,公正廉洁。

校长是决策者,更是平常人,在工作中难免有得罪人或被人误解的时候。在这一方面,我都能从学校发展的大局出发,宽容人、原谅人,从不记恨人,“君子坦荡荡,小人长戚戚”。我总在想,只要做事公道,为人正派,清正廉洁,我就问心无愧。我从不经手钱物,凡事先民主后集中,校务公开。大的开支本着厉行节约的原则,要求办事者学会讨价还价,货比三家不吃亏,多从学校的利益出发,决不损公肥私。一句话,牢记古训“公生明,廉生威”,按原则、规律办事。

五是理性反思,谋求发展。

在过去的365个日日夜夜中,全校教职工和我甘苦与共,风雨同舟,用群体智慧走在发展路上。我也一直在扪心自问,我该为学校下阶段的内涵发展做些什么?第一,我要树立终生学习的理念,做到民主、博学、勤奋、创新。第二,学校的“内涵”发展是学校文化的一种积淀,我们要抓紧抓实学校的软环境建设。第三,管理上要建章立制，做到学校的一切行为都要有据可依，坚持以人为本，以德育人，坚持走科研兴校之路。第四，学校的发展，团结是前提、目标是动力、教师是保证。一个成功的学校，不是因为一件又一件做成的事而构成的结果，而是因为有一群人向同一个方向不停地努力而形成的一种状态。为更好地团结合作，就要明确树立“服务”理念，强调服务意识，以人为本，为教师服务，为家长服务，为学生服务。所以，下一个学年度，我的工作指导思想是：发扬传统，保持优势，坚持走学校“内涵”发展之路；查找问题，寻求不足，让每个学生得到应有的发展；认真反思，努力学习，让每个教师的教育教学水平上一个台阶；理念开道，文化引领，努力办出人民满意的教育；积极争创市级名校。

时光飞逝，转眼间一年已挥手而去，蓦然回首，感慨万千。校长，也许对有的人来说是一个耀眼的职位；但在我眼里，校长是一个职业，更是一种神圣的责任，它服务于学校，服务于老师，服务于学生。我践行着感悟至深的工作格言：不以权威治人，应以工作服人；不靠制度管人，应凭人格育人；不看表面顺从，但求内心相融。肩上有学校，眼中有老师，心中有学生。没有最好，只有更好，进步就是胜利，成功就是希望。一年来，我与同志们一道，同心同德，齐心协力，同甘共苦，使学校的教育教学工作井然有序。教师的教学观念及教学方式，在不同程度上得到更新和转变，教学实力大有长进，教学质量稳中有升。不断培养和提高了学生的自我管理能力，加强安全教育，构建和谐校园。

总之，一年来，学校各方面工作都有了长足发展，取得了一定的成绩，这得益于县委县政府、教育局的正确领导和全体老师们的辛勤工作，在这里，我代表学校表示衷心的感谢，感谢大家对学校发展做出的努力，感谢大家对我工作的鼎力支持。我希望大家能一如既往地为学校的进步出谋划策，发扬成绩，弥补不足，在今后的工作中奋发向上，积极进取，为把张北二中办成示范型、高质量、有特色的市级名校而努力奋斗。

以上述职，不当之处敬请批评指正。

2010.1.8

# 十、风清气正好扬帆

## 2012 年工作总结

年年做总结，岁岁谈收获。2012 年度的学校工作即将画上阶段性的句号。这又是一个丰收年，教育教学质量稳步提升，常规管理规范有序，几年来的奋斗目标今年如愿实现。张家口市首批“五星级名校”的光荣称号正式落户张北二中，我被评为全县唯一的省级骨干校长，并接受了培训。学校风清气正，全体教师静心教书，潜心育人，在各自的工作岗位努力实现自己的人生价值，为张北的教育事业再立新功。

### （一）领导班子务实有力，努力创建和谐校园

办好一所学校，校长是车头，班子是关键。领导班子只有带领全体教师向正确方向做正确的事，学校才会向良性的方向发展。几年来，我十分重视领导干部队伍建设，作为班长，处处以自己的学识修养、人格风范、行为方式、工作作风影响班子。教育就是一种影响，只有自己做好了，才可以管理学校，教育别人。同化的作用是巨大的，班子成员上行下效，都能以良好的形象展现给师生和社会。领导班子历练成了一个特别能战斗的领导集体：一是团结。既有分工，更有合作，大家互相配合，不计较台前台后、分内分外，不计较名利得失、报酬多少，都能以大局为重，能从学校的发展和声誉出发把工作做好。二是坦诚。班子成员之间都能坦诚相见，开会讨论知无不言、言

无不尽，能讲真话讲问题，善于互相沟通交流。三是律己。要求别人做到的，我们首先做到。自己没有这方面的缺点，才能批评别人。早晨到校比教师早，晚上回家比教师晚；下了雪带头清扫；值周值班尽心尽职。四是高效。中层以上的领导与兄弟学校相比在数量上是最少的，队伍精干，虽身兼几职，但都能各司其职，各尽其能，分工不分家，非常负责地干好各自的工作，使学校的各项工作规范有序地进行。五是务实。每个班子成员除完成上级交办的任务外，还发扬密切联系群众的工作作风，求真务实，不搞形式，不摆架子，都深入到课堂，走近师生，切实发现与解决教学中的实际问题。

正是有这样的领导队伍，才带动感染了教师队伍。这几年学校虽然没有刻意去考核教师，但教师们却能爱岗敬业，默默奉献，形成和谐的团队；也没有刻意去检查教案和作业，但每个教师都能扎实工作，取长补短，给教师提供了自由成长的空间。凡涉及教师切身利益的一些重大决策，我们一直坚持以人为本，靠集体、靠规则、讲大局、讲程序，公开透明。几年来，在教师的评优晋职中，因为我们的出发点是从工作考虑，所以绝大多数教师还是赞同和认可的。教师的心气顺了，凝聚力、战斗力就强了，团结和谐的校园文化就得以形成。

### （二）文化引领学校发展，提升无与伦比的竞争实力

学校的竞争，归根到底还是文化的竞争。全国都在学洋思、学杜郎口，为什么没有一所学校变成洋思、杜郎口，这是因为学校文化所创造的优势和竞争力是不能模仿和复制的。如果说张北二中近年来取得一些成绩，校风正、质量高、信誉好，那完全是文化的作用。现在引领二中发展的不是行政手段，而是学校文化。它是在学校内部形成的，被大家共同遵循并得到同化的价值观、行为准则和思想作风

等。我们努力营造二中文化,逐步形成了二中自己独特的文化气氛和育人氛围。广大教职工逐渐形成积极健康、团结向上的做事方式和处世态度,并已内化成一种精神默契,为学校的可持续发展奠定了坚实的基础。从表层看,学校墙体、楼道布置和环境绿化净化,这些直观外显的文化氛围,折射着学校组织成员的价值观。从深层看,制度的执行、风气的形成、人际关系等一旦形成定势就很难改变。是大家自觉遵守的一种特别约定,是一种有纪律约束而又无须强求执行的心照不宣。它具有强大的管理功能,因为文化会告诉大家该做什么,怎么做。良好的文化就是一种良好的导向,一种无声的规范,一种正面的激励。学校并没有多严的制度,也很少批评训斥教师,但大家很少有偷懒的,都能热情主动工作,生怕拉别人的后腿,这是文化的凝聚作用。

还需进一步创建学校的良好环境,改造不良文化,丰富优秀文化,进一步提高每一位教师的素质修养,建设良好的教师个体文化,并具鲜明的个性,从而反映学校的文化底蕴和管理特点。让张北二中的学校文化更加完美,提升无与伦比的核心竞争力。

### (三)积极探索高效课堂,力争成为师生成长的平台

2009 年 3 月以来,我校努力打造高效课堂,积极进行课堂教学改革。课堂上教师的角色发生根本性的变化,教师少讲,学生多动。如何引导学生主动去学,唤醒学生的潜能成了教师备课的重点。如何培养学生的学习习惯和能力是课改的一条主线。通过几年的摸索,教师之间虽然有差别,但大家的观念都在改变。“多讲不如少讲,使劲教不如使劲学”已成为大家的共识,而且大多数教师能把时间支配权、学习主动权还给学生。我校大多数课堂教学时间分配是 3∶4∶3

的比例，即教师讲占3/10，师生互动、生生互动占4/10，学生作业、自学占3/10。课堂上学生有了说话的权利，探索的时间。表面看，教师课堂上讲的少了，但教师更费力了，不仅要研究怎样教，更要研究学生怎样学；不仅要教会，而且要会教。调入二中的教师深有体会，在二中教书水平提高很快。有一个教师和我讲，我来二中教课三年，比在原来的学校十年进步还大。我们的课堂是师生共同成长的课堂。

不可否认，二中的生源充足，招生爆满，虽有一些优势，但没有绝对优势。我校招生不能自主考试，服务农村五个乡镇，每年都是教育局划拨学生，基本按照就近入学和分数对等两个原则分配，生源质量并没有明显的优势。但我校教育教学质量实现了全新的跨越，中考成绩年年刷新。而且毕业生潜力大，后劲足。据几所重点高中每年反馈的高考信息，我校毕业生升入重点大学的人数比例高，张北二中已成为各重点高中备受欢迎的生源基地。2011年毕业生安嘉伟同学中考全市第二，现一直保持市一中全校前三名的好成绩。2012年毕业生孙婕敏和安震同学在市一中高一就读，均位居全校前十名。2010年毕业生任宇欣同学在宣化一中高三年级一直位居前十名，张北一中各年级的第一名均是我校毕业生，不一一列举了。每年高考后，都要接到许多重点高中的贺信，祝贺我校毕业生高考取得优异的成绩。

### (四)关注细节强化管理，整体提升管理素养

一所学校能否成为品牌学校，关键在于学校是否具有精细化、高水平的管理。细节最能反映一个学校的管理水平，反映组织程度和学生的精神风貌。我确定了“精细化管理”这一带有方向性的管理思路，结合本校实际，把精细化管理工作思路落实到学校的每一个方面。

第一，要让精细化管理思想成为教职员工的共识。我要求领导成员牢固树立服务意识和奉献意识，在“细”字上做文章，在“实”字上下功夫。通过将管理责任明细化，落实责任，变一人操心为大家操心，人人都是管理者，权力层层有，任务个个担，责任人人负，做到人人会管理，处处有管理，事事见管理。

第二，把“小事做细，细事做精”。一是从目标抓起，层层签订目标管理责任书，形成一个“心往一处想，劲往一处使”的团队。二是从组织上抓起，实行岗位责任制，做到分工明确，使各项工作和活动之间和谐同步开展，让落实学校目标变为行动。三是从制度上抓起，把事情做到公平、合理。四是从问题抓起，哪儿有问题就研究到哪儿，就解决到哪儿。五是从质量上抓起，把质量观贯穿于整个工作的始终。每周升旗仪式都要由值班领导总结上周的工作得失。全校领导、体育老师、班主任与学生同操，每天早晨操场上热火朝天，每班八路纵队，步伐整齐，口号嘹亮，有排山倒海、气吞山河之势。自行电动车按车型分类摆放，定人定位，每辆车都标明班级和姓名。随时检查学生的仪表、发型，对穿奇装异服和留奇异发型的学生要求立即改正。坚决禁止学生带手机，发现一起查处一起。严格执行住宿生困难补助程序，确保把补助发给真正困难的学生。邀请北京感恩演讲团举行了全体师生及部分家长参加的“感恩万里行”大型教育报告会，使学生真真切切接受感恩教育。通过各种活动激励和教育学生树立正确的人生观和价值观。总结提炼了《张北二中学生形象 88 字标准》，进一步规范了学生的行为，明确了努力的方向。

第三，明确职责，责任到人。实行“谁分管的谁负责”、“谁的班级谁负责”、“谁的课堂谁负责”、“谁的宿舍谁负责”的岗位责任制，激发主人翁意识和工作责任感，提高教师自我成就感，增加了管理的透明度与可信度，人人明确自己的成长、发展与学校事业发展的密切关系。校园环境管理是学校的大管理，它涉及的内容有：学生一日常规，校园环境卫生，教师办公室环境，校园文明用语，教室、宿舍、食堂、厕所卫生，后勤节水节电等。这些工作，每天都要责任到人；这些管理，每天都要安排专门人员进行检查督促。今年上级投资698万元，仅用了5个月的时间就建成了可容纳920位学生住宿的宿舍楼，虽然工程时间紧、任务重，但我校有关负责人积极协调施工方、监理方工作，既保证工程工期，又严把质量关，顺利完成了宿舍楼的建设。我校成立了学生宿舍管理处，制定了多项宿舍管理制度，学生宿舍整洁、卫生，今年在我校召开了全县宿舍管理观摩会。同时对学校有关薄弱环节进行及时修建，安装了校园视频安防监控系统、添置了实验室、教学仪器设备，对计算机教室和教师办公室的电脑进行更新，提高了办公效率。购置住宿生铁皮物品柜117组，改装了教学楼门，更换了广播线路，更新部分桌椅，扩建了自行车棚，加固了围墙护栏。校产管理严格到位，坚持所有财产、物品由专人管理，入库、出库要做详细记录。并强化了物品领用登记制度、损坏赔偿制度和报废审批制度。使校产管理真正做到制度化、规范化，杜绝了乱拿、乱用、乱丢、乱放等不负责任的行为。

一所学校要有一种精神。精细化管理是一种理念、一种文化。要求管理的每一个步骤都要精心，要让积极向上的这种意识、这种文化成为每一个成员的自觉行动。正是这种精细化管理，使我校的管理工作规范有序，年内被授予我县教育系统唯一的(全县共六个)基层事务规范化管理示范单位，通过了市里的检查验收。

教育，意味着一种理想，一股激情，一份诗意，一项行动。选择了教育，就选择了这些。教育是一项只有起点没有终点的工作，教育的成功不是一日之功，但不可一日无功；成功的教育不是一人之功，但不可一人不用功。我胸无大志，平生只想办好一所学校，当好一个校长。我所做的事极少有短期的战术上的考虑，大多是长期的战略上的谋划。我始终牢记并认真践行“情与教育相伴，爱与服务同行”的工作格言。我早已将学校命运与自己个人命运紧紧联系在一起，与这所学校荣辱与共。在我的任职期间决心让二中成为省级名校。岗位是短暂的，事业是永久的，只有人民的评判才是根本的！

几年来，大家和我一起，共谋学校发展，不辞辛劳，同舟共济，我们合拍、合心、合力，让学校工作顺利进行。我们解放思想，开拓进取，敢于想别人没有想过的事，敢于走别人没有走过的路，形成了“勇于创新，敢于领先，永争第一”的张北二中精神。我认为二中现在不是顶峰，我们还有很多梦想，要把大家共同经营发展起来的二中再推向一个高度。张北二中的未来，取决于我们现在的认识和行动，在追求教育理想的征途中，只要付出，就有收获；只有坚持，才有奇迹。我们仍会继续为张北的教育事业挥洒无悔的激情！

2012.12.30

# 十一、振兴张北教育的思考

## 在全县部分教育干部座谈会上

今天，我们共聚一堂，畅所欲言，共谋张北教育大计，我由衷地感到高兴。我想从四个方面谈一谈如何办好我县的教育。

### (一)要创设一个风清气正的教育环境

十八大报告明确指出：把立德树人作为教育的根本任务，培养德智体美全面发展的社会主义建设者和接班人。这体现了中国特色社会主义的本质要求。为了这一根本任务，必须有一个良好的教育环境。国家对教育投入越来越多，财政性教育经费支出占到国内生产总值的4%，全国财政性教育经费达到2.2万亿元。各级政府的配套资金也很到位，我们县对教育的投入也在逐年增加，真正把教育放在了优先发展的地位，放在了改善民生和加强社会建设的首位，这是教育的外部环境。可以说，张北县的教育又迎来了一个发展的春天。

从教育内部讲，必须营造一个全员上下热爱教育、奉献教育的良好氛围。必须有一个正确的教育导向，营造一种抓管理，要质量的工作格局。既要重视高考，也要重视中考、小考。没有中考，哪有高考？小学不考试，小考是学校自己组织，老师就不会去认真地抓。既要注意学生的成绩，又要着眼于学生的一生发展。“没有成绩，过不了今天；只有成绩，过不了明天。”考试仍是选拔人才的主要方式，分数的重要意义是不言而喻的。每一个家庭都希望自己的孩子以高分考入优质学校,所以分数是社会对教育的现实需求。不考虑分数的学校,肯定不能办成人民满意的教育。如果只顾分数,学生应该发展的其他方面没有很好地去培养,错过人生非常重要的黄金阶段,学生就会有缺陷,很不利于学生的终身发展。必须为孩子的明天着想。

初中学段是衔接小学过度高中的基础教育,它下补小学教育的不足,上扎高中教育的基础,是非常重要的一个学段。既要有轰轰烈烈的活动,又不能忘了教育的根本和学校的中心。我非常欣赏一位名局长的一个观点:没有专家型局长,就没有专家型校长所需要的良好环境。没有专家型校长,专家型局长的思想就很难进入学校。

### (二)打造一支谋事干事的校长队伍

首先,校长是学校的灵魂,一个好校长就是一所好学校。好校长的好,首先是要有先进的教育思想和正确的教育观,对教育的理解,对学校功能的认识,对教师和课堂的评价等等都是校长教育思想的具体内涵。校长只有不断学习和深入思考,逐渐更新观念,才会形成自己的教育思想。

其次,必须有高度的事业心和责任感。一个人当了校长,只有有了高度的责任感才会有无比的激情,才会全身心地投入。不管任期多长,都要把自己与学校的命运紧紧连在一起,与学校荣辱与共。选择了校长,就等于选择了辛苦,选择了责任,选择了清贫,只有这样的情怀,才有可能办好学校。

再次,必须身体力行抓落实。有了思想,有了责任感还不够,还必须扑下身子真抓实干。教育就是一种影响,高谈阔谈,言行不一,教师是不会买账的。校长的行动就是无声命令,只有深入一线,走进课堂,走近师生,才能把握学校的根本。如果能有这样一支校长队伍,张北县的教育打造区域教育高地就不会是一句空话。

## (三)培养一支真敬业肯奉献的教师团队

教师是教育发展的核心资源,对学生的培养和塑造最终还得落到教师身上。好教师就是好教育,只有一支敬业奉献、业务过硬的教师队伍,才能办出好的教育。

怎么培养和提高我们的教师,是一个重要课题。一靠引领:引导教师爱自己的生活、学自己的职业。体会我们的人生价值。消除职业倦怠,增强职业幸福感。激发教师的成就感、荣誉感和责任感。现在教师真正缺少的不是精力,而是精神。所以,努力打造我们的精神特区,从比上不足比下有余的人生中自我解慰。二靠培训:在教学中提高,在提高中教学。教师教的过程也是学的过程。教师也需要不断成长,不断发展,这既是提高教育质量,保证学生全面发展的需要,也是教师享受职业生活,提高生命质量的需要。学校要为教师成长搭建平台,做好指导。三靠转变观念:转变教师的教育观念,建立新型的师生关系是提高教育质量的关键。如何调动学生、唤醒学生的潜能是教育的重点。不能只靠挤时间拼体力,要拼技术拼效率。让每个教师从心底里相信,只要学生的内驱力被激发出来,每个学生都可以学好,如何引导学生主动去学,唤醒学生的潜能,培养学生的学习习惯和学习能力是教师研究的重点。

## (四)创造一种无与伦比的学校文化

如果说校长是学校的灵魂,那么学校文化是它生存和发展的基石。没有文化的学校,就是一个没有"魂"的学校。学校文化是在学校内部形成的,被大家共同遵循的,并得到同化的价值观、行为准则和思想作风。良好学校文化的形成，校长是关键，他应该是学校文化的提倡者，创造者和体现者。他的学识修养、人格风范、工作作风影响着整个学校。良好的文化一旦形成，它就是一种良好的导向。它有强大的管理功能，人们该做什么，该怎么做，文化会告诉的。它所创造的优势又不能被模仿和复制。所以，学校之间的核心竞争归根到底就是文化竞争。

近三年，我校先后调入100多名教师，他们很快能适应环境，融入团队，这是被文化同化了。

以上我简要地谈了谈，搞好张北教育，办好学校的主要内容和基本思路，不准确也不全面，恳请在座的各位批评指正。

2013.6.10

# 十二、以真情坚守杏坛　用汗水浇灌辉煌

## 评选市优秀校长事迹材料

### (一)个人基本情况

我从事教育工作30多年,先是老师,后是校长;教师是我的真爱,校长更让我懂得责任担当。我因爱而远离喧嚣,滋兰树惠,坚守杏坛;因责任勇立潮头,艰苦砥砺,不懈追求;我一路跋涉,肩扛兴校使命;一路思考,播撒汗水和希望;一路收获,喜看桃李芬芳,硕果累累。1992年至今,我先后14年被县委县政府评为先进教育工作者和优秀领导干部,4次受到县委县政府的嘉奖;被市教育局3次评为先进工作者,先后获得市"优秀校长"、"骨干校长"、"魅力校长"、"市级名校长"、"专家型校长"及河北省"骨干校长"等称号。1997年,被省教委评为督导工作先进个人;1998年,被省教委省人事厅评为全省德育先进工作者;2005年,获中国现代教育研究院"全国1 000名杰出校长"称号。至今,我别无他求,只愿薪火相传,厚泽绵长,为把张北二中办成社会满意、家长放心、学生成才的名校而竭尽智慧和力量。

### (二)主要事迹

厚德载道,思想引领。常言说:一个好校长就能办成一所好学校。校长对一所学校的引领和导向作用不可忽视。学校的本质就是文化,学校的根本价值是文化存在。我的教育思想的文化灵魂就是

厚德载道，构建正确的价值体系，它的核心意义是热爱，这是我自强不息的原动力。我是一个农民的儿子，从小饱受了农村的艰苦生活，目睹了乡村学校落后、简陋的办学条件，也因此树立了立志献身教育的远大理想，下决心用知识既要改变自己的命运，也要用自己的才智让更多贫穷的孩子找到幸福。正是基于这种真挚而深沉的爱，我爱自己，不断加强道德修养，用良好的职业操守时时处处规范自己的行为。我更爱学生，关心他们的成长，尽量不让一位学生掉队。全校3 600多名学生，我不可能都叫出他们的名字，但对每一个教学班好、中、差的学情和突出特点，我都了如指掌。尤其是对那些生活贫困、学习上处于弱势的学生，我更是熟记于心，倾注了爱心和关心。每学期及时把困难补助发放到贫困生手里，减轻了他们的生活压力。

学校召开的每周一次的主题班会，我都主动参加，深入了解学生的思想动态，协同班主任确定工作目标，化解矛盾，开展工作。我还利用课余时间找不同类型的学生代表谈话，嘘寒问暖，帮助他们找差距，定计划，明确努力方向，树立学习信心。正因为如此，在召开的全校班主任会和考情分析会上，我的建议才能切中肯綮，很有针对性和说服力。我觉得，在思想上正确引导学生，在生活上无微不至地关心学生，在学习上热情地帮助学生，让每一位学生感受到学校家庭般的温暖，都有权力享受平等的待遇和教育，是作为校长义不容辞的责任。

尊重，只有尊重他人，他人才尊重你。我尊重老师，尊重他们的劳动成果，尊重他们的独立思想和独立人格。教师是学校最宝贵的教育资源，是学校可持续发展的基石。要想让教师爱学生爱事业，全心全意地教书育人，我就把教师当作知心朋友，把自己看成全校师生的公仆，而不是凌驾于群众之上的领导。但我明白作为一名校长的影响力，所以我不揽权，而是授权副校长各管人事、财务，自己集中精力抓教育搞教学，处处以身作则，率先垂范，把名利让给老师，把责任留给自己。我每周都要参加一至两次教研活动。会前我精心准备，尽量做到心中有数，有的放矢。会上我认真倾听老师们的意见，与大家热烈讨论，推心置腹地交流，坦诚发表自己的见解。我以宽广的胸怀，虚心接受各方面的谏言，大力推行校务公开、多元监督、反馈制度和有效激励机制。实践证明，这种作风和做法，最能凝聚民心，最能打造一支优秀的教师团队。

诚实做人，谦和处世，严谨求实，一丝不苟。我不空谈，求实效，不说违心的话，不做违心的事。凡是我承诺师生的事，一定不折不扣地执行。诸如每年的福利待遇、奖励方案等，我都要深思熟虑，精打细算。同时言必行，行必果，保证百分百的兑现，我因此也得到了师生的信任和拥护。总之，良好地道德行为是一个校长办学思想最重要的文化内涵，它对学校的和谐发展起到了积极的引领作用。

### （三）科学管理，事必躬亲

一个校长，除了用自己的办学思想和职业道德评判标准和文化视野来审视、引领学校的教育教学工作外，他的工作能力和业务水平也起着重要的作用。我虽然不是全才、通才，但也曾经是一个好教师，教过初中数学和高中物理，还取得河北师大教育管理本科学历，多次参加学校岗位学习和骨干校长高级研修培训，虽然达不到德能双馨的境界，但我能勇于奉献，不谋私利，以人格的力量和满腔热情，全身心地投入教育教学工作。我身体力行，大力倡导民主作风，以宽广的胸怀，虚心接受各方面的批评和谏言，增强了学校管理的活力和动力，形成了人人有责、全员管理的工作格局。提升品位，高质求进，是贯穿我校管理过程的主线和面临的挑战。面对迅速发展的教育形势，我既遵循教育规律，又善于创新，在管理模式上大胆改革，提出了“过程管理精细化、教师建设优质化、学生培养全面化”的奋斗目标，进一步明确了稳步提高、图谋发展的思路。一是确保教学质量，以教学带动全局，加大对集体备课、课堂教学、毕业班专项管理、教科研配合等多方面的督导检查力度。二是纯正校风，净化环境。我历来重视优良传统和作风的传承和发扬，努力营造一种积极影响、无形制约师生的良好氛围，逐步形成全校师生共同的价值观念和自觉遵守的行为方式。目前，张北二中教学秩序井然，班级学风浓厚，课外活动丰富、文明礼仪讲究，讲奉献、比干劲、求实效的精神已深入人心，蔚然成风。全校师生都能认准目标、恪尽职责，安心、舒心地工作和学习，拥有了各自的成就感和幸福感。三是增强安全意识，防患于未然。我一向坚持依法治校、依法执教的原则，采取刚性约束和人文关怀相结合的措施，杜绝一切教学事故和违纪现象出现，为提升教学质量提供了可靠的保障。

教育无小事，处处有责任。校长不一定是全校最忙的人，但一定是全校最操心的人。凡是涉及教育教学问题，我都事无巨细，事必躬亲。多少年来，我每天坚持早6:00前到校，一年四季，风雨无阻；每天60个教学班都要转两次，直到下了晚自习才拖着疲惫的身体回家。要想真实了解教学必须从听课抓起。为此，我有一个不成文的规定，不管遇到多么重要的事情，校领导必须每天听完两节课后再做处理。我校现有任课教师166名，我每学期至少听每位教师的一节课，不折不扣雷打不动，我整天泡在学校，扎进课堂，引领着教师的成长，思考着教学质量的提高，谋划着学校的发展。我生活俭朴，平时很少应酬。虽然很辛苦，但生活得有滋有味很充实。我真切地感受到，走进教室，就浑身充满了活力；走近学生，就享受到快乐；和老师们在一起，就体现出自己的人生价值。

学校每年都举行各年级的家长座谈会、表彰大会等，每次我都要精心策划、严密部署，确保会议顺利进行并达到预期的目的。尤其是九年级复习工作，从制定复习计划、确定主攻方向，到组织模拟，考情分析等，我都要主动参与，和老师们一道跌打滚爬，不舍昼夜。总之，只要是与教育有关的事，我都认真对待，绝不走形式，疏忽任何一个细节。

**(四)文化熏陶，润物无声**

学校之间的核心竞争优势是学校文化。我认为校长是学校文化的创造者和传播者，学校文化特征最能体现一个学校的办学水平和人文底蕴。

我校 2011 年 8 月迁入新校区，我充分利用地理优势和办学条件，一方面加强显性校园文化建设，创设了幽静、朴实的杏园氛围。以“文化熏陶，润物无声”为主题，因地制宜、物尽其用，让每一片环境区都成为一个景点，每一层楼墙面上都呈现出富有教育意义的图片、标语、宣传画等，每一个教室都有自己的班级文化，墙报板报办得五彩纷呈，各具特色；每一个办公室都布置得整洁、舒适；每一个实验室都显示出浓厚的学术研究气息，让师生在厚重的文化氛围中潜心工作和学习，享受沉静的愉悦。为了全面提高学生的人文素质和科学素养，我们广泛开展了丰富多彩的文体活动；利用校园广播收听传统经典音乐；组织学生观看爱国主义教育片，经常结合传统节假日设计主题活动，弘扬时代精神；举办各种知识竞赛和演讲活动等。这一系列举措，不仅活跃、丰富了师生的课外生活，开阔了他们的知识视野，而且也收到了潜移默化的教育功效。

另一方面，我继续推行隐性校园文化建设。作为一名校长，应该是一个一路前行的提倡者，诸如在新形势下对教育功能的认识，对创建一流学校的构想，对教师对队伍建设的谋划，对课堂改革的体会，为学生今后奠基的思考等，并逐步形成自己独特的教育思想和管理风格。同时又是一个勇于开拓的先行者，用良好言行和处事方式，把自己的思想践行、贯穿、渗透到教育教学管理的全部过程，再传播给师生，进而影响、带动、规范着师生的行为。日积月累，也就形成了属于我校潜在的学校文化。也可以说，它就是我校优良传统和作风的发扬光大，是一种无形的精神导向和积极向上的氛围，是一种有纪律约束而无须管理者强求执行的良好秩序和工作状态。当前，我校开展各项工作不是靠行政手段和命令，而是靠学校文化和精神引领。全校教职工乐观进取，把责任与奉献的价值观，也自觉地内化为一种行动指南。近几年，我校先后调入和新聘100多名教师，他们很快就适应了陌生的环境、融入了我们这个团队。究其原因，是张北二中许多好习惯和好风气影响了他们，是融洽的同志关系和浓厚的文化氛围改变了他们，是老教师的模范行为感染了他们，这就是学校文化的巨大作用。

**(五)坚持课改，特色兴校**

守旧就要滞后，滞后就要被淘汰，只有改革才是出路。我始终把课改作为激活各项工作的生命线，把深化教育教学改革作为我校生存、发展、壮大、繁荣的必由之路。为此，我也做了种种努力。

1. 引进汩汩活水，不断推进教改进程。借每次出差之机，我最先去的地方是到书店购买一些最前沿的教育教改书籍。还要到当地的好学校走一走，看一看，听一听。每学期我都利用工作之余认真阅读几本教育教学管理书籍，撰写心得体会。在每次教工大会上，我借鉴和吸收外地先进理念和经验，讲得最多的是对课堂教育改革的体会和认识，并鼓励教师大胆尝试，勇于探索。尤其在学期伊始的第一次教职工会议上，我都因势利导，围绕本校教学现状阐述自己的观点，把它作为全体教师的工作重点，然后通过听课、评课、座谈等渠道，了解、检查、落实老师们对课改新理念的理解程度和实践情况。学校领导积极参与教改，增强了教师们课改的信心，挖掘出各显神通的潜能。广大教师由“重教”转向“重学”，一改传统的以教师为中心的“我教你学”为新型的以学生为主体的“我学你教”。同时，学校也顺势而动，把“以教论教”的教学评估标准改为“以学论教”的实效考查。

花钱花在刀刃上，我校投资最多的是外出听课。我每年都要带领学科组长和骨干教师外出听课学习，每次都倍受鼓舞，满载而归。我们的真诚感动了兄弟学校，他们也愿意毫无保留地将经验传授给我们，把资料送给我们。近两年，我校又借鉴“洋思”经验推进我校的课改进程，把“老师讲什么”，“学生怎么学”作为研究的重点。让全校师生明确“知识是学会的，不是教会的；能力是练出来的，不是听出来的；教师讲过了，不等于学生学会了”。新的理念打破了传统的教学方法，也走进了课堂。老师们每节课把“如何调动学生、怎样调控课堂、如何唤醒学生”作为课堂设计的主要任务。我校的“导学案引领，六环节教学”的模式已具雏形。

2. 全力打造名师工程，加强教师队伍建设。教师是教改的主体，我校坚持以课改研究为载体，努力促进教师的专业化发展和业务水平不断提高，为全力打造一支学术上有造诣、专业上有建树、教学上有特色的名师队伍做了不懈努力。

引导教师爱自己的生活、爱自己的职业，选择了在黑板前站立，就选择了一种永恒的姿势，就选择了责任与使命。体会自己的人生价值，消除职业倦怠，增强职业幸福感，享受成就感。我校的教研组长、备课组长，都是师德高、业务精的骨干教师和学科带头人。在他们的引领和带动下，学科与学科之间、备课组与备课组之间都能够互相学习，取长补短，交流合作，协调配合。每位教师都有研究方向，每位教师都有奋斗目标，全体教师在磨炼中提高，形成了浓郁的学术氛围，也增强了教师们的服务意识和责任意识，促进了我校整体教科研水平的提高。我们还鼓励、组织教师踊跃参加各级各类学科课堂教学评比和优质课比赛活动，不少老师表现突出，取得了骄人的成绩，我们每学期都要组织几次全校性的示范课、观摩课，尽量给教师特别是青年教师搭建尽显才智、快速成长的平台。每学年举办的教师论坛、校长专题讲座等，活跃了老师们的思维，引发了观点争鸣，呈现出精彩纷呈的教科研局面。在教师的使用问题上，我们每学年都要适当调整，优化教师资源配置，充分发挥名师的引领作用和集体的优势，保证了课堂质量和效益。

行者常至，为者常成。在艰难的变革中，我校逐步形成特色，打造出品牌，拥有了亮点，办学规模日益扩大，教育教学质量实现了全新的跨越，中考成绩连年创新，县中考状元连续8年出自我校，中考成绩前10名的考生每年保持在5～8名。2012年再创佳绩，全县中考成绩前10名我校占有8名，前百名占49名，387名学生达到或超过重点高中分数线，上线率达到52.1%。不争的事实，可喜的成绩，使我校的办学水平和能力也得到张北县全社会的广泛认可和赞誉，我校也因此先后被评为“省创新教育实验学校”、“省双自主教学改革实验学校”、“市教育科研先导性实验学校”、“市信息技术教育装备示范校”、“市德育示范校”、“全国基础教育名校”。2007 年,《张家口日报》以整版刊登了题目为《奇迹是如何打造出来的?——张北二中探秘》的长篇通讯,详细报道了我校的办学经验和成长历程。今年我校又荣获张家口市首届“五星级学校”称号。

二十多年的校长生涯,我也是在摸着石头过河,由不懂到懂,由不成熟到成熟,由迷茫到明朗。在长期的实践和思考中,不断完善自己的教育思想,带领广大教职工使学校由小变大,由弱变强,一步步推向高峰,成为一所真正的市级名校,正向省级名校迈进。学校发展的过程也是我成长的过程,初步实现了我办好一所学校、当好一个校长的梦想。我还有很多梦想,继往开来才是我正确的选择。以真情坚守杏坛,用汗水浇灌辉煌。为了张北二中早日步入全省乃至全国名校的快车道,为了不负全县人们的期待和厚望,我将继续奋然前行!

2013. 2. 25

# 后 记

三十多年的教育生涯，二十多年的办学经历，十多年在张北二中摸爬滚打，构成了我事业奋斗的全部历程，也是我人生中最值荣耀的部分。看着二中一天天崛起，心底里不免升腾起一份感动和幸福，也有一点骄傲。在将要离开校长岗位坐退的时候，一份难以割舍的情愫陡然而生。感慨之余，总觉得应该给学校留下点什么。我想，如果能够把这些年在二中办学的探索和思考、实践和经验记录下来，把这些年积淀下来的学校文化和二中精神传承下去，激励师生，启迪同行，这应该是我对二中更大的贡献了。

于是2013年刚过完春节，便开始收集整理我的教育随笔、会议发言、听课笔记等手稿。然而由于时间跨度较长，有的文章已经散失，有的当时只是列了一个提纲，许多细节需重新追忆。不同场合的讲话虽然很详尽，但大多囿于教育教学这个主题，为了尽量避免内容重复，我从中精选了一部分。因此，我整体感觉还是不够系统。

全书共分五大部分——追求卓越、励精图治、继往开来、激情燃烧、杏坛争鸣。每个章节之间并非成逻辑上的并列关系，更多的是一种交叉相融的关系。只是为了区别各部分之间的侧重点，才有了如此未必科学的分法。各个部分均按时间先后顺序编排，有点一切从简的意味，目的是能让读者大致了解我日益成熟的教育思想和二中的发展历程。

出书是一个繁杂而艰辛的工作，在这本书的编辑过程中，我校部分教师付出了辛勤的劳动。霍志亮、郑春爱、郭建山、阮志勇等老师负责全书章节的打印工作,樊小东、张琼、岳晓芹等老师对本书的部分章节进行了校对,岳送军、杨志富老师完成了本书的文字润色工作。特别是张北一中省语文特级教师翟凤举老师和教育局干部吴俊亮同志,对本书关爱有加,他们在极为繁忙的工作中,挤出时间,完成了全书的统稿和章节标题的修改编写工作。正是这许多人的参与、支持、关心,这本书才顺利出版。在此我一并表示衷心的感谢!同时也谢谢所有帮助本书出版的人!谢谢所有关心我的人!

当然,也由于我事务繁多,加之水平有限,便仓促付梓,讹误疏漏之处在所难免,一些文章的章法、结构等方面尚需进一步调整、完善。但它毕竟不是大师专家的宏论巨制,而是一名普通校长原汁原味的真实再现。因此,敬请读者见谅。

作者

2014 年 3 月